मंगलमन्त्र णमोकार

एक अनुचिन्तन

मंगलमन्त्र णमोकार

एक अनुचिन्तन

डॉ. नेमिचन्द्र शास्त्री, ज्योतिषाचार्य

भारतीय ज्ञानपीठ

मूर्तिदेवी ग्रन्थमाला : हिन्दी ग्रन्थांक 006

ISBN 978-93-263-5049-5

मंगलमन्त्र णमोकार : एक अनुचिन्तन

डॉ. नेमिचन्द्र शास्त्री, ज्योतिषाचार्य

प्रकाशक : **भारतीय ज्ञानपीठ**

18, इन्स्टीट्यूशनल एरिया, लोदी रोड, नयी दिल्ली-110 003

मुद्रक : आर.के. ऑफसेट, दिल्ली

आवरण-चित्र : प्रभिन्दर लाल

आवरण-सज्जा : ज्ञानपीठ कला प्रभाग

MANGAL-MANTRA NAMOKAR : EK ANUCHINTAN

by Dr. Nemi Chandra Shastri, Jyotishacharya

Published by

Bharatiya Jnanpith

18, Institutional Area, Lodi Road, New Delhi-110 003

Ph. : 011-24698417, 24626467; 23241619 (Daryaganj)

Mob. : 9350536020; e-mail : bjnanpith@gmail.com

sales@jnanpith.net; website : www.jnanpith.net

Eighteenth Edition : 2017

Price : Rs. 220

अनुक्रम

आमुख

महामन्त्र का चमत्कार 9

मन्त्र शब्द का व्युत्पत्त्यर्थ 11

महामन्त्र से मातृकाओं की उत्पत्ति 12

सारस्वत, माया, पृथ्वी आदि बीजों की उत्पत्ति एवं ध्वनि-विश्लेषण 13

आभार-प्रदर्शन 18

द्वितीय संस्करण की प्रस्तावना 19

विकार और तज्जन्य अशान्ति 23

मंगलवाक्यों की आवश्यकता 25

अशान्ति को दूर करने का अमोघ साधन 26

आत्मा के भेद और मंगलवाक्य 28

णमोकार मन्त्र का अर्थ 33

णमो अरिहंताणं का अर्थ 33

मोह का शत्रुत्व : शंका-समाधान 34

णमो सिद्धाणं की व्याख्या 38

णमो आइरियाणं की व्याख्या 40

णमो उवज्झायाणं की व्याख्या 41

णमो लोए सव्वसाहूणं की व्याख्या 43

पंचपरमेष्ठी का देवत्व 44

णमोकार मन्त्र के पाठान्तर 46

णमोकार मन्त्र का पदक्रम 48

णमोकार मन्त्र का अनादि-सादित्व विमर्श 51

णमोकार मन्त्र का माहात्म्य 56

णमोकार मन्त्र के जाप करने की विधि 62

कमलजाप-विधि 63

हस्तांगुलिजाप-विधि 64

मालाजाप 64

द्वादशांगरूप-णमोकार मन्त्र 65

मनोविज्ञान और णमोकार मन्त्र 67

मन्त्रशास्त्र और णमोकार मन्त्र 73

बीजाक्षरों का विश्लेषण 74

मन्त्रों के प्रधान नौ भेद 76

बीजों का स्वरूप 77

मन्त्रसिद्धि के लिए आवश्यक पीठ 78

षोडश-अक्षरादि मन्त्र 79

णमोकार मन्त्र से उत्पन्न विभिन्न
मन्त्र और उनका प्रभाव 80
अक्षर-पंक्ति विद्या 81
अचिन्त्य फलदायक मन्त्र 81
पापभक्षिणी विद्या 81
रक्षा-मन्त्र 82
रोग-निवारण मन्त्र 82
सिर-दर्द विनाशक मन्त्र 82
ज्वर-विनाशक मन्त्र 82
अग्नि-निवारक मन्त्र 83
लक्ष्मी-प्राप्ति मन्त्र 83
सर्वसिद्धि मन्त्र 83
पुत्र और सम्पदा प्राप्ति का मन्त्र 83
त्रिभुवन-स्वामिनी विद्या 83
राज्याधिकारी को वश करने
का मन्त्र 84
महामृत्युंजय मन्त्र 84
सिर-अक्षि-कर्ण-श्वास-पादरोग-
विनाशक मन्त्र 84
विवेक-प्राप्ति मन्त्र 85
विरोध-विनाशक मन्त्र 85
प्रतिवादी की शक्ति को स्तम्भन
करने का मन्त्र 85
विद्या और कवित्व प्राप्ति के मन्त्र 85
सर्व-कार्यसाधक मन्त्र 85
सर्व-शान्तिदायक मन्त्र 85
व्यन्तर-बाधा विनाशक मन्त्र 85
योगशास्त्र और णमोकार मन्त्र 87
योग शब्द का व्युत्पत्त्यर्थ 88
यम-नियम 89
आसन 91
प्राणायाम 91
प्रत्याहार 93
धारणा 94
ध्यान और समाधि 94
पार्थिवी धारणा 94
आग्नेयी धारणा 94
वायु-धारणा 95
जल-धारणा 95
तत्त्वरूपवती धारणा 95
पदस्थ ध्यान 96
रूपस्थ ध्यान 96
रूपातीत ध्यान 96
शुक्लध्यान 96
ध्याता का स्वरूप 96
ध्येय का स्वरूप 97
ध्यान का विषय 97
जप के भेद 98
आगम साहित्य और णमोकार मन्त्र 103
नयों की अपेक्षा णमोकार मन्त्र
का वर्णन 104
निक्षेपापेक्षया णमोकार मन्त्र 105
पदद्वार 106
पदार्थद्वार 107
प्ररूपणाद्वार 108
वस्तुद्वार 109
आक्षेपद्वार 109
प्रसिद्धिद्वार 110

क्रमद्वार 111
प्रयोजनफलद्वार 111
कर्म-साहित्य और महामन्त्र 112
कर्मास्रवहेतु अविरति, प्रमादादि स्वरूपाभिव्यक्ति में सहायक णमोकार मन्त्र 115
कर्मसिद्धान्त के अनेक तत्त्वों का उत्पत्तिस्थान णमोकार मन्त्र 119
गुणस्थान और मार्गणा की संख्या निकालने का नियम 120
द्रव्य और काय की संख्या निकालने के लिए करणसूत्र 120
महामन्त्र से एक सौ अड़तालीस कर्मप्रकृतियों का आनयन 120
महामन्त्र से बन्ध, उदय और सत्त्व की प्रकृतियों का आनयन 121
महामन्त्र से प्रमाण, नय और आस्रव हेतुओं का आनयन 121
द्रव्यानुयोग और णमोकार मन्त्र 122
जीवद्रव्य 122
पुद्गल 123
धर्म और अधर्म 123
आकाश 123
कालद्रव्य 123
सम्यग्दर्शन की उत्पत्ति का प्रधान साधन और उसकी प्रक्रिया 124
गणितशास्त्र और णमोकार मन्त्र 126
भंग-संख्यानयन 128
प्रस्तारानयन 130
गणितागत णमोकार मन्त्र के दस वर्ग 132
दस वर्गों का विवेचन 133
परिवर्तन और परिवर्तनांक चक्र 138
णमोकार मन्त्र का नष्ट और उद्दिष्ट 139
आचारशास्त्र और णमोकार मन्त्र 140
मुनि का आचार और णमोकार मन्त्र 143
श्रावकाचार और णमोकार मन्त्र 147
व्रतविधान और णमोकार मन्त्र 151
कथा-साहित्य और णमोकार मन्त्र 154
णमोकार मन्त्र की आराधना से वसुभूति के उद्धार की कथा 154
ललितांग देव की कथा 155
अनन्तमती की कथा 157
प्रभावती की कथा 160
जिनपालित की कथा 161
चन्द्रलेखा की कथा 163
सुग्रीव के पूर्वभव की कथा 165
चित्रांगद देव की कथा 166
सुलोचना की कथा 167
मरणासन्न संन्यासी और बकरे की कथा 167
हथिनी की कथा 167
धरणेन्द्र-पद्मावती की कथा 168
दृढ़सूर्य चोर की कथा 169
अर्हद्दास के अनुज की कथा 169

सुभौम चक्रवर्ती की कथा 169
भील-भीलनी की कथा 171
फल-प्राप्ति के आधुनिक
उदाहरण 173
इष्ट-साधक और अरिष्ट निवारक
णमोकार मन्त्र 177
विश्व और णमोकार मन्त्र 182
जैन-संस्कृति और णमोकार मन्त्र 184
उपसंहार 189
परिशिष्ट 1
णमोकार मन्त्र सम्बन्धी
गणितसूत्र 193
परिशिष्ट 2
अनुचिन्तनगत पारिभाषिक
शब्दकोष 197
परिशिष्ट 3
पंचपरमेष्ठि-नमस्कार-स्तोत्र 213

आमुख

'ज्ञानार्णव' का प्रवचन स्व. श्रीमान् बाबू निर्मलकुमार जी के समक्ष कई महीनों से चल रहा था। जब 'कृत्वा पापसहस्राणि हत्वा जन्तुशतान्यपि' आदि श्लोक का प्रवचन करने लगा तो उन्होंने इच्छा व्यक्त की कि णमोकार मन्त्र पर कुछ विशेष अन्वेषण कर पुस्तक लिखी जाए। किन्तु खेद इस बात का है कि उनके जीवनकाल में पुस्तक लिख जाने पर भी प्रकाशित न हो सकी। उक्त बाबू साहब को इस महामन्त्र के ऊपर अपार श्रद्धा शैशव से ही थी। उन्होंने बतलाया–"एक बार मुझे हैजे का प्रकोप हुआ। बिहटा मिल चल रहा था। वहीं पर सब कुटुम्बी और हितैषी मेरे इस दुर्दमनीय रोग से आक्रान्त होने के कारण घबराये हुए थे। हालत उत्तरोत्तर बिगड़ती जा रही थी। किन्तु मैं णमोकार मन्त्र का चिन्तन करता हुआ प्रसन्न था। मैंने अपने हितैषियों से आग्रह किया कि समय निकट मालूम पड़ रहा है; अतः सल्लेखना ग्रहण करा दीजिए। मैं स्वयं णमोकार मन्त्र का चिन्तन और ध्यान करता रहूँगा। सिद्ध परमेष्ठी के ध्यान से मुझे ऐसा लग रहा था, जैसे स्वयं ही मेरे कर्म गल रहे हैं और सिद्ध पर्याय के निकट मैं पहुँच रहा हूँ। महामन्त्र के अचिन्त्य प्रभाव से रोग का प्रभाव कम हुआ और शनैः-शनैः मैं स्वास्थ्य-लाभ करने लगा। इस मन्त्र पर मेरी श्रद्धा और अधिक बढ़ गयी। तब से लेकर आज तक यह मन्त्र मेरा सम्बल बना हुआ है।"

पिछले दिनों जब आरा में आचार्य श्री 108 महावीर कीर्तिजी महाराज पधारे तो उन्होंने इस महामन्त्र की अमित महिमा का वर्णन कर लोगों के हृदय में श्रद्धा को दृढ़ किया। फलतः धर्मपत्नी स्व. श्रीमान् बाबू निर्मलकुमार जी ने इस महामन्त्र का सवा लाख जाप किया।

यों तो इस महामन्त्र का प्रचार सर्वत्र है, समाज का बच्चा-बच्चा इसे कण्ठस्थ किये हुए है; किन्तु इसके प्रति दृढ़ विश्वास और अटूट श्रद्धा कम ही व्यक्तियों की है। यदि सच्ची श्रद्धा के साथ इसका प्रयोग किया जाए तो सभी प्रकार के कठिन कार्य भी सुसाध्य हो सकते हैं। एक बार की मैं अपनी निजी घटना का भी उल्लेख कर देना आवश्यक समझता हूँ। घटना मेरे विद्यार्थी जीवन की है।

मैं उन दिनों वाराणसी में अध्ययन करता था। एक बार ग्रीष्मावकाश में मुझे अपनी मौसी के गाँव जाना पड़ा। वहाँ एक व्यक्ति को बिच्छू ने डँस लिया। बिच्छू विषैला था, अतः उस व्यक्ति को भयंकर वेदना हुई। कई मान्त्रिकों ने उस व्यक्ति के बिच्छू के विष को मन्त्र द्वारा उतारा, पर्याप्त झाड़-फूँक की गयी, पर वह विष उतरा नहीं। मेरे पास भी उस व्यक्ति को लाया गया और लोगों ने कहा–"आप काशी में रहते हैं, अवश्य मन्त्र जानते होंगे, कृपया इस बिच्छू के विष को उतार दीजिए।" मैंने अपनी लाचारी अनेक प्रकार से प्रकट की पर मेरे ज्योतिषी होने के कारण लोगों को मेरी अन्यविषयक अज्ञानता पर विश्वास नहीं हुआ और सभी लोग बिच्छू का विष उतार देने के लिए सिर हो गये। मेरे मौसाजी ने भी अधिकार के स्वर में आदेश दिया। अब लाचार हो णमोकार मन्त्र का स्मरण कर मुझे ओझागिरी करनी पड़ी। नीम की एक टहनी मँगवायी गयी और इक्कीस बार णमोकार मन्त्र पढ़कर बिच्छू को झाड़ा। मन में अटूट विश्वास था कि विष अवश्य उतर जाएगा। आश्चर्यजनक चमत्कार यह हुआ कि इस महामन्त्र के प्रभाव से बिच्छू का विष बिलकुल उतर गया। व्यथा-पीड़ित व्यक्ति हँसने लगा और बोला–"आपने इतनी देरी झाड़ने में क्यों की? क्या मुझसे किसी जन्म का वैर था? मान्त्रिक को मन्त्र को छिपाना नहीं चाहिए।" अन्य उपस्थित व्यक्ति भी प्रशंसा के स्वर में विलम्ब करने के कारण उलाहना देने लगे। मेरी प्रशंसा की गन्ध सारे गाँव में फैल गयी। भगवती भागीरथी से प्रक्षालित वाराणसी का प्रभाव भी लोग स्मरण करने लगे। तथा तरह-तरह की मनगढ़न्त कथाएँ कहकर कई महानुभाव अपने ज्ञान की गरिमा प्रकट करने लगे। मेरे दर्शन के लिए लोगों की भीड़ लग गयी तथा अनेक तरह के प्रश्न मुझसे पूछने लगे। मैं भी णमोकार मन्त्र का आशातीत फल देखकर आश्चर्यान्वित था। यों तो जीवन-देहली पर कदम रखते ही णमोकार मन्त्र कण्ठ कर लिया था, पर यह पहला दिन था, जिस दिन इस महामन्त्र का चमत्कार प्रत्यक्ष गोचर हुआ। अतः इस सत्य से कोई भी आस्तिक व्यक्ति इनकार नहीं कर सकता है कि णमोकार मन्त्र में अपूर्व प्रभाव है। इसी कारण कवि दौलतराम ने कहा है :

"प्रातःकाल मन्त्र जपो णमोकार भाई।
अक्षर पैंतीस शुद्ध हृदय में धराई॥
नर भव तेरो सुफल होत पातक टर जाई।
विघन जासों दूर होत संकट में सहाई ॥1॥

कल्पवृक्ष कामधेनु चिन्तामणि जाई।
ऋद्धि सिद्धि पारस तेरो प्रकटाई ॥2॥
मन्त्र जन्त्र तन्त्र सब जाही से बनाई।
सम्पति भण्डार भरे अक्षय निधि आई ॥3॥
तीन लोक माहिं, सार वेदन में गाई।
जग में प्रसिद्ध धन्य मंगलीक भाई ॥4॥"

मन्त्र शब्द 'मन्' धातु (ज्ञाने दिवादि) से, 'ष्ट्रन्' (त्र) प्रत्यय लगाकर बनाया जाता है, व्युत्पत्ति के अनुसार इसका अर्थ होता है; **'मन्यते ज्ञायते आत्मादेशोऽनेन इति मन्त्रः'** अर्थात् जिसके द्वारा आत्मा का आदेश–निजानुभव जाना जाए, वह मन्त्र है। दूसरी तरह से तनादिगणीय, 'मन्' धातु से (अवबोधे, तनादि to consider) 'ष्ट्रन्' प्रत्यय लगाकर मन्त्र शब्द बनता है, इसकी व्युत्पत्ति के अनुसार–**'मन्यते विचार्यते आत्मादेशो येन स मन्त्रः'** अर्थात् जिसके द्वारा आत्मादेश पर विचार किया जाए, वह मन्त्र है। तीसरे प्रकार से सम्मानार्थक 'मन्' धातु से 'ष्ट्रन्' प्रत्यय करने पर मन्त्र शब्द बनता है। इसका व्युत्पत्ति-अर्थ है– **"मन्यन्ते सत्क्रियन्ते परमपदे स्थिताः आत्मानः वा यक्षादिशासनदेवता अनेन इति मन्त्रः"** अर्थात् जिसके द्वारा परम पद में स्थित पंच उच्च आत्माओं का अधवा यक्षादि शासन देवों का सत्कार किया जाए, वह मन्त्र है। इन तीनों व्युत्पत्तियों के द्वारा मन्त्र शब्द का अर्थ अवगत किया जा सकता है। णमोकार मन्त्र–यह नमस्कार मन्त्र है, इसमें समस्त पाप, मल और दुष्कर्मों को भस्म करने की शक्ति है। बात यह है कि णमोकार मन्त्र में उच्चरित ध्वनियों से आत्मा में धन और ऋणात्मक दोनों प्रकार की विद्युत् शक्तियाँ उत्पन्न होती हैं, जिससे कर्मकलंक भस्म हो जाता है। यही कारण है कि तीर्थंकर भगवान् भी विरक्त होते समय सर्वप्रथम इसी महामन्त्र का उच्चारण करते हैं तथा वैराग्यभाव की वृद्धि के लिए आये हुए लौकान्तिक देव भी इसी महामन्त्र का उच्चारण करते हैं। यह अनादि मन्त्र है, प्रत्येक तीर्थंकर के कल्पकाल में इसका अस्तित्व रहता है। कालदोष से लुप्त हो जाने पर अन्य लोगों को तीर्थंकर की दिव्यध्वनि द्वारा यह अवगत हो जाता है।

इस अनुचिन्तन में यह सिद्ध करने का प्रयास किया गया है कि णमोकार मन्त्र ही समस्त द्वादशांग जिनवाणी का सार है, इसमें समस्त श्रुतज्ञान की अक्षर

संख्या निहित है। जैन दर्शन के तत्त्व, पदार्थ, द्रव्य, गुण, पर्याय, नय, निक्षेप, आस्रव, बन्ध आदि इस मन्त्र में विद्यमान हैं। समस्त मन्त्रशास्त्र की उत्पत्ति इसी महामन्त्र से हुई है। समस्त मन्त्रों की मूलभूत मातृकाएँ इस महामन्त्र में निम्न प्रकार वर्तमान हैं।

मन्त्र-पाठ :

"णमो अरिहंताणं, णमो सिद्धाणं, णमो आइरियाणं।
णमो उवज्झायाणं, णमो लोए सव्व-साहूणं॥"

विश्लेषण :

ण् + अ + म् + ओ + अ + र् + इ + ह् + अं + त् + आ + ण् + अं + ण् + अ + म् + ओ + स् + इ + द् + ध् + आ + ण् + अं + ण् + अ + म् + ओ + आ + इ + र् + इ + य् + आ + ण् + अं + ण् + अ + म् + ओ + उ + व् + अ + ज् + झ् + आ + य् + आ + ण् + अं + ण् + अ + म् + ओ + ल् + ओ + ए + स् + अ + व् + व् + अ + स् + आ + ह् + ऊ + ण् + अं।

इस विश्लेषण में से स्वरों को पृथक् किया तो—

अ + ओ + अ + इ + अं + आ + अं + अ + ओ + इ + आ + अं + अ + ओ + आ + इ + इ + आ + अं + अ + ओ + उ + अ + आ + आ +

ई औ

अं + अ + ओ + ओ + ए + अ + अ + आ + ऊ + अं।

अः

पुनरुक्त स्वरों को निकाल देने के पश्चात् रेखांकित स्वरों को ग्रहण किया तो—
अ आ इ ई उ ऊ [र्] ऋ ॠ [ल्] लृ लॄ ए ऐ ओ औ अं अः।

व्यंजन—

ण् + म् + र् + ह् + त् + ण् + ण् + म् + स् + द् + ध् + ण् + ण् + म् + र् + य् + ण् + ण् + म् + व् + ज् + श् + य् + ण् + ण् + म् + ल् + स् + व् + व् + स् + ह् + ण्।

० घ

पुनरुक्त व्यंजनों के निकाल देने के पश्चात्–

ण् + म् + र् + ह् + ध् + स् + य् + र् + ल् + व् + ज् + घ् + ह्।

ध्वनिसिद्धान्त के आधार पर वर्गाक्षर वर्ग का प्रतिनिधित्व करता है। अतः घ् = कवर्ग, झ् = चवर्ग, ण् = टवर्ग, ध् = तवर्ग, म् = पवर्ग, य् र् ल् व्, स् = श् ष् स् ह्।

अतः इस महामन्त्र की समस्त मातृका ध्वनियाँ निम्न प्रकार हुईं :

अ आ इ ई उ ऊ ऋ ॠ लृ लॄ ए ऐ ओ औ अं अः क् ख् ग् घ् ङ् च् छ् ज् झ् ञ् ट् ठ् ड् ढ् ण् त् थ् द् ध् न् प् फ् ब् भ् म् य् र् ल् व् श् ष् स् ह्।

उपर्युक्त ध्वनियाँ ही मातृका कहलाती हैं। जयसेन प्रतिष्ठा पाठ में बतलाया गया है :

"अकारादिक्षकारान्ता वर्णाः प्रोक्तास्तु मातृकाः।
सृष्टिन्यास-स्थितिन्यास-संहृतिन्यासतस्त्रिधा ॥376॥"

–अकार से लेकर क्षकार [क् + ष् + अ] पर्यन्त मातृका वर्ण कहलाते हैं। इनका तीन प्रकार का क्रम है–सृष्टिक्रम, स्थितिक्रम और संहारक्रम।

णमोकार मन्त्र में मातृका ध्वनियों का तीनों प्रकार का क्रम सन्निविष्ट है। इसी कारण यह मन्त्र आत्म-कल्याण के साथ लौकिक अभ्युदयों को देनेवाला है। अष्टकर्मों के विनाश करने की भूमिका इसी मन्त्र के द्वारा उत्पन्न की जा सकती है। संहारक्रम कर्मविनाश को प्रकट करता है तथा सृष्टिक्रम और स्थितिक्रम आत्मानुभूति के साथ लौकिक अभ्युदयों की प्राप्ति में भी सहायक है। इस मन्त्र की एक महत्त्वपूर्ण विशेषता यह भी है कि इसमें मातृका-ध्वनियों का तीनों प्रकार का क्रम सन्निहित है, इसलिए इस मन्त्र से मारण, मोहन और उच्चाटन तीनों प्रकार के मन्त्रों की उत्पत्ति हुई है। बीजाक्षरों की निष्पत्ति के सम्बन्ध में बताया गया है :

"हलो बीजानि चोक्तानि स्वराः शक्तय ईरिताः" ॥[1]

–ककार से लेकर हकार पर्यन्त व्यंजन बीजसंज्ञक हैं और अकारादि स्वर शक्तिरूप हैं। मन्त्र बीजों की निष्पत्ति बीज और शक्ति के संयोग से होती है।

1. जयसेन प्रतिष्ठापाठ, श्लोक 377।

सारस्वत बीज, माया बीज, शुभनेश्वरी बीज, पृथ्वी बीज, अग्नि बीज, प्रणव बीज, मारुत बीज, जल बीज, आकाश बीज आदि की उत्पत्ति उक्त हलों और अचों के संयोग से हुई है। यों तो बीजाक्षरों का अर्थ बीज कोश एवं बीज व्याकरण द्वारा ही ज्ञात किया जाता है, परन्तु यहाँ पर सामान्य जानकारी के लिए ध्वनियों की शक्ति पर प्रकाश डालना आवश्यक है।

अ = अव्यय, व्यापक, आत्मा के एकत्व का सूचक, शुद्ध-बुद्ध ज्ञानरूप, शक्ति-द्योतक, प्रणव बीज का जनक।

आ = अव्यय, शक्ति और बुद्धि का परिचायक, सारस्वत बीज का जनक, माया बीज के साथ कीर्ति, धन और आशा का पूरक।

इ = गत्यर्थक, लक्ष्मी-प्राप्ति का साधक, कोमल कार्यसाधक, कठोर कर्मों का बाधक, वह्निबीज का जनक।

ई = अमृतबीज का मूल, कार्यसाधक, अल्पशक्तिद्योतक, ज्ञानवर्द्धक, स्तम्भक, मोहक, जृम्भक।

उ = उच्चाटन बीजों का मूल, अद्भुत शक्तिशाली, श्वासनलिका द्वारा ज़ोर का धक्का देने पर मारक।

ऊ = उच्चाटक और मोहक बीजों का मूल, विशेष शक्ति का परिचायक, कार्यध्वंस के लिए शक्तिदायक।

ऋ = ऋद्धिबीज, सिद्धिदायक, शुभ कार्यसम्बन्धी बीजों का मूल, कार्यसिद्धि का सूचक।

लृ = सत्य का संचारक, वाणी का ध्वंसक, लक्ष्मीबीज की उत्पत्ति का कारण, आत्मसिद्धि में कारण।

ए = निश्चल, पूर्ण, गतिसूचक, अरिष्ट निवारण बीजों का जनक, पोषक और संवर्द्धक।

ऐ = उदात्त, उच्चस्वर का प्रयोग करने पर वशीकरण बीजों का जनक, पोषक और संवर्द्धक। जलबीज की उत्पत्ति का कारण, सिद्धिप्रद कार्यों का उत्पादकबीज, शासन देवताओं का आह्वान करने में सहायक, क्लिष्ट और कठोर कार्यों के लिए प्रयुक्त बीजों का मूल, ऋण विद्युत् का उत्पादक।

ओ = अनुदात्त, निम्न स्वर की अवस्था में माया बीज का उत्पादक, लक्ष्मी

और श्री का पोषक, उदात्त, उच्च स्वर की अवस्था में कठोर कार्यों का उत्पादक बीज, कार्यसाधक, निर्जरा का हेतु, रमणीय पदार्थों की प्राप्ति के लिए प्रयुक्त होनेवाले बीजों में अग्रणी, अनुस्वारान्त बीजों का सहयोगी।

औ = मारण और उच्चाटन सम्बन्धी बीजों में प्रधान, शीघ्र कार्यसाधक, निरपेक्षी, अनेक बीजों का मूल।

अं = स्वतन्त्र शक्तिरहित, कर्माभाव के लिए प्रयुक्त ध्यानमन्त्रों में प्रमुख, शून्य या अभाव का सूचक, आकाश बीजों का जनक, अनेक मृदुल शक्तियों का उद्‌घाटक, लक्ष्मी बीजों का मूल।

अः = शान्ति बीजों में प्रधान, निरपेक्षावस्था में कार्य असाधक, सहयोगी का अपेक्षक।

क = शक्तिबीज, प्रभावशाली, सुखोत्पादक, सन्तानप्राप्ति की कामना का पूरक, कामबीज का जनक।

ख = आकाशबीज, अभावकार्यों की सिद्धि के लिए कल्पवृक्ष, उच्चाटन बीजों का जनक।

ग = पृथक् करनेवाले कार्यों का साधक, प्रणव और माया बीज के साथ कार्य सहायक।

घ = स्तम्भक बीज, स्तम्भन कार्यों का साधक, विघ्नविघातक, मारण और मोहक बीजों का जनक।

ङ = शत्रु का विध्वंसक, स्वरमातृका बीजों के सहयोगानुसार फलोत्पादक, विध्वंसक बीज का जनक।

च = अंगहीन, खण्डशक्ति द्योतक, स्वरमातृका बीजों के अनुसार फलोत्पादक, उच्चाटन बीज का जनक।

छ = छायासूचक, माया बीज का सहयोगी, बन्धनकारक, आपबीज का जनक, शक्ति का विध्वंसक, पर मृदु कार्यों का साधक।

ज = नूतन कार्यों का साधक, शक्ति का वर्द्धक, आधि-व्याधि का शामक, आकर्षक बीजों का जनक।

झ = रेफयुक्त होने पर कार्यसाधक, आधि-व्याधि विनाशक, शक्ति का संचारक, श्री बीजों का जनक।

ञ = स्तम्भक और मोहक बीजों का जनक, कार्यसाधक, साधन का अवरोधक, माया बीज का जनक।

ट = वह्निबीज, आग्नेय कार्यों का प्रसारक और निस्तारक, अग्नितत्त्व युक्त, विध्वंसक कार्यों का साधक।

ठ = अशुभ सूचक बीजों का जनक, क्लिष्ट और कठोर कार्यों का साधक, मृदुल कार्यों का विनाशक, रोदन-कर्ता, अशान्ति का जनक, सापेक्ष होने पर द्विगुणित शक्ति का विकासक, वह्निबीज।

ड = शासन देवताओं की शक्ति का प्रस्फोटक, निकृष्ट कार्यों की सिद्धि के लिए अमोघ, संयोग से पंचतत्त्वरूप बीजों का जनक, निकृष्ट आचार-विचार द्वारा साफल्योत्पादक, अचेतन क्रिया साधन।

ढ = निश्चल, मायाबीज का जनक, मारण बीजों में प्रधान, शान्ति का विरोधी, शक्तिवर्धक।

ण = शान्ति सूचक, आकाश बीजों में प्रधान, ध्वंसक बीजों का जनक, शक्ति का स्फोटक।

त = आकर्षकबीज, शक्ति का आविष्कारक, कार्यसाधक, सारस्वत बीज के साथ सर्वसिद्धिदायक।

थ = मंगलसाधक, लक्ष्मीबीज का सहयोगी, स्वरमातृकाओं के साथ मिलने पर मोहक।

द = कर्मनाश के लिए प्रधान बीज, आत्मशक्ति का प्रस्फोटक, वशीकरण बीजों का जनक।

ध = श्रीं और क्लीं बीजों का सहायक, सहयोगी के समान फलदाता, माया बीजों का जनक।

न = आत्मसिद्धि का सूचक, जलतत्त्व का स्रष्टा, मृदुतर कार्यों का साधक, हितैषी, आत्मनियन्ता।

प = परमात्मा का दर्शक, जलतत्त्व के प्राधान्य से युक्त, समस्त कार्यों की सिद्धि के लिए ग्राह्य।

फ = वायु और जलतत्त्व युक्त, महत्त्वपूर्ण कार्यों की सिद्धि के लिए ग्राह्य,

स्वर और रेफ युक्त होने पर विध्वंसक, विघ्नविघातक, 'फट्' की ध्वनि से युक्त होने पर उच्चाटक, कठोर कार्यसाधक।

ब = अनुस्वार युक्त होने पर समस्त प्रकार के विघ्नों का विघातक और निरोधक, सिद्धि का सूचक।

भ = साधक, विशेषतः मारण और उच्चाटन के लिए उपयोगी, सात्त्विक कार्यों का निरोधक, परिणत कार्यों का तत्काल साधक, साधना में नाना प्रकार से विघ्नोत्पादक, कल्याण से दूर, कटु मधु वर्णों से मिश्रित होने पर अनेक प्रकार के कार्यों का साधक, लक्ष्मी बीजों का विरोधी।

म = सिद्धिदायक, लौकिक और पारलौकिक सिद्धियों का प्रदाता, सन्तान की प्राप्ति में सहायक।

य = शान्ति का साधक, सात्त्विक साधना की सिद्धि का कारण, महत्त्वपूर्ण कार्यों की सिद्धि के लिए उपयोगी, मित्रप्राप्ति या किसी अभीष्ट वस्तु की प्राप्ति के लिए अत्यन्त उपयोगी, ध्यान का साधक।

र = अग्निबीज, कार्यसाधक, समस्त प्रधान बीजों का जनक, शक्ति का प्रस्फोटक और वर्द्धक।

ल = लक्ष्मीप्राप्ति में सहायक, श्रीं बीज का निकटतम सहयोगी और सगोत्री, कल्याणसूचक।

व = सिद्धिदायक, आकर्षक, ह्, र् और अनुस्वार के संयोग से चमत्कारों का उत्पादक, सारस्वत बीज, भूत-पिशाच-शाकिनी-डाकिनी आदि की बाधा का विनाशक, रोगहर्ता, लौकिक कामनाओं की पूर्ति के लिए अनुस्वार मातृका का सहयोगापेक्षी, मंगलसाधक, विपत्तियों का रोधक और स्तम्भक।

श = निरर्थक, सामान्य बीजों का जनक या हेतु, उपेक्षाधर्म युक्त, शान्ति का पोषक।

ष = आह्वान बीजों का जनक, सिद्धिदायक, अग्निस्तम्भक, जलस्तम्भक, सापेक्षध्वनि ग्राहक, सहयोग या संयोग द्वारा विलक्षण कार्यसाधक, आत्मोन्नति से शून्य, रुद्रबीजों का जनक, भयंकर और बीभत्स कार्यों के लिए प्रयुक्त होने पर कार्यसाधक।

स = सर्व समीहित साधक, सभी प्रकार के बीजों में प्रयोग योग्य, शान्ति के लिए परम आवश्यक, पौष्टिक कार्यों के लिए परम उपयोगी, ज्ञानावरणीय-दर्शनावरणीय

आदि कर्मों का विनाशक, क्लीं बीज का सहयोगी, काम बीज का उत्पादक, आत्मसूचक और दर्शक।

ह = शान्ति, पौष्टिक और मांगलिक कार्यों का उत्पादक, साधना के लिए परमोपयोगी, स्वतन्त्र और सहयोगापेक्षी, लक्ष्मी की उत्पत्ति में साधक, सन्तान प्राप्ति के लिए अनुस्वार युक्त होने पर जाप्य में सहायक, आकाशतत्त्व युक्त, कर्मनाशक, सभी प्रकार के बीजों का जनक।

उपर्युक्त ध्वनियों के विश्लेषण से स्पष्ट है कि मातृका मन्त्र ध्वनियों के स्वर और व्यंजनों के संयोग से ही समस्त बीजाक्षरों की उत्पत्ति हुई है तथा इन मातृका ध्वनियों की शक्ति ही मन्त्रों में आती है। णमोकार मन्त्र से ही मातृका ध्वनियाँ निःसृत हैं। अतः समस्त मन्त्रशास्त्र इसी महामन्त्र से प्रादुर्भूत है। इस विषय पर अनुचिन्तन में विस्तारपूर्वक विचार किया गया है, यतः यह युग विचार और तर्क का है; मात्र भावना से किसी भी बात की सिद्धि नहीं मानी जा सकती है। भावना का प्रादुर्भाव भी तर्क और विचार द्वारा श्रद्धा उत्पन्न होने पर होता है। अतः णमोकार महामन्त्र पर श्रद्धा उत्पन्न करने के लिए उक्त विचार आवश्यक है।

दार्शनिक दृष्टि से इस मन्त्र की गौरव-गरिमा का विवेचन भी अनुचिन्तन में किया जा चुका है। चिन्तन की अपनी दिशा है, वह कहाँ तक सही है, यह तो विचारशील पाठक ही अवगत कर सकेंगे। इस अनुचिन्तन के लिखने में कई प्राचीन और नवीन आचार्यों की रचनाओं का मैंने उपयोग किया है, अतः मैं उन सभी आचार्यों और लेखकों का आभारी हूँ। श्री जैनसिद्धान्त भवन आरा के विशाल ग्रन्थागार का उपयोग भी बिना किसी प्रकार की रुकावट और बाधा के किया है, अतः उस पावन संस्था के प्रति आभार प्रकट करना भी मैं अपना कर्तव्य समझता हूँ। इसे प्रकाश में लाने का श्रेय भारतीय ज्ञानपीठ काशी के मन्त्री श्री अयोध्याप्रसाद जी गोयलीय को है, मैं आपका भी हृदय से कृतज्ञ हूँ। प्रूफ संशोधक श्री महादेव चतुर्वेदी जी को भी धन्यवाद है।

मार्गशीर्ष शुक्ल प्रतिपदा —नेमिचन्द्र शास्त्री

वि. सं. 2013

द्वितीय संस्करण की प्रस्तावना

णमोकार मन्त्र का अचिन्त्य और अद्भुत प्रभाव है। इस मन्त्र की साधना द्वारा सभी प्रकार की ऋद्धि-सिद्धियाँ प्राप्त की जा सकती हैं। यह मन्त्र आत्मिक शक्ति का विकास करता है। परन्तु इसकी साधना के लिए श्रद्धा या दृढ़ विश्वास का होना परम आवश्यक है। आजकल के वैज्ञानिक भी इस बात को स्वीकार करते हैं कि बिना आस्तिक्य भाव के किसी लौकिक कार्य में भी सफलता प्राप्त करना सम्भव नहीं है। अमेरिकन डॉक्टर होवार्ड रस्क (Howard Rusk) ने बताया है कि रोगी तब तक स्वास्थ्य लाभ नहीं कर सकता है, जब तक वह अपने आराध्य में विश्वास नहीं करता है। आस्तिकता ही समस्त रोगों को दूर करनेवाली है। जब रोगी को चारों ओर से निराशा घेर लेती है, उस समय आराध्य के प्रति की गयी प्रार्थना प्रकाश का कार्य करती है। प्रार्थना का फल अचिन्त्य होता है। दृढ़ आत्मविश्वास एवं आराध्य के प्रति की गयी प्रार्थना सभी प्रकार मंगलों को देती है। हृदय के कोने से सशक्त भावों में निकली हुई अन्तर्ध्वनि बड़े से बड़ा कार्य सिद्ध करने में सफल होती है।[1]

अमेरिका के जज हेरोल्ड मेडिना (Harold Medina) का अभिमत है कि आत्मशक्ति का विकास तभी होता है, जब मनुष्य यह अनुभव करता है कि मानव की शक्ति से परे भी कोई वस्तु है। अतः श्रद्धापूर्वक की गयी प्रार्थना बहुत चमत्कार उत्पन्न करती है। प्रार्थना में एक विचित्र प्रकार की शक्ति देखी जाती है। जीवन-शोधन के लिए आराध्य के प्रति की गयी विनीत प्रार्थना बहुत फलदायक होती है।

डॉ. एलफ्रेड टोरी भूतपूर्व मेडिकल डायरेक्टर नेशनल एसोसियेशन फॉर मेण्टल होस्पिटल ऑफ अमेरिका का अभिमत है कि सभी बीमारियाँ शारीरिक, मानसिक एवं आध्यात्मिक क्रियाओं से सम्बद्ध हैं, अतः जीवन में जब तक धार्मिक

1. Reader's Digest, February, 1960.

प्रवृत्ति का उदय नहीं होगा, रोगी का स्वास्थ्य लाभ करना कठिन है। प्रार्थना उक्त प्रवृत्ति को उत्पन्न करती है। आराध्य के प्रति की गयी भक्ति में बहुत बड़ा आत्मसम्बल है। अदृश्य बातों की रहस्यपूर्ण शक्ति का पता लगाना मानव को अभी नहीं आता है। जितने भी मानसिक रोगी देखे जाते हैं, अन्तर्तम की किसी अज्ञात वेदना से पीड़ित हैं। इस वेदना का प्रतिकार आस्तिक्य भाव ही है। उच्च या पवित्र आत्माओं की आराधना जादू का कार्य करती है।[1]

णमोकार मन्त्र की निष्काम साधना से लौकिक और पारलौकिक सभी प्रकार के कार्य सिद्ध हो जाते हैं। पर इस सम्बन्ध में एक बात आवश्यक यह है कि जाप करनेवाला साधक, जाप करने की विधि, जाप करने के स्थान की भिन्नता से फल में भिन्नता हो जाती है। यदि जाप करनेवाला सदाचारी, शुद्धात्मा, सत्यवक्ता, अहिंसक एवं ईमानदार है, तो उसको इस मन्त्र की आराधना का फल तत्काल मिलता है। जाप करने की विधि पर भी फल की हीनाधिकता निर्भर करती है। जिस प्रकार अच्छी औषध भी उपयुक्त अनुपान विधि के अभाव में फलप्रद नहीं होती अथवा अल्प फल देती है, उसी प्रकार यह मन्त्र भी दृढ़ आस्थापूर्वक निष्काम भाव से उपयुक्त विधिसहित जाप करने से पूर्ण फल प्रदान करता है। स्थान की शुद्धता भी अपेक्षित है। समय और स्थान भी कार्यसिद्ध में निमित्त हैं। कुसमय या अशुद्ध स्थान पर किया गया कार्य अभीष्ट फलदायक नहीं होता है। अतः इस मन्त्र का जाप मन, वचन और काय की शुद्धिपूर्वक विधिसहित करना चाहिए। यों तो जिस प्रकार मिश्री की डली कोई भी व्यक्ति किसी भी अवस्था में खाये, उसका मुँह मीठा ही होगा। इसी तरह इस मन्त्र का जाप कोई भी व्यक्ति किसी भी स्थिति में करे, उसे आत्मशुद्धि की प्राप्ति होगी।

इस मन्त्र की प्रमुख विशेषता यह है कि इसमें सभी मातृका ध्वनियाँ विद्यमान हैं। अतः समस्त बीजाक्षरोंवाला यह मन्त्र, जिसमें मूल ध्वनिरूप बीजाक्षरों का संयोजन भी शक्ति के क्रमानुसार किया गया है, सर्वाधिक शक्तिशाली है। इस मन्त्र का किसी भी अवस्था में आस्था और लगन के साथ चिन्तन करने से फल की प्राप्ति होती है।

---

1. Reader's Digest, February, 1958.

मेरे पास जो जन्मपत्री दिखाने आते हैं, मैं ग्रह-शान्ति के लिए उन्हें प्रायः णमोकार मन्त्र का जाप करने को कहता हूँ। प्राप्त विवरणों के आधार पर मैं यह ज़ोरदार शब्दों में कह सकता हूँ कि जिसने भी भक्तिभावपूर्वक इस मन्त्र की आराधना की है, उसे अवश्य फल प्राप्त हुआ है। कितने ही बेकार व्यक्ति इस मन्त्र के जाप से अच्छा कार्य प्राप्त कर चुके हैं। असाध्य रोगों को दूर करने का उपाय यह मन्त्र ही है। प्रतिदिन प्रातःकाल पद्मासन या वज्रासन लगाकर इस मन्त्र का जाप करने से अद्भुत सिद्धियाँ प्राप्त होती हैं।

यद्यपि इस मन्त्र का यथार्थ लक्ष्य निर्वाण-प्राप्ति है, तो भी लौकिक दृष्टि से यह समस्त कामनाओं को पूर्ण करता है। अतः प्रत्येक व्यक्ति को प्रतिदिन णमोकार मन्त्र का जाप करना चाहिए। बताया गया है :

"ननु उवसग्गे पीडा, कूरग्गह-दंसणं भओ संका।
जइ वि न हवंति एए, तह वि सगुज्झं भणिज्जासु ॥32॥"

—नवकार-सार-थवणं

—उपसर्ग, पीड़ा, क्रूरग्रह दर्शन, भय, शंका आदि यदि न भी हों तो भी शुभ ध्यानपूर्वक णमोकार मन्त्र का जाप या पाठ करने से परम शान्ति प्राप्त होती है। यह सभी प्रकार के सुखों को देनेवाला है।

अतः संक्षेप में इतना ही कहा जा सकता है कि यह मन्त्र आत्मकल्याण के साथ सभी प्रकार के अरिष्टों को दूर करता है, और सभी सिद्धियों को प्रदान करता है। यह कल्पवृक्ष है, जो जिस प्रकार की भावना रखकर इसकी साधना करता है, उसे उसी प्रकार का फल प्राप्त हो जाता है। पर श्रद्धा और विश्वास का रहना परम आवश्यक है।

'मंगलमन्त्र णमोकार : एक अनुचिन्तन' का द्वितीय संस्करण पाठकों के हाथ में समर्पित करते हुए हमें परम प्रसन्नता हो रही है। इस संशोधित और परिवर्द्धित संस्करण में पूर्व संस्करण की अपेक्षा कई नवीनताएँ दृष्टिगोचर होंगी। इस संस्करण में तीन परिशिष्ट भी दिये जा रहे हैं। प्रथम परिशिष्ट में बीस करणसूत्र दिये गये हैं। इस णमोकार मन्त्र के अक्षर, स्वर, व्यंजन, मात्रा, सामान्य पद और विशेष पद की संख्या द्वारा गणित क्रिया करने से सभी पारिभाषिक जैन

संख्याएँ निकल आती हैं। हमारा तो यह विश्वास है कि ग्यारह अंग और चौदह पूर्व की पदसंख्या तथा अक्षर संख्या का आनयन भी इस णमोकार मन्त्र के गणित के आधार पर किया जा सकता है।

द्वितीय परिशिष्ट में पारिभाषिक शब्दकोष दिया गया है। इसमें धार्मिक शब्दों के अतिरिक्त मनोवैज्ञानिक शब्दों की परिभाषाएँ अंकित की गयी हैं। तृतीय परिशिष्ट में पंचपरमेष्ठी नमस्कार स्तोत्र दिया गया है। इस स्तोत्र में पंचपरमेष्ठी चक्र भी आया है। इस स्तोत्र के नित्य-प्रति पाठ करने से सभी प्रकार की मनोकामनाएँ पूर्ण होती हैं तथा सभी प्रकार की बाधाएँ दूर होकर शान्तिलाभ होता है। इस स्तोत्र का अचिन्त्य प्रभाव बतलाया गया है। अतः पाठकों के लाभार्थ इसे भी दिया गया है। मैं ज्ञानपीठ के अधिकारियों का आभारी हूँ जिन्होंने संशोधन और परिवर्द्धन करने की स्वीकृति प्रदान की।

—नेमिचन्द्र शास्त्री

ह. दा. जैन कॉलेज, आरा
1 जून, 1960

"णमो अरिहंताणं णमो सिद्धाणं णमो आइरियाणं।
णमो उवज्झायाणं णमो लोए सव्वसाहूणं॥"

संसारावस्था में सच्चिदानन्द स्वरूप आत्मा बद्ध है, इसी कारण इसके ज्ञान और सुख पराधीन हैं। राग, द्वेष, मोह और कषाय ही इसकी पराधीनता के कारण हैं; इन्हें आत्मा के विकार कहा गया है। विकारग्रस्त आत्मा सर्वदा अशान्त रहती है, कभी भी निराकुल नहीं हो सकती। इन विकारों के कारण ही व्यक्ति के सुख का केन्द्र बदलता रहता है, कभी व्यक्ति ऐन्द्रियिक विषयों के प्रति आकृष्ट होता है तो कभी विकृष्ट। कभी इसे कंचन सुखदायी प्रतीत होता है, तो कभी कामिनी।

विकार और तज्जन्य अशान्ति

राग और द्वेष की भावनाओं के संश्लेषण के कारण ही मानवहृदय में अगणित भावों की उत्पत्ति होती है। आश्रय और आलम्बन के भेद से ये दोनों भाव नाना प्रकार के विकारों के रूप में परिवर्तित हो जाते हैं। जीवन के व्यवहार क्षेत्र में व्यक्ति की विशिष्टता, समानता एवं हीनता के अनुसार इन दोनों भावों में मौलिक परिवर्तन होता है। साधु या गुणवान् के प्रति राग सम्मान हो जाता है, समान के प्रति प्रेम तथा पीड़ित के प्रति करुणा। इस प्रकार द्वेष-भाव की दुर्दान्त के प्रति भय, समान के प्रति क्रोध एवं दीन के प्रति दर्द का रूप धारण कर लेता है।

मनुष्य रागभाव के कारण ही अपनी अभीष्ट इच्छाओं की पूर्ति न होने पर क्रोध करता है, अपने को उच्च और बड़ा समझकर दूसरों का तिरस्कार करता है, दूसरों की धन-सम्पदा एवं ऐश्वर्य देखकर ईर्ष्याभाव उत्पन्न करता है, सुन्दर रमणियों के अवलोकन से उनके हृदय में कामतृष्णा जाग्रत हो उठती है। नाना प्रकार के सुन्दर वस्त्राभूषण, अलंकार और पुष्पमालाओं आदि से अपने को सजाता है, शरीर को सुन्दर बनाने की चेष्टा करता है, तैलमर्दन, उबटन, साबुन आदि विभिन्न प्रकार के पदार्थों द्वारा अपने शरीर को स्वच्छ करता है। इस प्रकार अहर्निश राग-द्वेष की अनात्मिक वैभाविक भावनाओं के कारण मानव अशान्ति का अनुभव करता रहता है।

जिस प्रकार रोग की अवस्था और उसके निदान के मालूम हो जाने पर रोगी रोग से निवृत्ति प्राप्त करने का प्रयत्न करता है, उसी प्रकार साधक संसाररूपी रोग का निदान और उसकी अवस्था को जानकर उससे छूटने का प्रयत्न करता है। सांसारिक दुःखों का मूल कारण प्रगाढ़ राग-द्वेष है, जिन्हें शास्त्रीय परिभाषा में मिथ्यात्व कहा जा सकता है। आत्मा के अस्तित्व और स्वरूप में विश्वास न कर अतत्त्वरूप—राग-द्वेष रूप श्रद्धा करने से मनुष्य को स्वपर का विवेक नहीं रहता है, जड़ शरीर को आत्मा समझ लेता है तथा स्त्री, पुत्र, धन, धान्य, ऐश्वर्य में राग के कारण लिप्त हो जाता है, इन्हें अपना समझकर इनके सद्भाव और अभाव में हर्ष-विषाद उत्पन्न करता है। आत्मा के स्वाभाविक सुख को भूलकर संसार के पदार्थों द्वारा सुख प्राप्त करने की चेष्टा करता है। शरीर से भिन्न ज्ञानोपयोग, दर्शनोपयोगमय अखण्ड अविनाशी जरा-मरणरहित समस्त पदार्थों के ज्ञाता-द्रष्टा आत्मा को विषय-कषाययुक्त शरीरमल समझने लगता है। मिथ्यात्व के कारण मनुष्य की बुद्धि भ्रममय रहती है। अतः इन्द्रियों को प्रिय लगनेवाले पुद्गल पदार्थों के निमित्त से उत्पन्न सुख को जो कि पर-पदार्थ के संयोगकाल तक—क्षण-भर पर्यन्त रहनेवाला होता है, वास्तविक समझता है। मिथ्यात्व के कारण यह जीव शरीर के जन्म को अपना जन्म और शरीर के नाश को अपना मरण मानता है। राग-द्वेषादि जो स्पष्ट रूप से दुःख देनेवाले हैं, उनका ही सेवन करता हुआ मिथ्यादृष्टि आनन्द का अनुभव करता है। अपने शुद्ध स्वरूप को भूलकर शुभ कर्मों के बन्ध के फल की प्राप्ति में हर्ष और अशुभ कर्मों के बन्ध की फल-प्राप्ति के समय दुःख मानता है। आत्मा के हित के कारण जो वैराग्य और ज्ञान हैं, उन्हें मिथ्यादृष्टि कष्टदायक मानता है। आत्म-शक्ति को भूलकर दिन-रात विषयेच्छा की पूर्ति में सुखानुभव करना तथा इच्छाओं को बढ़ाते जाना मिथ्यात्व का ही फल है। इससे स्पष्ट है कि समस्त दुःखों का कारण मिथ्यादर्शन है।

मिथ्यादर्शन के सद्भाव—आत्मविश्वास के अभाव—में ज्ञान भी मिथ्या ही रहता है। मिथ्यात्व-रूपी मोहनिद्रा से अभिभूत होने के कारण ज्ञान वस्तु-तत्त्व की यथार्थता तक पहुँच नहीं पाता। अतः मिथ्यादृष्टि का ज्ञान आत्मकल्याण से सदा दूर रहता है। ज्ञान के मिथ्या रहने से चारित्र भी मिथ्या होता है। यतः कषाय और असंयम के कारण संसार में परिभ्रमण करनेवाला आचरण ही व्यक्ति करता है, जो

मिथ्या चारित्र की कोटि में परिगणित है। मोहनिद्रा से अभिभूत होने के कारण विषय ग्रहण करने की इच्छा उत्पन्न होती है, इच्छाएँ अनन्त हैं। इनकी तृप्ति न होने से जीव को अशान्ति होती है। मोहाभिभूत होने के कारण इच्छा-तृप्ति को ही मिथ्यादृष्टि सुख समझता है, पर वास्तव में इच्छाएँ कभी तृप्त नहीं होतीं। एक इच्छा तृप्त होती है, दूसरी उत्पन्न हो जाती है, दूसरी के तृप्त होने पर तीसरी उत्पन्न हो जाती है। इस प्रकार मोह के निमित्त से पंचेन्द्रिय-सम्बन्धी इच्छाएँ निरन्तर उत्पन्न होती रहती हैं, जिससे मनुष्य को आकुलता सदा बनी रहती है।

चारित्र-मोह के उदय से क्रोधादि कषाय रूप अथवा हास्यादि नोकषाय रूप जीव के भाव होते हैं, जिससे दुष्कृत्यों में प्रवृत्ति होती है। क्रोध उत्पन्न होने पर अपनी और पर की शान्ति भंग होती है; मान उत्पन्न होने पर अपने को उच्च और पर को नीच समझता है, माया उत्पन्न होने पर अपने तथा पर को धोखा देता है एवं लोभ के उत्पन्न होने पर अपने तथा पर को लुब्धक बनाता है। अतएव संक्षेप में मिथ्यादर्शन, मिथ्याज्ञान और मिथ्याचारित्र आत्मा के विकार हैं, ये आत्मा के स्वभाव नहीं विभाव हैं। उक्त मिथ्यात्व की उत्पत्ति का कारण राग और द्वेष ही हैं। इन्हीं विभावों के कारण आत्मा स्वभाव धर्म से च्युत है, जिससे क्षमा, मार्दव, आर्जव, सत्य, शौच, संयम, तप, त्याग और ब्रह्मचर्य रूप अथवा सम्यग्दर्शन, सम्यग्ज्ञान और सम्यक् चारित्र रूप आत्मा की प्रवृत्ति नहीं हो रही है। संसार का प्रत्येक प्राणी विकारों के अधीन होने के कारण ही व्याकुल है, एक क्षण को भी शान्ति नहीं है। आशा, तृष्णा सतत बेचैन किये रहती हैं।

विचारक महापुरुषों ने विषय-कषायजन्य अशान्ति और बेचैनी को दूर करने के लिए अनेक प्रकार के विधानों का प्रतिपादन किया है। नाना प्रकार के

मंगल-वाक्यों की आवश्यकता

मंगल-वाक्यों की प्रतिष्ठा की है तथा जीवन के शान्ति और सुख प्राप्त करने के लिए ज्ञान, भक्ति, कर्म और योग आदि मार्गों का निरूपण किया है। कुछ ऐसे सूत्र, वाक्य, गाथा और श्लोक में भी बतलाये गये हैं, जिनके स्मरण, मनन, चिन्तन और उच्चारण से शान्ति मिलती है। मन पवित्र होता है, आत्मस्वरूप का श्रद्धान होता है तथा विषय-कषायों की आसक्ति को व्यक्ति छोड़ने के लिए बाध्य हो जाता है। विकारों पर विजय प्राप्त करने में ये मंगलवाक्य दृढ़ आलम्बन बन जाते हैं तथा

आत्मकल्याण की भावना का परिस्फुरण होता है। विश्व के सभी मत-प्रवर्तकों ने विकारों को जीतने एवं साधना के मार्ग में अग्रसर होने के लिए अपनी-अपनी मान्यतानुसार कुछ मंगलवाक्यों का प्रणयन किया है। अन्य मतप्रवर्तकों द्वारा प्रतिपादित मंगलवाक्य कहाँ तक जीवन में प्रकाश प्रदान कर सकते हैं, यह विचार करना प्रस्तुत रचना का ध्येय नहीं है। यहाँ केवल यही बतलाने का प्रयत्न किया जाएगा कि जैनाम्नाय में प्रचलित मंगलवाक्य णमोकार मन्त्र किस प्रकार जीवन में शान्ति प्रदान कर सकता है तथा दार्शनिक, मान्त्रिक एवं लौकिक कल्याण-प्राप्ति की दृष्टि से उक्त वाक्य का क्या महत्त्व है, जिससे विकारों को शमन करने में सहायता मिल सके। आत्मकल्याण का मूल साधन सम्यग्दर्शन भी उक्त मंगलवाक्य के स्मरण से किस प्रकार उत्पन्न हो सकता है, द्वादशांग जिनवाणी का परिज्ञान उक्त वाक्य द्वारा किस प्रकार किया जा सकता है तथा जीवन की आशा-तृष्णाजन्य अशान्ति किस प्रकार दूर हो जाती है आदि बातों पर विचार किया जाएगा।

अशान्ति को दूर करने का अमोघ साधन—णमोकार-मन्त्र

साधक को सर्वप्रथम अपनी छानबीन कर अपने सच्चिदानन्द स्वरूप का निश्चय करना अत्यावश्यक है। आत्मस्वरूप के निश्चय करने पर भी जब तक अनुकरणीय आदर्श निश्चित नहीं, तब तक अपने स्वरूप को प्राप्त करने का मार्ग अन्वेषण करना असम्भव है। आदर्श शुद्ध सच्चिदानन्दरूप आत्मा ही हो सकता है। कोई भी विकारग्रस्त प्राणी विकाररहित आदर्श को सामने पाकर अपने भीतर उत्साह, दृढ़ संकल्प और स्फूर्ति उत्पन्न कर सकता है। चिदानन्द शान्तमुद्रा का चित्र अपने हृदय में स्थापित करने से विकारों का शमन होता है। वीतरागी, शान्त, अलौकिक, दिव्यज्ञानधारी, अनुपम दिव्य आनन्द और अनन्त सामर्थ्यवान् आत्माओं का आदर्श सामने रखने से मिथ्याबुद्धि दूर हो जाती है, दृष्टिकोण में परिवर्तन हो जाता है, राग-द्वेष की भावनाएँ निकल जाती हैं और आध्यात्मिक विकास होने लगता है। णमोकार मन्त्र ऐसा मंगलवाक्य है, जिसमें द्वादशांग वाणी का सारभूत दिव्यात्मा पंचपरमेष्ठी का पावन नाम निरूपित है। इस नाम के श्रवण, मनन, चिन्तन और स्मरण से कोई भी व्यक्ति अपने राग-द्वेष रूप विकारों को सहज में पृथक् कर सकता है। विकारों का परिष्कार करने के लिए पंचपरमेष्ठी के आदर्श से उत्तम अन्य कोई आदर्श नहीं हो सकता।

साधारण व्यक्ति का भी इधर-उधर वासनाओं के लिए भटकनेवाला मन इस मन्त्र के उच्चारण और चिन्तन द्वारा स्वास्थ्य लाभ कर सकता है। इस मन्त्र में प्रतिपादित भावना प्रारम्भिक साधक से लेकर उच्चश्रेणी के साधक तक को शान्ति और श्रेयोमार्ग प्रदान करनेवाली है। भारतीय दार्शनिकों का ही नहीं, विश्व के सभी दार्शनिकों का मत है कि जब तक व्यक्ति में आस्तिक्य भाव नहीं, विशेष मंगलवाक्यों के प्रति श्रद्धा नहीं; तब तक उसका मन स्थिर नहीं हो सकता है। आस्तिक व्यक्ति अपने आराध्य महापुरुष की आराधना कर शान्ति लाभ करता है। दृढ़ आस्था रखकर निर्दोष आत्माओं का आदर्श सामने रखना तथा उन वीतरागी आत्माओं के समान अपने को बनाने का प्रयत्न करना प्रत्येक मनुष्य का परम कर्तव्य है। जो शान्ति चाहता है, राग-द्वेष से छुटकारा प्राप्त करना चाहता है एवं अपने हृदय को शुद्ध, सबल और सरस बनाना चाहता है, उसे अपने सामने कोई आदर्श अवश्य रखना होगा तथा इस आदर्श को प्रतिपादित करनेवाले किसी मंगलवाक्य का मनन भी करना पड़ेगा। यहाँ आदर्श रखने का यह अर्थ कदापि नहीं है कि अपने को हीन तथा आदर्श को उच्च समझकर दास्य-दासक भाव स्थापित किया जाए अथवा अन्य किसी रागात्मक सम्बन्ध की स्थापना कर अपने को रागी-द्वेषी बनाया जाए, बल्कि तात्पर्य यह है कि शुद्ध और उच्च आदर्श को स्थापित कर अपने को भी उन्हीं के समान बनाया जाए। राग-द्वेष, काम-क्रोध आदि दुर्बलताओं पर मंगलवाक्य में वर्णित शुद्ध आत्माओं के समान विजय प्राप्त की जाए। आत्मोन्नति के लिए आवश्यक है आराधना योग्य परमशान्त, सौम्य, भव्य और वीतरागी आत्माओं का चिन्तन एवं मनन करना तथा इन आत्माओं के नाम और गुणों को बतलानेवाले वाक्यों का स्मरण, पठन एवं चिन्तन करना। संसार के विकारों से ग्रस्त व्यक्ति आदर्श आत्माओं के गुणों के स्तवन, चिन्तन और मनन द्वारा अपने जीवन पर विचार करता है। जिस प्रकार उन शुद्ध और निर्मल आत्माओं ने राग, द्वेष आदि प्रवृत्तियों पर विजय प्राप्त कर ली है तथा नवीन कर्मों के आस्रव को अवरुद्ध कर संचित कर्मों का क्षय—विनाश कर शुद्ध स्वरूप को प्राप्त कर लिया है, उसी प्रकार आदर्श शुद्ध आत्माओं के स्मरण, ध्यान और मनन से साधक भी निर्मल बन सकता है।

णमोकार मन्त्र में प्रतिपादित आत्माओं की शरण जाने से तात्पर्य उन्हीं के समान शुद्ध स्वरूप की प्राप्ति से है। साधक किसी आलम्बन को पाकर ऊँचा चढ़

जाना—साधना की उन्नत अवस्था को प्राप्त कर लेना चाहता है। यह आलम्बन कमज़ोर नहीं है, बल्कि विश्व की समस्त आत्माओं से उन्नत—परमात्मारूप है। इनके निकट पहुँचकर साधक उसी प्रकार शुद्ध हो जाता है, जिस प्रकार पारसमणि का संयोग पाकर लोहा स्वर्ण बन जाता है। लोहे को स्वर्ण बनने के लिए कुछ विशेष प्रयास नहीं करना पड़ता, बल्कि पारसमणि का सान्निध्य प्राप्त कर लेने मात्र से ही उसके लौह-परमाणु स्वर्ण-परमाणुओं में परिवर्तित हो जाते हैं। अथवा जिस प्रकार दीपक को प्रज्वलित करने के लिए अन्य जलते हुए दीपकों के पास रख देने के पश्चात् नहीं जलनेवाले दीपक की बत्ती जलते हुए दीपक की लौ से लगा देने मात्र से वह नहीं जलनेवाला दीपक प्रज्वलित हो उठता है, उसी प्रकार संसारी विषयकषाय संलग्न आत्मा उत्कृष्ट मंगलवाक्य में निरूपित आत्माओं, जो कि सामान्य—संग्रह नय की अपेक्षा एक परमात्मारूप है, का सान्निध्य—शरण भाव प्राप्त कर तत्तुल्य बन जाता है। अतएव मानव जीवन के उत्थान में मंगलसूत्रों का महत्त्वपूर्ण स्थान है।

आत्मा के भेद और मंगल-वाक्य

जैन आगम में भावों की अपेक्षा से आत्मा के तीन भेद बताये गये हैं—बहिरात्मा, अन्तरात्मा और परमात्मा। राग-द्वेष को अपना स्वरूप समझना, पर पर्याय में लीन शरीरादि पर-वस्तुओं को अपना मानना एवं वीतराग निर्विकल्प समाधि से उत्पन्न हुए परमानन्द सुखामृत से वंचित रहना आत्मा की बहिरात्म अवस्था है। बताया गया है—"**देह जीव को एक गिनै बहिरातमतत्त्व मुधा है।**" अर्थात् शरीर और आत्मा को एक समझना; अनन्तानुबन्धी क्रोध, मान, माया, लोभ से युक्त होना और मिथ्याबुद्धि के कारण शारीरिक सम्बन्धों को आत्मा के सम्बन्ध मानना बहिरात्मा है। इस बहिरात्म अवस्था में रागभाव उत्कट रूप से वर्तमान रहता है, अतः स्वसंवेदन ज्ञान—स्वानुभवरूप सम्यग्ज्ञान इस अवस्था में नहीं रहता।

बहिरात्मा मंगलवाक्यों के स्मरण और चिन्तन से दूर भागता है, उसे णमोकार मन्त्र जैसे पावन मंगलवाक्यों पर श्रद्धा नहीं होती; क्योंकि राग बुद्धि उसे आस्तिक बनाने से रोकती है। जब तक आस्तिक्य वृत्ति नहीं, तब तक उन्नत आदर्श सामने नहीं आ सकेगा। कर्मों का क्षयोपशम होने पर ही णमोकार मन्त्र के ऊपर श्रद्धा उत्पन्न होती है तथा इसके स्मरण, मनन और चिन्तन से अन्तरात्मा बनने की ओर प्राणी अग्रसर होता है। अभिप्राय यह है कि जब तक प्राणी की इस

परम मांगलिक महामन्त्र के प्रति श्रद्धा भावना जाग्रत् नहीं होती है, तब तक वह बहिरात्मा ही बना रहता है और विकारभावों को अपना स्वरूप समझकर अहर्निश व्याकुलता का अनुभव करता रहता है।

भेदविज्ञान और निर्विकल्प समाधि से आत्मा में लीन, शरीरादि पर वस्तुओं से ममत्वबुद्धि-रहित एवं चिदानन्दस्वरूप आत्मा को ही अपना समझनेवाला स्वात्मज्ञ चैतन्यस्वरूप आत्मा अन्तरात्मा है। इसके तीन भेद हैं—उत्तम, मध्यम और जघन्य। समस्त परिग्रह के त्यागी; निःस्पृही, शुद्धोपयोगी और आत्मध्यानी मुनीश्वर उत्तम अन्तरात्मा हैं; देशव्रती गृहस्थ और छठे गुणस्थानवर्ती निर्ग्रन्थ मुनि मध्यम अन्तरात्मा हैं तथा राग-द्वेष को अपने से भिन्न समझ स्वरूप का दृढ़ श्रद्धान करनेवाले व्रतरहित श्रावक जघन्य अन्तरात्मा हैं।

उपर्युक्त तीनों ही प्रकार के अन्तरात्मा णमोकार मन्त्र जैसे मंगलवाक्यों की आराधना द्वारा अपनी प्रवृत्तियों को शुद्ध करते हैं तथा निवृत्ति मार्ग की ओर अग्रसर होते हैं। णमोकार मन्त्र का उच्चारण ही शुभोपयोग का साधन है। इसके प्रति जब भीतरी आस्था जाग्रत् हो जाती है और इस मन्त्र में कथित उच्चात्माओं के गुणों के स्मरण, चिन्तन और मनन द्वारा स्वपरिणति की ओर झुकाव आरम्भ हो जाता है, तो शुद्धोपयोग की ओर व्यक्ति बढ़ता है। अतः यह मंगलवाक्य उक्त तीनों प्रकार की अन्तरात्माओं को प्रगति प्रदान करता है। वास्तविकता यह है कि महामन्त्र विकारभावों को दूर कर आत्मा को अपने शुद्ध स्वरूप की ओर प्रेरित करता है। सांसारिक पदार्थों के प्रति आसक्ति तथा आसक्ति से होनेवाली अशान्ति आत्मा को बेचैन नहीं करती। यद्यपि कर्मों के उदय के कारण विकार उत्पन्न होते हैं, किन्तु उनका प्रभाव अन्तरात्मा पर नहीं पड़ता। णमोकार-मन्त्र अन्तरात्माओं के साधना मार्ग में मील के पत्थरों का कार्य करता है, जिस प्रकार पथिक को मील का पत्थर मार्ग का परिज्ञान कराता है, उसे मार्ग के तय करने का विश्वास दिलाता है, उसी प्रकार यह मन्त्र अन्तरात्मा को साधु, उपाध्याय, आचार्य, अरिहन्त और सिद्धि रूप गन्तव्य स्थान पर पहुँचने के लिए मार्ग परिज्ञान का कार्य करता है अर्थात् अन्तरात्मा इस मन्त्र के सहारे पंचपरमेष्ठी पद को प्राप्त होता है।

परमात्मा के दो भेद हैं—सकल और निकल। घातिया कर्मों को नाश करनेवाले और सम्पूर्ण पदार्थों के ज्ञाता, द्रष्टा अरिहन्त सकल परमात्मा हैं। समस्त

प्रकार के कर्मों से रहित अशरीरी सिद्ध निकल परमात्मा कहे जाते हैं। कोई भी अन्तरात्मा णमोकार मन्त्र के भाव-स्मरण से परमात्मा बनता है तथा सकल परमात्मा भी योग निरोध कर अघातिया कर्मों का नाश करते समय णमोकार मन्त्र का भाव चिन्तन करते हैं। निर्वाण प्राप्त होने के पहले तक णमोकार मन्त्र के स्मरण, चिन्तन, मनन और उच्चारण की सभी को आवश्यकता होती है; क्योंकि इस मन्त्र के स्मरण से आत्मा में निरन्तर विशुद्धि उत्पन्न होती है। श्रद्धा-भावना, जो कि मोक्षमहल पर चढ़ने के लिए प्रथम सीढ़ी है, इसी मन्त्र में भाव स्मरण द्वारा उत्पन्न होती है। सरल शब्दों में यों कहा जा सकता है कि इस मन्त्र में प्रतिपादित पंचपरमेष्ठी के स्मरण और मनन से आत्मविश्वास की भावना उत्पन्न होती है; जिससे राग-द्वेष प्रभृति विकारों का नाश होता है, साथ ही अपना इष्ट भी सिद्ध होता है। अरिहन्त, सिद्ध, आचार्य, उपाध्याय और सर्वसाधु को परमेष्ठी इसीलिए कहा जाता है कि इनके स्मरण, चिन्तन और मनन द्वारा सुख की प्राप्ति और दुःख के विनाशरूप इष्ट प्रयोजन की सिद्धि होती है। विश्व के प्रत्येक प्राणी को सुख इष्ट है; क्योंकि यह आत्मा का प्रमुख गुण है तथा इससे उत्पन्न होने पर ही बेचैनी दूर होती है। ये परमेष्ठी स्वयं परमपद में स्थित हैं तथा इनके अवलम्बन से अन्य व्यक्ति भी परमपद में स्थित हो सकते हैं।

स्पष्ट करने के लिए यों समझना चाहिए कि आत्मा के तीन प्रकार के परिणाम होते हैं—अशुभ, शुभ और शुद्ध। तीव्र कषायरूप परिणाम अशुभ, मन्द कषायरूप परिणाम शुभ और कषायरहित परिणाम शुद्ध होते हैं। राग-द्वेषरूप संक्लेश परिणामों से ज्ञानावरणादि घातिया कर्मों का, जो आत्मा के वीतराग भाव के घातक हैं, तीव्रबन्ध होता है और शुभ परिणामों से मन्दबन्ध होता है। जब विशुद्ध परिणाम प्रबल होते हैं तो पहले के तीव्रबन्ध को भी मन्द कर देते हैं; क्योंकि विशुद्ध परिणामों से बन्ध नहीं होता, केवल निर्जरा होती है। णमोकार मन्त्र में प्रतिपादित पंचपरमेष्ठी के स्मरण से जो भावनाएँ उत्पन्न होती हैं, उनसे कषायों की मन्दता होती है तथा वे परिणाम समस्त कषायों को मिटाने के साधन बनते हैं। ये ही परिणाम आगे शुद्ध परिणामों की उत्पत्ति में भी साधना का कार्य करते हैं। अतएव भावसहित णमोकार मन्त्र के स्मरण से उत्पन्न परिणामों द्वारा जब अपने स्वभावघातक घातिया कर्म क्षीण हो जाते हैं, तब सहज में वीतरागता प्रकट होने

लगती है। जितने अंशों में घातिया कर्म क्षीण होते हैं, उतने ही अंशों में वीतराग भाव उत्पन्न होते हैं। इन्द्रियासक्ति एवं असंयम की प्रवृत्ति णमोकार मन्त्र के मनन से दूर होती है, आत्मा में मन्द कषायजन्य भावनाएँ उत्पन्न होती हैं। असाता आदि पाप प्रवृत्तियाँ मन्द पड़ जाती हैं और पुण्य का उदय होने से स्वतः सुख-सामग्री उपलब्ध होने लगती है।

उपर्युक्त विवेचन में हम इस निष्कर्ष पर पहुँचते हैं कि आत्मा को शुद्ध करने की तथा अपने सत्, चित् और आनन्दमय स्वरूप में अवस्थित होने की प्रेरणा इस णमोकार मन्त्र से प्राप्त होती है। विकारजन्य अशान्ति को दूर करने का एकमात्र साधन यह णमोकार मन्त्र है। इस मन्त्र के स्मरण, चिन्तन और मनन बिना अन्य किसी भी प्रकार की साधना सम्भव नहीं है। यह सभी प्रकार की साधनाओं का प्रारम्भिक स्थान है तथा समस्त साधनों का अन्त भी इसी में निहित है। अतः राग-द्वेष, मोह आदि की प्रवृत्ति तभी तक जीव में वर्तमान रहती है, जब तक जीव आत्मा के वास्तविक स्वरूप की उपलब्धि से वंचित रहता है। आत्मस्वरूप पंचपरमेष्ठी की आराधना से अपने-आप अवगत हो जाता है। जिस प्रकार एक जलते दीपक से अनेक बुझे हुए दीपकों को जलाया जा सकता है, उसी प्रकार पंचपरमेष्ठी की विशुद्ध आत्माओं से अपनी ज्ञान-ज्योति को प्रज्वलित किया जा सकता है।

जिन संसारी जीवों की आत्मा में कषायें वर्तमान हैं, वे भी क्षीण कषायवाले व्यक्तियों के अनुकरण से अपनी कषाय भावनाओं को दूर कर सकते हैं। साधारण मनुष्य की प्रवृत्ति शुभ या अशुभ रूप में सामने के उदाहरणों के अनुसार ही होती है। मनोविज्ञान बतलाता है कि मनुष्य अनुकरणशील प्राणी है, यह अन्य व्यक्तियों का अनुकरण कर अपने ज्ञान के क्षेत्र को विस्तृत और समृद्ध करता रहता है। अतएव स्पष्ट है कि णमोकार मन्त्र में प्रतिपादित अर्हन्त, सिद्ध, आचार्य, उपाध्याय और सर्वसाधु की आत्मा शुद्ध चिद्रूप है, इनके स्मरण और चिन्तन से शुद्ध चिद्रूप की प्राप्ति होती है।

दर्शनशास्त्र के वेत्ता मनीषियों ने अनुभव तीन प्रकार का बतलाया है—सहज, इन्द्रियगोचर और अलौकिक। इन तीनों प्रकार के अनुभवों से ही मनुष्य आनन्द की प्राप्ति करता है तथा अपने मन और अन्तःकरण का विकास करता है। सहज अनुभव उन व्यक्तियों को होता है, जो भौतिकवादी हैं तथा जिनकी आत्मा

विकसित नहीं है। ये क्षुधा, तृषा, मैथुन, मलमूत्रोत्सर्जन आदि प्राकृतिक शरीरसम्बन्धी माँगों की पूर्ति में ही सुख और पूर्ति के अभाव में दुःख का अनुभव करते रहते हैं। ऐसे व्यक्तियों में आत्मविश्वास की मात्रा प्रायः नहीं होती है, इनकी समस्त क्रियाएँ शरीराधीन हुआ करती हैं। णमोकार मन्त्र की साधना इस सहज अनुभव को आध्यात्मिक अनुभव के रूप में परिवर्तित कर देती है तथा शरीर की वास्तविक उपयोगिता और उसके स्वरूप का बोध करा देती है।

दूसरे प्रकार का अनुभव प्राकृतिक रमणीय दृश्यों के दर्शन, स्पर्शन आदि के द्वारा इन्द्रियों को होता है, यह प्रथम प्रकार के अनुभव की अपेक्षा सूक्ष्म है; किन्तु इस अनुभव से उत्पन्न होनेवाला आनन्द भी ऐन्द्रियिक आनन्द है, जिससे आकुलता दूर नहीं हो सकती है। मानसिक बेचैनी इस प्रकार के अनुभव से और बढ़ जाती है। विकारों की उत्पत्ति इससे अधिक होने लगती है तथा ये विकार नाना प्रकार के रूप धारण कर मोहक रूप में प्रस्तुत होते हैं जिससे अहंकार और ममकार की वृद्धि होती है। अतएव इस अनुभवजन्य ज्ञान का परिमार्जन भी णमोकार मन्त्र के द्वारा ही सम्भव है। इस मन्त्र में निरूपित आदर्श अहंकार और ममकार का निरोध करने में सहायक होता है। अतः आत्मोत्थान के लिए यह अनुभव मंगलवाक्यों के रसायन द्वारा ही उपयोगी हो सकता है। मंगलवाक्य ही इसका परिष्कार करते हैं। जिस प्रकार गन्दा पानी छानने से निर्मल हो जाता है, उसी प्रकार णमोकार मन्त्र की साधना से सांसारिक अनुभव शुद्ध होकर आत्मिक बन जाता है।

तीसरे प्रकार का अनुभव आत्मिक या आध्यात्मिक होता है। इस अनुभव से उत्पन्न आनन्द अलौकिक कहलाता है। इस प्रकार के अनुभव की उत्पत्ति सत्संगति, तीर्थाटन, समीचीन ग्रन्थों के स्वाध्याय, प्रार्थना एवं मंगलवाक्यों के स्मरण, मनन और पठन से होती है। यही अनुभव आत्मा की अनन्त शक्तियों की विकास-भूमि है और इस पर चलने से आकुलता दूर हो जाती है। णमोकार मन्त्र की साधना मनुष्य की विवेक बुद्धि की वृद्धि और इच्छाओं को संयमित करती है, जिससे मानव की भावनाएँ परिमार्जित हो जाती हैं। अतएव विकारों से उत्पन्न होनेवाली अशान्ति को रोकने तथा आत्मिक शान्ति को विकसित करने का एकमात्र साधन णमोकार महामन्त्र ही है। यह प्रत्येक व्यक्ति को बहिरात्मा अवस्था से दूर कर अन्तरात्मा और परमात्मा अवस्था की ओर ले जाता है। आत्मबल का आविर्भाव इस मन्त्र की

साधना से होता है। जो व्यक्ति आत्मबली हैं, उनके लिए संसार में कोई कार्य असम्भव नहीं। आत्मबल और आत्मविश्वास की उत्पत्ति प्रधान रूप में आराध्य के प्रति भावसहित उच्चार किये गये प्रार्थनामय मंगलवाक्यों द्वारा ही होती है। जिन व्यक्तियों में उक्त दोनों गुण नहीं हैं, वे मनुष्य धर्म के उच्चतम शिखर पर चढ़ने के अधिकारी नहीं। जिस प्रकार प्रचण्ड सूर्य के समक्ष घटाटोप मेघ देखते-देखते विलीन हो जाते हैं, उसी प्रकार पंचपरमेष्ठी की शरण जाने से—उनके गुणों के स्मरण से, उनकी प्रार्थना से आत्मा का स्वकीय विज्ञान धन एवं निराकुलतारूप सुख अनुभव में आने लगता है तथा शक्ति इतनी प्रबल हो जाती है कि अन्तर्मुहूर्त में कर्म भस्म हो जाते हैं। मोह का अभाव होते ही यह आत्मा ज्ञानाग्नि द्वारा अनन्तदर्शन, अनन्तज्ञान, अनन्तवीर्य और अनन्तसुख को प्राप्त कर लेता है।

णमोकार-मन्त्र का अर्थ

वैदिक धर्मानुयायियों में जो ख्याति और प्रचार गायत्री मन्त्र का है, बौद्धों में त्रिसरण—त्रिशरण मन्त्र का है, जैनों में वही ख्याति और प्रचार णमोकार मन्त्र का है। समस्त धार्मिक और सामाजिक कृत्यों के आरम्भ में इस महामन्त्र का उच्चारण किया जाता है। जैन-सम्प्रदाय का यह दैनिक जाप-मन्त्र है। इस मन्त्र का प्रचार तीनों सम्प्रदायों—दिगम्बर, श्वेताम्बर और स्थानकवासियों में समान रूप से पाया जाता है। तीनों सम्प्रदाय के प्राचीनतम साहित्य में भी इसका उल्लेख मिलता है। इस मन्त्र में पाँच पद अट्ठावन मात्रा और पैंतीस अक्षर हैं। मन्त्र निम्न प्रकार है :

णमो अरिहंताणं, णमो सिद्धाणं, णमो आइरियाणं।
णमो उवज्झायाणं, णमो लोए सव्व-साहूणं॥

अर्थ—अरिहन्तों या अर्हन्तों को नमस्कार हो, सिद्धों को नमस्कार हो, आचार्यों को नमस्कार हो, उपाध्यायों को नमस्कार हो और लोक के सर्व-साधुओं को नमस्कार हो।

'णमो अरिहंताणं' अरिहननादरिहन्ता नरकतिर्यक्कुमानुष्यप्रेतवासगताशेष-दुःखप्राप्तिनिमित्तत्वादरिर्मोहः। तथा च शेषकर्मव्यापारो वैफल्यमुपेयादिति चेन्न, शेषकर्मणां मोहतन्त्रत्वात्। न हि मोहमन्तरेण शेषकर्माणि स्वकार्यनिष्पत्तौ व्यापृतान्युपलभ्यन्ते येन तेषां स्वातन्त्र्यं जायते। मोहे विनष्टेऽपि कियन्तमपि कालं शेषकर्मणां सत्त्वोपलम्भान्न तेषां तत्तन्त्रत्वमिति चेन्न, विनष्टेऽरौ जन्ममरण-

प्रबन्धलक्षणसंसारोत्पादनसामर्थ्यमन्तरेण तत्सत्त्वस्यासत्त्वसमानत्वात् केवलज्ञानाद्यशेषात्मगुणाविर्भावप्रतिबन्धनप्रत्ययसमर्थत्वाच्च। तस्यारेर्हननादरिहन्ता।

रजोहननाद्वा अरिहन्ता। ज्ञानदृगावरणानि रजांसीव बहिरङ्गान्तरङ्गाशेषत्रिकालगोचरानन्तार्थव्यञ्जनपरिणामात्मकवस्तुविषयबोधानुभवप्रतिबन्धकत्वाद्रजांसि। मोहोऽपि रजःभस्मरजसा पूरिताननानामिव भूयो मोहावरुद्धात्मनां जिह्मभावोपलम्भात्। किमिति त्रितयस्यैव विनाश उपदिश्यत इति चेन्न, एतद्विनाशस्य शेषकर्मविनाशाविनाभावित्वात् तेषां हननादरिहन्ता।

रहस्याभावाद्वा अरिहन्ता। रहस्यमन्तरायः तस्य शेषघातित्रितयविनाशाविनाभाविनो भ्रष्टबीजवन्निःशक्तीकृताघातिकर्मणो हननादरिहन्ता।

अतिशयपूजार्हत्वाद्वार्हन्तः। स्वर्गावतरणजन्माभिषेकपरिनिष्क्रमणकेवलज्ञानोत्पत्तिपरिनिर्वाणेषु देवकृतानां पूजानां देवासुरमानवप्राप्तपूजाभ्योऽधिकत्वादतिशयानामर्हत्त्वाद्योग्यत्वादर्हन्तः[1]।

णमो अरिहंताणं—णमो—नमस्कारः। केभ्यः? अर्हद्भ्यः शक्रादिकृतां पूजां सिद्धिगतिं चार्हन्तस्तेभ्यः। अरीन्—रागद्वेषादीन् घ्नन्तीति अरिहन्तारः तेभ्योऽरिहन्तृभ्यः, न रोहन्ति—नोत्पद्यन्ते दग्धकर्मबीजत्वात्—पुनः संसारे न जायन्ते इत्यरुहन्तः तेभ्योऽरुहद्भ्यो नमो नमस्कारोऽस्तु[2]।

अरिहननाद् रजोहनन[स्या]भावाच्च परिप्राप्तानन्तचतुष्टयस्वरूपः सन् इन्द्रनिर्मितामतिशयवतीं पूजामर्हतीति अर्हन्। घातिक्षयजमनन्तज्ञानादिचतुष्टयं विभूत्याद्यं यस्येति वार्हन्[3]।

अर्थात्--'णमो अरिहंताणं' इस पद में अरिहन्तों को नमस्कार किया गया है। अरि—शत्रुओं के नाश करने से 'अरिहन्त' यह संज्ञा प्राप्त होती है। नरक, तिर्यंच, कुमानुष और प्रेत इन पर्यायों में निवास करने से होनेवाले समस्त दुःखों की प्राप्ति का निमित्त कारण होने से मोह को अरि—शत्रु कहा गया है।

शंका—केवल मोह को ही अरि मान लेने पर शेष कर्मों का व्यापार-कार्य निष्फल हो जाएगा?

---

1. धवला टीका प्रथम पुस्तक, पृ. 42-44।
2. सप्तस्मरणानि, पृ. 2।
3. अमरकीर्ति विरचित नाममाला का भाष्य, पृ. 58-59।

समाधान—यह शंका ठीक नहीं; क्योंकि अवशेष सभी कर्म मोह के अधीन हैं। मोह के अभाव में अवशेष कर्म अपना कार्य उत्पन्न करने में असमर्थ हैं। अतः मोह की ही प्रधानता है।

शंकाकार—मोह के नष्ट हो जाने पर भी कितने ही काल तक शेष कर्मों की सत्ता रहती है, इसलिए उनको मोह के अधीन मानना उचित नहीं?

समाधान—ऐसा नहीं समझना चाहिए; क्योंकि मोहरूप अरि के नष्ट हो जाने पर जन्म, मरण की परम्परारूप संसार के उत्पादन की शक्ति शेष कर्मों में नहीं रहने से उन कर्मों का सत्त्व असत्त्व के समान हो जाता है। तथा केवलज्ञानादि समस्त आत्मगुणों के आविर्भाव के रोकने में समर्थ कारण होने से भी मोह को प्रधान शत्रु कहा जाता है। अतः उसके नाश करने से 'अरिहन्त' संज्ञा प्राप्त होती है।

अथवा रज—आवरण कर्मों के नाश करने से 'अरिहन्त' यह संज्ञा प्राप्त होती है। ज्ञानावरण और दर्शनावरण कर्मधूलि की तरह बाह्य और अन्तरंग समस्त त्रिकाल के विषयभूत अनन्त अर्थपर्याय और व्यंजनपर्याय रूप वस्तुओं को विषय करनेवाले बोध और अनुभव के प्रतिबन्धक होने से रज कहलाते हैं। मोह को भी रज कहा जाता है, क्योंकि जिस प्रकार जिनका मुख भस्म से व्याप्त होता है, उनमें कार्य की मन्दता देखी जाती है, उसी प्रकार मोह से जिनकी आत्मा व्याप्त रहती है, उनकी स्वानुभूति में कालुष्य, मन्दता पायी जाती है।

अथवा, 'रहस्य' के अभाव से भी अरिहन्त संज्ञा प्राप्त होती है। रहस्य अन्तराय कर्म को कहते हैं। अन्तराय का नाश शेष तीन घातिया कर्मों के नाश का अविनाभावी है और अन्तराय कर्म के नाश होने पर अघातिया कर्म भ्रष्ट बीज के समान निःशक्त हो जाते हैं। इस प्रकार अन्तराय कर्म के नाश से अरिहन्त संज्ञा प्राप्त होती है।

अथवा सातिशय पूजा के योग्य होने से अर्हन् संज्ञा प्राप्त होती है; क्योंकि गर्भ, जन्म, दीक्षा, केवल और निर्वाण इन पाँचों कल्याणकों में देवों द्वारा की गयी पूजाएँ, देव, असुर, मनुष्यों की प्राप्त पूजाओं से अधिक हैं। अतः इन अतिशयों के योग्य होने से अर्हन् संज्ञा प्राप्त होती है।

इन्द्रादि के द्वारा पूज्य, सिद्धगति को प्राप्त होनेवाले अर्हन्त या राग-द्वेष रूप शत्रुओं को नाश करनेवाले अरिहन्त अथवा जिस प्रकार जला हुआ बीज उत्पन्न नहीं होता उसी प्रकार कर्म नष्ट हो जाने के कारण पुनर्जन्म से रहित अर्हन्तों को

नमस्कार किया है।

कर्मरूपी शत्रुओं के नाश करने से तथा कर्मरूपी रज न होने से अनन्तदर्शन, अनन्तज्ञान, अनन्तसुख और अनन्तवीर्यरूप अनन्तचतुष्टय के प्राप्त होने पर इन्द्रादि के द्वारा निर्मित पूजा को प्राप्त होनेवाले अर्हन् अथवा घातिया–ज्ञानावरणीय, दर्शनावरणीय, मोहनीय और अन्तराय इन चारों कर्मों के नाश होने से अनन्तचतुष्टय विभूति जिनको प्राप्त हो गयी है, उन अर्हन्तों को नमस्कार किया गया है।

जो संसार से विरक्त होकर घर छोड़ मुनिधर्म स्वीकार कर लेते हैं तथा अपनी आत्मा का स्वभाव साधन कर चार घातिया कर्मों के नाश द्वारा अनन्तदर्शन, अनन्तज्ञान, अनन्तसुख और अनन्तवीर्य इस अनन्त चतुष्टय को प्राप्त कर लेते हैं, वे अर्हन्त हैं। ये अर्हन्त अपने दिव्य ज्ञान द्वारा संसार के समस्त पदार्थों की समस्त अवस्थाओं को प्रत्येक रूप से जानते हैं, अपने दिव्यदर्शन द्वारा समस्त पदार्थों का सामान्य अवलोकन करते हैं। ये आकुलतारहित परम आनन्द का अनुभव करते हैं। क्षुधा, तृषा, भय, राग, द्वेष, मोह, चिन्ता, बुढ़ापा, रोग, मरण, पसीना, खेद, अभिमान, रति, आश्चर्य, जन्म, नींद और शोक इन अठारह दोषों से रहित होने के कारण परम शान्त होते हैं, अतः वे देव कहलाते हैं। इनका परमौदारिक शरीर उन सभी शास्त्र, वस्त्रादि अथवा अंगविकारादि से रहित होता है, जो काम, क्रोधादि निन्द्य भावों के चिह्न हैं। इनके वचनों से लोक में धर्मतीर्थ की प्रवृत्ति होती है, जिनसे समस्त प्राणी इनके उपदेश का अनुसरण कर अपना कल्याण करते हैं। अरहन्त परमेष्ठी में 46 मूल गुण होते हैं–दस अतिशय जन्म समय के, दस अतिशय केवलज्ञान के, चौदह अतिशय देवों के द्वारा निर्मित, आठ प्रातिहार्य और चार अनन्तचतुष्टय। इनमें प्रभुता के अनेक चिह्न वर्तमान रहते हैं तथा ऐसे अनेक अतिशय और नाना प्रकार के वैभवों का संयोग पाया जाता है, जिनसे लौकिक जीव आश्चर्यान्वित हो जाते हैं। अर्हन्तों के मूल दो भेद हैं–सामान्य अर्हन्त और तीर्थंकर अर्हन्त। अतिशय और धर्मतीर्थ का प्रवर्तन तीर्थंकर अर्हन्त में ही पाया जाता है। अन्य विशेषताएँ दोनों की समान होती हैं। कोई भी आत्मा तपश्चरण द्वारा घातिया कर्मों को नष्ट करने पर अर्हन्त पद को प्राप्त कर सकता है।

प्रत्येक अर्हन्त भगवान् में अनन्तज्ञान, अनन्तदर्शन, अनन्तसुख, अनन्तवीर्य, क्षायिकसम्यक्त्व, क्षायिकदान, क्षायिकलाभ, क्षायिकभोग और क्षायिक उपभोग आदि

गुणों के प्रकट हो जाने से सिद्ध स्वरूप की झलक आ जाती है, राग-द्वेष और मोहरूप त्रिपुर को नष्ट करने के कारण त्रिपुरारी, संसार में शान्ति करने के कारण शंकर, तीनों नेत्रों—नेत्रद्वय और केवलज्ञान से संसार के समस्त पदार्थों को देखने के कारण त्रिनेत्र एवं कामविकार को जीतने के कारण कामारि कहलाते हैं[1]।

अर्हन्त भगवान् दिव्य औदारिक[2] शरीर के धारी होते हैं, घातियाकर्ममल से रहित होने के कारण उनका आत्मा महान् पवित्र होता है, अनन्त चतुष्टयरूपी लक्ष्मी उनको प्राप्त हो जाती है, अतः वे परमात्मा, स्वयम्भू, जगत्पति, धर्मचक्री,

---

1. आविर्भूतानन्तज्ञानदर्शनसुखवीर्यविरतिक्षायिकसम्यक्त्वदानलाभभोगोपभोगाद्यनन्तगुणत्वादिहैवात्मसात्कृतसिद्धस्वरूपास्फटिकमणिमहीधरगर्भोद्भूतादित्यबिम्बवद्देदीप्यमानाः स्वशरीरपरिमाणा अपि ज्ञानेन विश्वरूपाः स्वास्थिताशेषप्रमेयत्वतः प्राप्तविश्वरूपाः निर्गताशेषामयत्वतो निरामयाः विगताशेषपापुञ्जनपाञ्जत्वेन निरञ्जनाः दोषकलातीतत्वतो निष्कलाः। तेभ्योऽर्हद्भ्यो नमः इति यावत्।

णिद्दद्ध-मोहतरुणो वित्थिण्णाणाण-सायरुत्तिणा।
णिहय-णिय-विग्घ-वग्गा बहु-बाह-विणिग्गया अयला॥
दलिय-मयण-प्पयावा तिकाल-विसएहि तीहि णयणेहि।
दिट्ठ-सयलट्ठ-सारा सुदद्ध-तिउरा मुणि-व्वइणो॥
ति-रयण-तिसूलधारिय मोहंधासुर-कबंध-बिंद-हरा।
सिद्ध-सयलप्प-रूवा अरहंता दुण्णय-कयंता॥

—धवला टीका, प्रथम पुस्तक, पृ. 45

2. दिव्यौदारिकदेहस्थो धौतघातिचतुष्टयः।
ज्ञानदृग्वीर्यसौख्याद्यः सोऽर्हन् धर्मोपदेशकः॥

—पञ्चाध्यायी, अ. 2, पृ. 158

अरहंति णमोक्कारं अरिहा पूजा सुरुत्तमा लोए।
रजहंता अरिहंति य अरहंता तेण उच्चंदे॥

—मूलाराधना, गा. 505

अरिहंति वंदणणमंसणाइं अरहंति पूयसक्कारं।
सिद्धिगमणं च अरहा अरिहंता तेण वुच्चंति॥
देवासुरमणुयाणं अरिहा पूया सुसत्तमा जम्हा।
अरिणो हंता रयं हंता अरिहंता तेण वुच्चंति॥

—विशेषावश्यकभाष्य 3584-3585

दयाध्वज, त्रिकालदर्शी, लोकेश, लोकधाता, दृढ़व्रत, पुराणपुरुष, युगमुख्य, कलाधर, जगन्नाथ, जगद्विभु, सर्वज्ञ, प्रशास्ता, बृहस्पति, ज्ञानगर्भ, दयागर्भ, हेमगर्भ, सुदर्शन, शंकर, पुण्डरीकाक्ष, स्वयंवेद्य, पितामह, ब्रह्मनिष्ठ, यज्ञपति, सुयज्वा, वृषभध्वज, हिरण्यगर्भ, स्वयंप्रभु, भूतनाथ, सर्वलोकेश, निरंजन, प्रजापति, श्रीगर्भ आदि नामों से पुकारे जाते हैं।

'णमो सिद्धाणं'–सिद्धाः[1] निष्ठिताः कृतकृत्याः सिद्धसाध्याः नष्टाष्ट-कर्माणः।

नमो–नमस्कारः। केभ्यः? सिद्धेभ्यः, सितं प्रभूतकालेन बद्धं अष्टप्रकारं कर्म शुक्लध्यानाग्निना ध्यातं–भस्मीकृतं यैस्ते निरुक्तिवशात् सिद्धास्तेभ्यः इति। यद्वा सिद्धगतिनामधेयं स्थानं प्राप्ताः सिद्धाः। यद्वा सिद्धाः–सुनिष्ठितार्था मोक्षप्राप्त्या अपुनर्भवत्वेन संपूर्णार्थस्तेभ्यः सिद्धेभ्यः नमः।

अर्थ–जो पूर्णरूप से अपने स्वरूप में स्थित हैं, कृतकृत्य हैं, जिन्होंने अपने साध्य को सिद्ध कर लिया है और जिनके ज्ञानावरणादि आठ कर्म नष्ट हो चुके हैं, उन्हें सिद्ध कहते हैं। इन सिद्धों को नमस्कार है।

जिन्होंने सुदूर भूतकाल से बाँधे हुए आठ प्रकार के कर्मों को शुक्लध्यानरूपी अग्नि के द्वारा नष्ट कर दिया है, उन सिद्धों को, अथवा सिद्ध नाम की गति जिन्होंने प्राप्त कर ली है और पुनर्जन्म से छूटकर जिन्होंने अपने पूर्णस्वरूप को प्राप्त कर लिया है, उन सिद्धों को नमस्कार है।[2]

तात्पर्य यह है कि जो गृहस्थावस्था को त्यागकर मुनि हो चार घातिया कर्मों का नाश कर अनन्तचतुष्टय भाव को प्राप्त कर लेते हैं। पश्चात् योग निरोध कर अवशेष चार अघातिया कर्मों को भी नष्ट कर एवं परम औदारिक शरीर को छोड़ अपने ऊर्ध्वगमन स्वभाव से लोक के अग्रभाव में जाकर विराजमान हो जाते हैं, वे सिद्ध हैं। समस्त परतन्त्रताओं से छूट जाने के कारण उनको मुक्त कहा जाता है।

आत्मा में सम्यक्त्व, ज्ञान, दर्शन, वीर्य, सूक्ष्मत्व, अवगाहनत्व, अगुरुलघुत्व और अव्याबाधत्व ये आठ गुण होते हैं। ज्ञानावरण, दर्शनावरण, मोहनीय, वेदनीय, आयु, नाम, गोत्र और अन्तराय ये कर्म इन गुणों के बाधक हैं। आत्मा पर

1. धवला टीका, प्रथम पुस्तक, पृ. 46।
2. सप्तस्मरणानि, पृ. 3।

इन कर्मों का आवरण पड़ जाने से ये गुण आच्छादित हो जाते हैं; किन्तु जब आत्मा अपने पुरुषार्थ से इन कर्मों को क्षय कर देता है, तब सिद्ध अवस्था को प्राप्त कर लेता है और उपर्युक्त आठों गुणों का आविर्भाव हो जाता है। ज्ञानावरणीय कर्म के क्षय से अनन्तज्ञान, दर्शनावरणीय कर्म के क्षय से अनन्तदर्शन, वेदनीय के क्षय से अव्याबाधत्व, मोहनीय के क्षय से सम्यक्त्व, आयु के क्षय से अवगाहनत्व, नामकर्म के क्षय से सूक्ष्मत्व, गोत्र-कर्म के क्षय से अगुरुलघुत्व और अन्तराय के क्षय से वीर्यगुण का आविर्भाव होता है।[1]

[2]जिन्होंने नाना भेदरूप आठ कर्मों का नाश कर दिया है, जो तीन लोक के मस्तक के शेखर-स्वरूप हैं, दुःखों से रहित हैं, सुखरूपी सागर में निमग्न हैं, निरंजन हैं, नित्य हैं, आठ गुणों से युक्त हैं, निर्दोष हैं, कृतकृत्य हैं, जिन्होंने समस्त पर्यायों सहित सम्पूर्ण पदार्थों को जान लिया है, वज्रशिला निर्मित अभग्न प्रतिमा के समान अभेद्य आकार से युक्त है, जो पुरुषाकार होने पर भी गुणों से पुरुष के समान नहीं है; क्योंकि पुरुष सम्पूर्ण इन्द्रियों के विषयों को भिन्न-भिन्न देशों में जानता है, परन्तु जो प्रत्येक देश में सब विषयों को जानते हैं, वे सिद्ध हैं। आत्मा का

---

1. कृत्स्नकर्मक्षयाज्ज्ञानं क्षायिकं दर्शनं पुनः।
प्रत्यक्षं सुखमात्मोत्थं वीर्यं चेति चतुष्टयम्॥
सम्यक्त्वं चैव सूक्ष्मत्वमव्याबाधगुणः स्वतः।
अस्त्यगुरुलघुत्वं च सिद्धे चाष्टगुणाः स्मृताः॥
—पञ्चाध्यायी, अ. 2, श्लो. 67-68

2. णिहय-विविहट्ठ-कम्मा-तिहुवण-सिर-सेहरा विहुव-दुक्खा।
सुहसायर-मज्झगया णिरंजणा णिच्च अट्ठगुणा॥
अणवज्जा कय-कज्जा सव्वावयवेहि दिट्ठ-सव्वट्ठा।
वज्ज-सिलत्थ-ब्भग्गय-पडिमं वाभेज्ज संठाणा॥
माणुस-संठाणा वि हु सव्वावयवेहि णो गुणेहि समा।
सव्विंदियाण विसयं जमेग-देसे विजाणंति॥
—धवला टीका, प्रथम पुस्तक, पृ. 48
अट्ठविहकम्मवियला सीदीभूदा णिरंजणा णिच्चा।
अट्ठगुणा किदकिच्चा लोयग्गणिवासिणो सिद्धा॥
—गोम्मटसार जीवकाण्ड, गा. 68

वास्तविक स्वरूप इस सिद्ध पर्याय में ही प्रकट होता है, सिद्ध ही पूर्ण स्वतन्त्र और शुद्ध हैं। इस प्रकार पूर्ण शुद्ध कृतकृत्य, अचल, अनन्त सुख-ज्ञानमय और स्वतन्त्र सिद्ध आत्माओं को 'णमो सिद्धाणं' पद में नमस्कार किया गया है :

'णमो आइरियाणं'—णमो[1] नमस्कारः पञ्चविधमाचारं चरन्ति चारयन्तीत्याचार्याः। चतुर्दशविद्यास्थानपारगाः एकादशाङ्गधराः। आचाराङ्गधरो वा तात्कालिकस्वसमयपरसमयपारगो वा मेरुरिव निश्चलः क्षितिरिव सहिष्णुः सागर इव बहिःक्षिप्तमलः सप्तभयविप्रमुक्तः आचार्यः।

णमो—नमस्कारः[2], केभ्यः? आचार्येभ्यः, स्वयं पञ्चविधाचारवन्तोऽन्येषामपि तत्प्रकाशकत्वाद् आचारे साधवः आचार्यास्तेभ्यः इति।

अर्थ—आचार्य परमेष्ठी को नमस्कार है। जो दर्शन, ज्ञान, चारित्र, तप और वीर्य इन पाँच आचारों का स्वयं आचरण करते हैं और दूसरे साधुओं से आचरण कराते हैं, उन्हें आचार्य कहते हैं। जो चौदह विद्या-स्थानों के पारंगत हों, ग्यारह अंग के धारी हों अथवा आचारांगमात्र के धारी हों अथवा तत्कालीन स्वसमय और पर समय में पारंगत हों, मेरु के समान निश्चल हों, पृथ्वी के समान सहनशील हों, जिन्होंने समुद्र के समान मल अर्थात् दोषों को बाहर फेंक दिया हो और जो सात प्रकार के भय से रहित हों; उन्हें आचार्य कहते हैं।

आचार्य परमेष्ठी के 36 मूल गुण होते हैं—12 तप, 10 धर्म, 5 आचार, 6 आवश्यक और 3 गुप्ति। इन 36 मूल गुणों का आचार्य परमेष्ठी सावधानीपूर्वक पालन करते हैं।

तात्पर्य यह है कि जो मुनि सम्यग्ज्ञान और सम्यक्चारित्र की अधिकता के कारण प्रधान पद को प्राप्त कर संघ के नायक बनते हैं तथा मुख्य रूप से तो निर्विकल्पस्वरूपाचरण चारित्र में ही मगन रहते हैं; किन्तु कभी-कभी धर्मपिपासु जीवों को रागांशका उदय होने के कारण करुणाबुद्धि में उपदेश भी देते हैं। दीक्षा लेनेवालों को दीक्षा देते हैं तथा अपने दोष निवेदन करनेवालों को प्रायश्चित्त देकर

---

1. धवला टीका, प्रथम पुस्तक, पृ. 48।
2. सप्तस्मरणानि, पृ. 3।

शुद्ध करते हैं, वे आचार्य कहलाते हैं[1]।

"परमागम के परिपूर्ण अभ्यास और अनुभव से जिनकी बुद्धि निर्मल हो गयी है, जो निर्दोष रीति से छह आवश्यकों का पालन करते हैं, जो मेरु पर्वत के समान निष्कम्प हैं, शूरवीर हैं, सिंह के समान निर्भीक हैं, श्रेष्ठ हैं, देश, कुल और जाति से शुद्ध हैं, सौम्य मूर्ति हैं, अन्तरंग और बहिरंग परिग्रह से रहित हैं, आकाश के समान निर्लेप हैं, ऐसे आचार्य परमेष्ठी होते हैं। ये दीक्षा और प्रायश्चित्त देते हैं, परमागम अर्थ के पूर्ण-ज्ञाता और अपने मूलगुणों में निष्ठ रहते हैं।[2]" इस रत्नत्रय के धारी आचार्य परमेष्ठी को नमस्कार किया है।

'णमो उवज्झायाणं'–चतुर्दशविद्यास्थानव्याख्यातारः उपाध्यायाः तात्कालिकप्रवचनव्याख्यातारो वा आचार्यस्योक्ताशेषलक्षणसमन्विताः संग्रहानुग्रहादिहीनाः[3]।

नमो–नमस्कारः। केभ्यः? उपाध्यायेभ्यः उप एत्य समीपमागत्य येभ्यः सकाशादधीयन्त इत्युपाध्यायास्तेभ्यः, इति। अथवा उप–समीपे अध्यायो–द्वादशाङ्ग्याः पठनं सूत्रतोऽर्थतश्च येषां ते उपाध्यायाः तेभ्यः उपाध्यायेभ्यः नमः[4]।

इक् स्मरणे इति वचनात् वा स्मर्यते सूत्रतो जिनप्रवचनं येभ्यस्ते उपाध्यायाः। अथवा उपाधानमुपाधिः–संनिधिस्तेनोपाधिना उपाधौ वा आयो–

---

1. आ मर्यादया तद्विषयविनयरूपया चर्यन्ते सेव्यन्ते जिनशासनार्थोपदेशकतया तदाकाङ्क्षिभिः इत्याचार्याः। उक्तं च–"सुत्तत्थविऊ लक्खणजुत्तो गच्छस्स मेढिभूओ य। गणतत्तिविप्पमुक्को अत्थं वाएइ आइरिओ॥" अथवा आचारो ज्ञानाचारादिः पञ्चधा। आ मर्यादया वा चारो विहारः आचारस्तत्र साधवः स्वयंकरणात् प्रभाषणात् प्रदर्शनाच्चेत्याचार्याः। आह च पंचविहं आयारं आयरमाणा तहा पयासंता। आयारं दंसंता आयरिया तेण वुच्चंति॥ अथवा आ ईषद् अपरिपूर्णा इत्यर्थः। चारा हेरिका ये ते आचारा चारकल्पा इत्यर्थः। युक्तायुक्तविभागनिरूपणनिपुणा विनेयाः, अतस्तेषु साधवो यथावच्छास्त्रार्थोपदेशकतया इत्याचार्याः। नमस्यता चैषामाचारोपदेशकतयोपकारित्वात्।–भाग. 1, 1, 1 टीका।
2. धवला टीका, प्र. पु., पृ. 49; मूलाचार आवश्यक अ. श्लो.।
3. धवला टीका, प्र. पु., पृ. 49।
4. सप्तस्मरणानि, पृ. 4।

लाभः श्रुतस्य येषाम् उपाधीनां वा विशेषणानां प्रक्रमाच्छोभनानामायो–लाभो येभ्यः अथवा उपाधिरेव–संनिधिरेव आयम्–इष्टफलं दैवजनितत्वेन आयानाम्–इष्टफलानां समूहस्तदेकहेतुत्वाद् येषाम्; अथवा आधीनां–मनःपीडानामायो–लाभः आध्यायः अधियां वा 'नञः कुत्सार्थत्वात्' कुबुद्धिनामायोऽध्यायः, 'ध्यै चिन्तायाम्' इत्यस्य धातोः प्रयोगान्नञः कुत्सार्थत्वादेव च दुर्ध्यानं वाध्यायः। उपहत आध्यायः अध्यायो वा यैस्ते उपाध्यायाः। नमस्यता चैषां सुसंप्रदायायातजिनवचनाध्यापनतो विनयेन भव्यानामुपकारकत्वादिति[1]।

अर्थात् चौदह विद्यास्थान के व्याख्यान करनेवाले उपाध्याय परमेष्ठी को नमस्कार है। अथवा तत्कालीन परमागम के व्याख्यान करनेवाले उपाध्याय होते हैं। ये संग्रह, अनुग्रह आदि गुणों को छोड़कर पूवोक्त आचार्य के सभी गुणों से युक्त होते हैं।

उन उपाध्याय परमेष्ठी के लिए नमस्कार है, जिनके पास अन्य मुनिगण अध्ययन करते हैं, अथवा जिनके निकट द्वादशांग सूत्र और अर्थों का मुनिगण अध्ययन करते हैं।

इक् धातु का अर्थ स्मरण करना होता है, अतः जो सूत्रों के क्रमानुसार जिनागम का स्मरण करते हैं, वे उपाध्याय कहलाते हैं। अथवा उपाध्याय इस उपाधि से जो विभूषित हों वे उपाध्याय कहलाते हैं।

जो मुनि परमागम का अभ्यास करके मोक्षमार्ग में स्थित हैं तथा मोक्ष के इच्छुक मुनियों को उपदेश देते हैं, उन मुनीश्वरों को उपाध्याय परमेष्ठी कहते हैं। उपाध्याय ही जैनागम के ज्ञात होने के कारण मुनिसंघ में पठन-पाठन के अधिकारी होते हैं। शास्त्रों के समस्त शब्दार्थ को ज्ञात कर आत्मध्यान में लीन रहते हैं। मुनियों के अतिरिक्त श्रावकों को भी अध्ययन कराते हैं। उपाध्याय पद पर वे ही मुनिराज आसीन होते हैं, जो जैनागम के अपूर्व ज्ञाता होते हैं। ग्यारह अंग और चौदह पूर्व के पाठी, ज्ञान-ध्यान में लीन, परम निर्ग्रन्थ श्री उपाध्याय परमेष्ठी को हमारा नमस्कार हो। यहाँ 'णमो उवज्झायाणं' पद में उक्त स्वरूपवाले उपाध्याय को नमस्कार किया गया है।[2]

---

1. भाग. 1, 1, 1 टीका।
2. विशेष के लिए देखें–मूलाचार, अनगारधर्मामृत।

'णमो लोए सव्वसाहूणं'—अनन्तज्ञानादिशुद्धात्मस्वरूपं साधयन्तीति साधवः। पञ्चमहाव्रतधरास्त्रिगुप्तिगुप्ताः अष्टादशशीलसहस्रधराश्चतुरशीतिशत-सहस्रगुणधराश्च साधवः[1]।

नमो—नमस्कारः। केभ्यः? लोके सर्वसाधुभ्यः। लोके—मनुष्यलोके सम्यग्ज्ञानादिभिर्मोक्षसाधकाः सर्वसत्त्वेषु समाश्चेति साधवः, सर्वे च ते स्थविरकल्पिकादिभेदभिन्नाः साधवश्चेति सर्वसाधवस्तेभ्यः, इति। अथवा सम्यग्दर्शनज्ञान-चारित्रादिभिः साधयन्ति मोक्षमार्गमिति साधवः। लोके—सार्धद्वयद्वीप—लक्षणे पञ्चचत्वारिंशल्लक्षयोजनप्रमाणे मनुष्यलोके सर्वे च ते साधवश्च। यद्वा—अर्हतः साधवः सर्वसाधवः तेभ्यो नमो—नमस्कारोऽस्तु[2]।

अर्थात्—ढाई द्वीपवर्ती सभी साधुओं को नमस्कार हो। जो अनन्त ज्ञानादिरूप शुद्ध आत्मा के स्वरूप की साधना करते हैं, तीन गुप्तियों से सुरक्षित हैं, अठारह हज़ार शील के भेदों को धारण करते हैं और चौरासी लाख उत्तरगुणों का पालन करते हैं, वे साधु परमेष्ठी होते हैं।

मनुष्यलोक के समस्त साधुओं को नमस्कार है। जो सम्यग्दर्शन, सम्यग्ज्ञान और सम्यक्चारित्र के द्वारा मोक्षमार्ग की साधना करते हैं तथा सभी प्राणियों में समान बुद्धि रखते हैं; वे स्थविरकल्पि और जिनकल्पि आदि भेदों से युक्त साधु हैं। अथवा ढाई द्वीप—पैंतालीस लाख योजन के विस्तारवाले मनुष्यलोक में रत्नत्रयधारी, पंचमहाव्रतों से युक्त, दिगम्बर, वीतरागी साधु परमेष्ठी को नमस्कार किया गया है।

"सिहं के[3] समान पराक्रमी, गज के समान स्वाभिमानी या उन्मत्त, बैल के समान भद्र प्रकृति, मृग के समान सरल, पशु के समान निरीह, गोचरी वृत्ति करनेवाले, पवन के समान निस्संग या सर्वत्र बिना रुकावट के विचरण करनेवाले, सूर्य के समान तेजस्वी या समस्त तत्त्वों के प्रकाशक, समुद्र के समान गम्भीर, सुमेरु

---

1. धवला टी., प्र. पु., पृ. 51।
2. सप्तस्मरणानि, पृ. 4।
3. सीह-गय-वसह-मिय-पसु-मारुद-सूरुवहि-मंदरिं दु-मणी।
खिदि-उरगंबर-सरिसा परम-पय-विमग्गया साहू॥
—धवला टीका, प्र. पु., पृ. 51

के समान परीषह और उपसर्गों के आने पर अकम्प और अडोल रहनेवाले, चन्द्रमा के समान शान्तिदायक, मणि के समान प्रभापुंजयुक्त, पृथ्वी के समान सभी प्रकार की बाधाओं को सहनेवाले, सर्प के समान दूसरे के बनवाये हुए अनियत आश्रय में रहनेवाले, आकाश के समान निरालम्बी या निर्भीक एवं सर्वदा मोक्ष का अन्वेषण करनेवाले साधु परमेष्ठी होते हैं।"

अभिप्राय यह है कि जो विरक्त होकर समस्त परिग्रह को त्याग शुद्धोपयोगरूप मुनिधर्म को स्वीकार करते हैं तथा शुद्धोपयोग के द्वारा अपनी आत्मा का अनुभव करते हैं, पर-पदार्थों में ममत्वबुद्धि नहीं करते तथा ज्ञानादि स्वभाव को अपना मानते हैं, वे मुनि हैं। यद्यपि ज्ञान का स्वभाव जाननेवाला होने से अपने क्षयोपशम द्वारा प्राभृत पदार्थों को जानते हैं, पर उनसे राग-बुद्धि नहीं करते। शरीर में रोग, बुढ़ापा आदि के होने पर तथा बाह्य निमित्तों का संयोग होने पर सुख-दुःख नहीं करते हैं। अपने योग्य समस्त क्रियाओं को करते हैं, पर रागभाव नहीं करते। यद्यपि इनका प्रयास सर्वदा शुद्धोपयोग को प्राप्त करने का ही रहता है, पर कदाचित् प्रबल रागांश का उदय आने से शुभोपयोग की ओर भी प्रवृत्ति करनी पड़ती है। शरीर को सजाना, शृंगार करना आदि से सर्वदा पृथक् रहते हैं। इनके मूल गुण 28 हैं। इनके अन्तरंग में अहिंसा भावना सदा वर्तमान रहती है तथा बहिरंग में सौम्य दिगम्बर मुद्रा। ये ज्ञान, ध्यान और स्वाध्याय में सर्वदा लीन रहते हैं। बाईस परीषहों को निश्चल हो सहन करते हैं। शरीर की स्थिति के लिए आवश्यक आहार-विहार की क्रियाएँ सावधानीपूर्वक करते हैं। इस प्रकार के साधुओं को 'णमो लोए सव्वसाहूणं' पद द्वारा नमस्कार किया गया है।

पंचपरमेष्ठी के उपर्युक्त विवेचन से स्पष्ट है कि आत्मिक विकास की अपेक्षा से ही अर्हन्त, सिद्ध, आचार्य, उपाध्याय और सर्वसाधु को देव माना गया है। ये पाँचों ही वीतरागी हैं, अतः स्तुति के योग्य हैं। तत्त्वदृष्टि से सभी जीव समान हैं, किन्तु रागादि विकारों की अधिकता और ज्ञान की हीनता से जीव निन्दायोग्य तथा रागादि की हीनता और ज्ञान की अधिकता से स्तुतियोग्य होते हैं। अरिहन्त और सिद्धों में रागभाव की पूर्ण हीनता और ज्ञान की विशेषता होने के कारण वीतराग विज्ञानभाव वर्तमान है तथा आचार्य, उपाध्याय और साधुओं में एकदेश रागादि की

हीनता और क्षयोपशमजन्य ज्ञान की विशेषता होने से एकदेश वीतराग विज्ञान भाव है, अतएव पाँचों ही परमेष्ठी वीतराग होने के कारण वन्दनीय हैं। धवला टीका में पंचपरमेष्ठी के देवत्व का समर्थन निम्न प्रकार किया गया है :

शंका[1]—आत्मस्वरूप को प्राप्त अरिहन्त और सिद्धों को देव मानकर नमस्कार करना ठीक है, किन्तु जिन्होंने आत्मस्वरूप को प्राप्त नहीं किया है, ऐसे आचार्य, उपाध्याय और साधु को देव मानकर कैसे नमस्कार किया जाए?

समाधान—यह शंका ठीक नहीं है; क्योंकि अपने अनन्त भेदों सहित सम्यग्दर्शन, सम्यग्ज्ञान और सम्यक्चारित्र का नाम देव है; अतः इन तीनों गुणों से विशिष्ट जो जीव है, वह भी देव कहलाता है। यदि रत्नत्रय को देव नहीं माना जाएगा तो सभी जीव देव हो जाएँगे। अतएव आचार्य, उपाध्याय और मुनियों को भी देव मानना चाहिए; क्योंकि रत्नत्रय का अस्तित्व अरहन्तों की तरह इनमें भी पाया जाता है।

सिद्ध परमेष्ठी के रत्नत्रय की अपेक्षा आचार्य आदि परमेष्ठियों का रत्नत्रय भिन्न नहीं है। यदि इनके रत्नत्रय में भेद मान लिया जाए, तो आचार्यादि में रत्नत्रय का अभाव हो जाएगा।

शंका—जिन्होंने रत्नत्रय—सम्यग्दर्शन, सम्यग्ज्ञान और सम्यक्चारित्र की पूर्णता को प्राप्त कर लिया है, उन्हीं को देव मानना चाहिए; रत्नत्रय की अपूर्णता जिनमें रहती है, उनको देव मानना असंगत है।

समाधान—यह शंका ठीक नहीं है। यदि एकदेश रत्नत्रय में देवत्व नहीं माना जाएगा तो सम्पूर्ण रत्नत्रय में देवत्व नहीं बन सकेगा, अतः आचार्य, उपाध्याय और सर्व साधु भी देव हैं। जैनाम्नाय में अलौकिक सत्ताधारी किसी परोक्षशक्ति को सच्चा देव नहीं माना है, पर रत्नत्रय के विकास की अपेक्षा वीतरागी, ज्ञानी और शुद्धोपयोगी आत्माओं को देव कहा है।

इस णमोकार मन्त्र में सव्व—सर्व और लोए—लोक पद अन्त्य दीपक हैं। जिस प्रकार दीपक भीतर रख देने से भीतर के समस्त पदार्थों का प्रकाशन करता है, उसी प्रकार उक्त दोनों पद भी अन्य समस्त पदों के ऊपर प्रकाश डालते हैं।

---

1. धवला, प्रथम पुस्तक, पृ. 52।

अतः सम्पूर्ण क्षेत्र में रहनेवाले त्रिकालवर्ती अरिहन्त, सिद्ध, आचार्य, उपाध्याय और साधुओं को नमस्कार समझना चाहिए।

णमोकार मन्त्र के पाठान्तर

प्राचीन हस्तलिखित पुस्तकों में णमोकार मन्त्र के पाठान्तर भी उपलब्ध होते हैं। श्वेताम्बर आम्नाय में णमो के स्थान पर नमो पाठ प्रचलित है। अतएव संक्षेप में इस मन्त्र के पाठान्तरों पर विचार कर लेना भी आवश्यक है। दिगम्बर परम्परा में इस मन्त्र का मूलपाठ तो षट्खण्डागम के प्रारम्भ में लिखित ही है। इस पुस्तक में भी इसी पाठ को मूलपाठ माना गया है। पाठान्तर दिगम्बर परम्परा के अनुसार निम्न प्रकार हैं :

'अरिहंताणं' के स्थान पर मुद्रित ग्रन्थों में अरहंताणं, प्राचीन हस्तलिखित ग्रन्थों में अर्हंताणं[1] तथा अरुहंताणं[2] पाठ भी मिलते हैं। इसी प्रकार 'आइरियाणं' के स्थान पर आयरियाणं,[3] आइरीयाणं[4] आइरिआणं[5] पाठ भी पाये जाते हैं। अन्य पदों के पाठ में कुछ भी अन्तर नहीं है, ज्यों के त्यों हैं। यदि अरिहंताणं के स्थान पर अरहंताणं और अरुहंताणं या अर्हंताणं पाठ रखे जाते हैं, तो प्राकृत व्याकरण की दृष्टि से अरुहंताणं और अरहंताणं दोनों पदों से अर्हत् शब्द निष्पन्न होता है। अतः दोनों शुद्ध हैं; पर अर्थ में अन्तर है। अरुहंत का अर्थ है कि जिनका पुनर्जन्म अब न हो अर्थात् कर्म बीज के जल जाने के कारण जिनका पुनर्जन्म का अभाव हो गया है, वे अर्हंत कहलाते हैं। देवों के द्वारा अतिशय पूजनीय होने के कारण अरहंत कहे जाते हैं। इसी अरहंत को लेखकों ने अर्हंत लिखा है, अर्थात् प्राकृत शब्द को संस्कृत मानकर अर्हंत पाठ भी लिखा जाने लगा।

---

1. यह पाठान्तर त/12 गुटके में—जैनसिद्धान्त भवन आरा में मिलता है।
2. त/14 गुटके में आरम्भ में अरहंताणं लिखा है पश्चात् काटकर अरुहंताणं लिखा गया है। प्राकृत पंचमहागुरु मार्ग में अर्हंताणं के स्थान पर अरुहा पाठ आया है।
3. मुद्रित और हस्तलिखित पूजापाठ-सम्बन्धी अधिकांश प्रतियों में।
4. मुद्रित अधिकांश प्रतियों में।
5. हस्तलिखित त/12 गुटके में।

षट्खण्डागम की धवला टीका के देखने से अवगत होता है कि आचार्य वीरसेन के समय में भी इस महामन्त्र के अरहंत और अरुहंत पाठान्तर थे। उनके इस मन्त्र की व्याख्या में प्रयुक्त '**अतिशयपूजार्हत्वाद्वार्हन्तः**' तथा '**भ्रष्टबीजवन्निशक्तीकृताघातिकर्मणो हननात्**' वाक्यों से स्पष्ट सिद्ध है कि यह व्याख्या उक्त पाठान्तरों को दृष्टि में रखकर ही की गयी होगी। यद्यपि स्वयं वीरसेनाचार्य को मूलपाठ ही अभिप्रेत था, इसी कारण व्याख्या के अन्त में उन्होंने अरिहंत पद ही प्रयुक्त किया है; फिर भी व्याख्या की शैली से यह स्पष्ट प्रकट हो जाता है कि उनके सामने पाठान्तर थे। व्याकरण और अर्थ की दृष्टि से उक्त पाठान्तरों में कोई मौलिक अन्तर न होने के कारण उन्होंने उनकी समीक्षा करना उचित न समझा होगा।

इसी प्रकार आइरियाणं, आयरियाणं पाठों के अर्थ में कोई भी अन्तर नहीं है। प्राकृत व्याकरण के अनुसार तथा उच्चारणादि के कारण इनमें अन्तर पड़ गया है। रकारोत्तरवर्ती इकार को दीर्घ करना केवल उच्चारण की सरलता तथा लय को गति देने के लिए हो सकता है। इसी प्रकार इकार के स्थान पर यकार का पाठ भी उच्चारण के सौकर्य के लिए ही किया गया प्रतीत होता है। अतः णमोकार मन्त्र का शुद्ध और आगमसम्मत पाठ निम्न है :

णमो अरिहंताणं णमो सिद्धाणं णमो आइरियाणं।
णमो उवज्झायाणं णमो लोए सव्व-साहूणं॥

श्वेताम्बर-परम्परा में इस मन्त्र का पाठ निम्न प्रकार उपलब्ध होता है—

नमो अरिहंताणं नमो सिद्धाणं नमो आयरियाणं।
नमो उवज्झायाणं नमो लोए सव्व-साहूणं॥

सप्तस्मरणानि में 'अरिहंताणं' के तीन पाठ बतलाये गये हैं—'**अत्र पाठ-त्रयम्—अरहंताणं, अरिहंताणं, अरुहंताणं**'। अर्थात् अरहंत, अरिहंत और अरुहंत इन तीनों पदों का अर्थ पूर्व के समान इन्द्रादि के द्वारा पूज्य, घातिया कर्मों के नाशक, कर्मबीज के विनाशक रूप में किया गया है। उच्चारण-सरलता के लिए आइरियाणं के स्थान पर आयरियाणं पाठ है। इसमें अर्थ की कोई विशेषता नहीं है।

इस प्रकार श्वेताम्बर आम्नाय के पाठों में दिगम्बर आम्नाय के पाठों की अपेक्षा कोई मौलिक भेद नहीं है। जो कुछ भी अन्तर है वह 'नमो' पाठ में है। इस सम्प्रदाय के आगमिक ग्रन्थों में भी 'ण' के स्थान पर 'न' पाया जाता है। इसका

कारण यह है कि अर्धमागधी प्राकृत में विकल्प से 'ण' के स्थान पर 'न' होता है। दिगम्बर आम्नाय के साहित्य की प्राकृत प्रायः जैन शौरसेनी है जो महाराष्ट्री के नकार के स्थान पर णकार होने में समता रखती है। किन्तु श्वेताम्बर सम्प्रदाय के साहित्य की प्राकृत भाषा अर्धमागधी है, इसमें णकार के स्थान पर णकार और नकार दोनों प्रयोग पाये जाते हैं। बताया गया है कि—"महाराष्ट्र्यां नकारस्य सर्वदा णकारो जायतेऽर्द्धमागध्यां तु नकारणकारौ द्वावपि।" यथा "छणं छणं परिण्णाय लोगसन्नं च सव्वसो।"—आचा. 1-2-3-103।

परन्तु इस सम्बन्ध में एक महत्त्वपूर्ण बात यह है कि भाषा के परिवर्तन से शब्दों की शक्ति में कमी आती है, जिससे मन्त्रशास्त्र के रूप और मण्डल में विकृति हो जाती है और साधक को फल-प्राप्ति नहीं हो पाती है। अतः णमो पाठ ही समीचीन है, इस पाठ के उच्चारण, मनन और चिन्तन में आत्मा की शक्ति अधिक लगती है तथा फलप्राप्ति शीघ्र होती है। मन्त्रोच्चारण से जिस प्राण-विद्युत् का संचार किया जाता है, वह 'णमो' के घर्षण से ही उत्पन्न की जा सकती है। अतएव शुद्धपाठ ही काम में लेना चाहिए।

णमोकार मन्त्र का पदक्रम

इस महामन्त्र में शुद्धात्माओं को क्रमशः नमस्कार किया गया प्रतीत नहीं होता है। रत्नत्रय की पूर्णता तथा पूर्ण कर्म कलंक का विनाश तो सिद्ध परमेष्ठी में देखा जाता है, अतः इस महामन्त्र के पहले पद में सिद्धों को नमस्कार होना चाहिए था; किन्तु ऐसा नहीं किया गया है। धवला टीका में आचार्य वीरसेन स्वामी ने इस आशंका को उठाकर निम्न प्रकार समाधान किया है :

विगताशेषलेपेषु सिद्धेषु सत्स्वर्हतां सलेपानामादौ किमिति नमस्कारः क्रियत इति चेन्नैष दोषः, गुणाधिकसिद्धेषु श्रद्धाधिक्यनिबन्धनत्वात्। असत्यर्हत्याप्तागमपदार्थावगमो न भवेदस्मदादीनाम्, संजातश्चैतत् प्रसादा-दित्युपकारापेक्षया वादावर्हन्नमस्कारः क्रियते। न पक्षपातो दोषाय शुभपक्षवृत्तेः श्रेयोहेतुत्वात्। अद्वैतप्रधाने गुणीभूतद्वैते द्वैतनिबन्धनस्य पक्षपातस्यानुपपत्तेश्च। आश्रद्धाया आप्तागमपदार्थविषयश्रद्धाधिक्यनिबन्ध- नत्वख्यापनार्थं वार्हतामादौ नमस्कारः।

अर्थात्—सभी प्रकार के कर्म लेप से रहित सिद्धपरमेष्ठी के विद्यमान रहते हुए अघातिया कर्मों के लेप से युक्त अरिहन्तों को आदि में नमस्कार क्यों किया

है? इस आशंका का उत्तर देते हुए वीरसेन स्वामी ने लिखा है कि यह कोई दोष नहीं है। क्योंकि सबसे अधिक गुणवाले सिद्धों में श्रद्धा की अधिकता के कारण अरिहन्त परमेष्ठी ही हैं—अरिहन्त परमेष्ठी के निमित्त से ही अधिक गुणवाले सिद्धों में सबसे अधिक श्रद्धा उत्पन्न होती है अथवा यदि अरिहन्त परमेष्ठी न होते तो हम लोगों को आप्त आगम और पदार्थ का परिज्ञान नहीं हो सकता था। यतः अरिहन्त की कृपा से ही हमें बोध की प्राप्ति हुई है, इसलिए उपकार की अपेक्षा भी आदि में अरिहन्तों को नमस्कार करना युक्ति-संगत है। जो मार्गदर्शक उपकारी होता है उसी का सबसे पहले स्मरण किया जाता है।

यदि कोई यह कहे कि इस प्रकार आदि में अरिहन्तों को नमस्कार करना तो पक्षपात है? इस पर आचार्य उत्तर देते हैं कि ऐसा पक्षपात दोषोत्पादक नहीं है; किन्तु शुभ पक्ष में रहने से वह कल्याण का ही कारण है। तथा द्वैत को गौण करके अद्वैत की प्रधानता से किये गये नमस्कार में द्वैतमूलक पक्षपात बन भी तो नहीं सकता है। अतः उपकारी के रूप में अरिहन्त भगवान् को सबसे पहले नमस्कार किया है, पश्चात् सिद्ध परमेष्ठी को।

अरिहन्त और सिद्ध में नमस्कार का उक्त क्रम मान लेने पर, आचार्य, उपाध्याय और सर्वसाधु के नमस्कार में उस क्रम का निर्वाह क्यों नहीं किया गया है? यहाँ भी सबसे पहले साधु परमेष्ठी को नमस्कार किया जाता, पश्चात् उपाध्याय और आचार्य परमेष्ठी को नमस्कार होना चाहिए था, पर ऐसा पदक्रम नहीं रखा गया है।

उपर्युक्त आशंका पर विचार करने से ऐसा प्रतीत होता है कि इस महामन्त्र में परमेष्ठियों को रत्नत्रय गुण की पूर्णता और अपूर्णता के कारण दो भागों में विभक्त किया है। प्रथम विभाग में अर्हन्त और सिद्ध हैं, द्वितीय विभाग में आचार्य, उपाध्याय और साधु हैं। प्रथम विभाग के परमेष्ठियों में रत्नत्रयगुण की न्यूनतावाले परमेष्ठी को पहले और रत्नत्रयगुण की पूर्णतावाले परमेष्ठी को पश्चात् रखा गया है। इस क्रमानुसार अरिहन्त को पहले और सिद्ध को बाद में पठित किया है। दूसरे विभाग के परमेष्ठियों में भी यही क्रम है। आचार्य और उपाध्याय की अपेक्षा मुनि का स्थान ऊँचा है; क्योंकि गुणस्थान-आरोहण मुनि पद से ही होता है, आचार्य और उपाध्याय पद से नहीं। और यही कारण है कि अन्तिम समय में आचार्य और

उपाध्यायों को अपना-अपना पद छोड़कर मुनि पद धारण करना पड़ता है। मुक्ति भी मुनिपद से ही होती है तथा रत्नत्रय की पूर्णता इसी पद में सम्भव है। अतः दोनों विभागों में उन्नत आत्माओं को पश्चात् पठित किया गया है।

एक अन्य समाधान यह भी है कि जिस प्रकार प्रथम विभाग के परमेष्ठियों में उपकारी परमेष्ठी को पहले रखा गया है, उसी प्रकार द्वितीय विभाग के परमेष्ठियों में भी उपकारी परमेष्ठी को प्रथम स्थान दिया गया है। आत्मकल्याण की दृष्टि से साधुपद उन्नत है, पर लोकोपकार की दृष्टि से आचार्यपद श्रेष्ठ है। आचार्य संघ का व्यवस्थापक ही नहीं होता, बल्कि अपने समय के चतुर्विध संघ के रक्षण के साथ धर्म-प्रसार और धर्म-प्रचार का कार्य भी करता है। धार्मिक दृष्टि से चतुर्विध संघ की सारी व्यवस्था उसी के ऊपर रहती है। उसे लोक-व्यवहारज्ञ भी होना चाहिए जिससे लोक में तीर्थंकर द्वारा प्रवर्तित धर्म का भलीभाँति संरक्षण कर सके। अतः जनता के उत्थान के साथ आचार्य का सम्बन्ध है, यह अपने धर्मोपदेश द्वारा जनता को तीर्थंकरों द्वारा उपदिष्ट मार्ग का अवलोकन कराता है। भूले-भटकों को धर्मपन्थ सुझाता है। अतएव जनता का धार्मिक नेता होने के कारण आचार्य अधिक उपकारी हैं। इसलिए द्वितीय विभाग के परमेष्ठियों में आचार्य पद को प्रथम स्थान दिया गया है।

आचार्य से कम उपकारी उपाध्याय हैं। आचार्य सर्वसाधारण को अपने उपदेश से धर्ममार्ग में लगाते हैं, किन्तु उपाध्याय उन जिज्ञासुओं को अध्ययन कराते हैं, जिनके हृदय में ज्ञानपिपासा है। उनका सम्बन्ध सर्वसाधारण से नहीं, बल्कि सीमित अध्ययनार्थियों से है। उदाहरण के लिए यों कहा जा सकता है कि एक वह नेता है जो अगणित प्राणियों की सभा में अपना मोहक उपदेश देकर उन्हें हित की ओर ले जाता है और दूसरा वह प्रोफ़ेसर है, जो एक सीमित कमरे में बैठे हुए छात्रवृन्द को गम्भीर तत्त्व समझाता है। हैं दोनों ही उपकारी, पर उनके उपकार के परिमाण और गुणों में अन्तर है। अतः आचार्य के अनन्तर उपाध्याय पद का पाठ भी उपकार गुण की न्यूनता के कारण ही रखा गया है।

अन्त में मुनिपद या साधु पद का पाठ आता है। साधु दो प्रकार के हैं—द्रव्यलिंगी और भावलिंगी। आत्मकल्याण करनेवाले भावलिंगी साधु हैं। ये अन्तरंग—काम, क्रोध, मान, माया, लोभ रूप परिग्रह से तथा बहिरंग—धन, धान्य,

वस्त्र आदि सभी प्रकार के परिग्रह से रहित होकर आत्मचिन्तन में लीन रहते हैं। ये सर्वदा लोकोपकार से पृथक् रहकर आत्मसाधना में रत रहते हैं। यद्यपि इनकी सौम्य मुद्रा तथा इनके अहिंसक आचरण का प्रभाव भी समाज पर अमिट पड़ता है, पर ये आचार्य या उपाध्याय के समान लोक-कल्याण में संलग्न नहीं रहते हैं। अतः 'सव्व-साधु' पद का पाठ सबसे अन्त में रखा गया है।

णमोकार महामन्त्र का अनादि-सादित्व विमर्श

णमोकार महामन्त्र अनादि है। प्रत्येक कल्पकाल में होनेवाले तीर्थंकरों के द्वारा इसके अर्थ का और उनके गणधरों के द्वारा इसके शब्दों का निरूपण किया जाता है। पूजन-पाठ के आरम्भ में इस महामन्त्र को अनादि कहकर स्मरण किया गया है। पूजन का आरम्भ ही इस महामन्त्र से होता है। पाँचों परमेष्ठियों को एक साथ नमस्कार होने से यह मन्त्र पंच परमेष्ठी मन्त्र भी कहलाता है। पंच परमेष्ठी अनादि होने के कारण यह मन्त्र अनादि माना जाता है। इस महामन्त्र में नमस्कार किये गये पात्र आदि नहीं, प्रवाहरूप से अनादि हैं और इनको स्मरण करनेवाला जीव भी अनादि है। वास्तविकता यह है कि णमोकार मन्त्र आत्मा का स्वरूप है, आत्मा अनादि है, अतः यह मन्त्र भी अनादिकाल से गुरुपरम्परा द्वारा प्रतिपादित होता चला आ रहा है। अध्यात्ममंजरी में बताया गया है कि—**"इदम् अर्थमन्त्रं परमार्थतीर्थपरम्परागुरुपरम्पराप्रसिद्धं विशुद्धोपदेशदम्।"** अर्थात् अभीष्ट सिद्धिकारक यह मन्त्र तीर्थंकरों की परम्परा तथा गुरुपरम्परा से अनादिकाल से चला आ रहा है। आत्मा के समान यह अनादि और अविनश्वर है। प्रत्येक कल्पकाल में होनेवाले तीर्थंकरों के द्वारा इसका प्रवचन होता है। द्वितीय छेदसूत्र महानिशीथ के पाँचवें अध्याय में बताया गया है कि—**"एयं तु जं पंचमंगलमहासुयक्खंधस्स वक्खाणं तं महया पबंधेण अणंतगयपज्जवेहिं सुत्तस्स य पियभूयाहिं णिज्जुत्तिभासचुन्नीहिं जहेव अणंत-नाण-दंसणधरेहिं तित्थयरेहिं वक्खाणियं तहेव सभासओ वक्खाणिज्जं तं आसि। अहन्नया कालपरिहाणिदोसेणं ताओ णिज्जुत्ति-भास-चुन्नीओ वुच्छिन्नाओ। इओ य वच्चं तेणं कालेणं समएणं महिड्ढिपत्ते पयाणुसारी वइरसामी नाम दुवालसंगसुअहरे समुप्पन्ने। तेण य पंचमंगल-महासुयक्खंधस्स उद्धारो मूलसुत्तस्स मज्झे लिहिओ। मूलसुत्तं पुण सुत्तत्ताएगणहरेहिं अत्थताए अरिहंतेहिं भगवंतेहिं धम्मतित्थयरेहिं तिलोगमहिएहिं वारजिणिंदेहिं पन्नवियं त्ति एस बुड्ढसंपयाओ।"**

अर्थात्—इस पंचमंगल महाश्रुतस्कन्ध का व्याख्यान महान् प्रबन्ध से अनन्त गुण और पर्यायों सहित, सूत्र की प्रियभूत निर्युक्ति, भाष्य और चूर्णियों द्वारा जैसा अनन्त ज्ञान-दर्शन के धारक तीर्थंकरों ने किया, उसी प्रकार संक्षेप में व्याख्यान करने योग्य था। परन्तु आगे काल-परिहाणि के दोष से वे निर्युक्ति, भाष्य और चूर्णियाँ विच्छिन्न हो गयीं। फिर कुछ काल जाने पर यथा समय महाऋद्धि को प्राप्त पदानुसारी वज्रस्वामी नामक द्वादशांग श्रुतज्ञान के धारक उत्पन्न हुए। उन्होंने पंचमंगल महाश्रुतस्कन्ध का उद्धार मूल सूत्र के मध्य लिखा। यह मूलसूत्र सूत्रत्व की अपेक्षा गणधरों द्वारा तथा अर्थ की अपेक्षा अरिहन्त भगवान्, धर्मतीर्थंकर त्रिलोकमहित वीर जिनेन्द्र के द्वारा प्रज्ञापित है, ऐसा वृद्ध सम्प्रदाय है।

श्वेताम्बर आगम के उक्त विवेचन से यह स्पष्ट है कि श्वेताम्बर सम्प्रदाय में णमोकार मन्त्र के अर्थ का विवेचन तीर्थंकरों द्वारा तथा शब्दों का विवेचन गणधरों द्वारा किया गया माना गया है। इस कल्पकाल के अन्तिम तीर्थंकर भगवान् महावीर ने इस महामन्त्र के अर्थ का निरूपण तथा गौतम स्वामी ने शब्दों का कथन किया है। कालदोष के कारण तीर्थंकर द्वारा कथित व्याख्यान के विच्छि हो जाने से द्वादशांग ज्ञान के धारी श्री वज्रस्वामी ने इसका उद्धार किया। अतए ह मन्त्र अनादि है, गुरु-परम्परा से अनादिकाल से प्रवाहरूप में चला आ रहा है। हाँ, इतनी बात अवश्य है कि प्रत्येक कल्पकाल में इस मन्त्र का व्याख्यान एवं शब्दों द्वारा प्रणयन अवश्य होता है।

जैसा कि आरम्भ में कहा गया है कि दिगम्बर-परम्परा इस महामन्त्र को अनादि मानती है। जैसे वस्तुएँ अनादि हैं, उनका कोई कर्ता-धर्ता नहीं है, उसी प्रकार यह मन्त्र भी अनादि है, इसका भी कोई रचयिता नहीं है। मात्र व्याख्याता ही पाये जाते हैं। षट्खण्डागम के प्रथम खण्ड जीवट्ठाण के प्रारम्भ में यह मात्र मंगलाचरण रूप से अंकित किया गया है। धवला टीका के रचयिता श्री वीरसेनाचार्य ने टीका में ग्रन्थ-रचना के क्रम का निरूपण करते हुए कहा है :

मंगल-णिमित्त-हेऊ परिमाणं णाम तह य कत्तारं।
वागरिय छ प्पि पच्छा वक्खाणउ सत्थमाइरियो॥

इदि णायमाइरिय-परंपरागयं मणेणावहारिय पुव्वाइरियायाराणु-सरणं तिरयण हेउ त्ति पुप्फदंताइरियो मंगलादीणं छण्णं सकारणाणं परूवणट्ठं

सुत्तमाह–"णमो अरिहंताणं" इत्यादि।

अर्थात्–मंगल, निमित्त, हेतु, परिणाम, नाम और कर्ता इन छह अधिकारों का व्याख्यान करने के पश्चात् शास्त्र का व्याख्यान आचार्य करते हैं। इस आचार्य-परम्परा को मन में धारण करना तथा पूर्वाचार्यों की व्यवहार-परम्परा का अनुसरण करना रत्नत्रय का कारण है, ऐसा समझकर पुष्पदन्ताचार्य मंगलादि छहों के सकारण प्ररूपण के लिए 'णमो अरिहंताणं' आदि मंगलसूत्र को कहते हैं। श्री वीरसेनाचार्य ने इस मंगलसूत्र को 'तालपलंब'–तालप्रलम्ब सूत्र के समान देशामर्षक कहकर मंगल, निमित्त, हेतु आदि छहों अधिकारवाला सिद्ध किया है।

आगे चलकर वीरसेनाचार्य ने मंगल शब्द की व्युत्पत्ति एवं अनेक दृष्टियों से भेद-प्रभेदों का निरूपण करते हुए मंगल के दो भेद बताये हैं–

"तच्च मंगलं दुविहं णिबद्धमणिबद्धमिदि। तत्थ णिबद्धं णाम जो सुत्तस्सादीए सुत्तकत्तारेण णिबद्ध-देवदा-णमोक्कारो तं णिबद्ध-मंगलं। जो सुत्तस्सादीए सुत्तकत्तारेण कय देवदा-णमोक्कारो तमणिबद्ध-मंगलं। इदं पुण जीवट्ठाणं णिबद्ध-मंगलं। यत्तो 'इमेसिं चोइसण्हं जीवसमासाणं' इदि एदस्स सुत्तस्सादीए णिबद्धं–'णमो अरिहंताणं' इच्चादिदेवदा णमोक्कार-दंसणादो।"[1]

अर्थात्–मंगल दो प्रकार का है–निबद्ध और अनिबद्ध। सूत्र के आदि में सूत्रकर्ता द्वारा जो देवता-नमस्कार अन्य के द्वारा किया गया लिखा जाए अर्थात् पूर्व परम्परा से चले आये किसी मंगलसूत्र या श्लोक को अथवा परम्परा द्वारा निरूपित अर्थ के आधार पर स्वरचित सूत्र या श्लोक को अंकित करना निबद्ध मंगल है। रचना के आदि में मनसा या वचसा यों ही सूत्र या मंगल वाक्य बिना लिखे जो नमस्कार किया जाता है, वह अनिबद्ध कहलाता है। यहाँ 'जीवस्थान' नामक प्रथमखण्डागम में **'इमेसिं चोद्दसण्हं जीवसमासाणं'** इत्यादि जीवस्थान के सूत्र के पहले 'णमो अरिहन्ताणं' इत्यादि मंगलसूत्र, जो देवता नमस्कार रूप में विद्यमान है, परम्पराप्राप्त निबद्ध मंगल है।

उपर्युक्त विवेचन का निष्कर्ष यह है कि वीरसेन स्वामी के मान्यतानुसार यह मंगलसूत्र परम्परा से प्राप्त चला आ रहा है, पुष्पदन्त ने इसे यहाँ अंकित कर दिया

---

1. धवला टीका, प्रथम पु., पृ. 41।

है। इससे इस महामन्त्र का अनादित्व सिद्ध होता है।

अलंकारचिन्तामणि में निबद्ध और अनिबद्ध मंगल की परिभाषा निम्न प्रकार की गयी है। जिनसेनाचार्य ने निबद्ध का अर्थ लिखित और अनिबद्ध का अर्थ अलिखित या अनंकित नहीं लिया है। वह लिखते हैं :

स्वकाव्यमुखे स्वकृतं पद्यं निबद्धम्, परकृतमनिबद्धम्।

अर्थात्–स्वरचित मंगल अपने ग्रन्थ में निबद्ध और अन्यरचित मंगलसूत्र को अपने ग्रन्थ में लिखना अनिबद्ध कहा जाता है।

उक्त परिभाषा के आधार पर णमोकार मन्त्र को अनिबद्ध मंगल कहा जाएगा। क्योंकि आचार्य पुष्पदन्त इसके रचयिता नहीं हैं। उन्हें तो यह मन्त्र परम्परा से प्राप्त था, अतः उन्होंने इस मंगलवाक्य को ग्रन्थ के आदि में अंकित कर दिया। इसी आशय को लेकर वीरसेन स्वामी ने धवला टीका (1।41) में इसे अनिबद्ध मंगल कहा है।

वैशाली प्रतिष्ठान के निर्देशक श्री डॉ. हीरालालजी ने वेदनाखण्ड के 'णमो जिणाणं' इस मंगलसूत्र की धवला टीका के[1] आधार पर णमोकार मन्त्र के आदिकर्ता श्री पुष्पदन्ताचार्य को सिद्ध करने का प्रयास किया है किन्तु अन्य आर्ष ग्रन्थों के साथ तथा जीवट्ठाणखण्ड के मंगलसूत्र की धवला टीका के साथ डॉक्टर साहब के मन्तव्य की तुलना करने पर प्रतीत होता है कि यह मन्त्र अनादि है। जैसे अग्नि का उष्णत्व, जल का शीतत्व, वायु का स्पर्शत्व एवं आत्मा का चेतनधर्म अनादि है, उसी प्रकार यह णमोकार मन्त्र अनादि है। अथवा अनादि जिनवाणी का अंग होने से यह मन्त्र अनादि है। महाबन्ध प्रथम भाग की प्रस्तावना में बताया गया है कि "जिस[2] प्रकार **'णमो जिणाणं'** आदि मंगलसूत्र भूतबलि द्वारा संगृहीत है, ग्रथित नहीं हैं, उसी प्रकार णमोकार मन्त्र रूप से ख्यात अनादि मूलमन्त्र नाम से वन्दित **'णमो अरिहंताणं'** आदि भी पुष्पदन्त आचार्य द्वारा संगृहीत है, ग्रथित नहीं है।" मोक्षमार्ग अनादि है, इस मार्ग के उपदेशक और पथिक भी अनादि हैं, तीर्थंकर प्रभुओं की परम्परा भी अनादि है। अतः यह अनादि मूलमन्त्र भगवान् की दिव्यध्वनि से प्राप्त हुआ है। सर्वज्ञ तीर्थंकर भगवान् ने अपनी दिव्य-ध्वनि से जिन

1. धवला टीका, पुस्तक 2, पृ. 33-36।
2. महाबन्ध, प्रथम भाग, प्रस्तावना, पृ. 30।

तत्त्वों का प्रकाशन किया, गणधरदेव ने उन्हें द्वादशांग वाणी का रूप दिया। अतएव अनादि द्वादशांगवाणी का अंग होने से यह महामन्त्र अनादि है। इस महामन्त्र के सम्बन्ध में निम्न श्लोक प्रसिद्ध है।

अनादिमूलमन्त्रोऽयं सर्वविघ्नविनाशनः।
मङ्गलेषु च सर्वेषु प्रथमं मङ्गलं मतः॥

द्रव्यार्थिक नय की अपेक्षा यह मंगलसूत्र अनादि है और पर्यायार्थिक नय की अपेक्षा सादि है। इसी प्रकार यह नित्यानित्य रूप भी है। कुछ ऐतिहासिक विद्वानों का अभिमत है कि साधु शब्द का प्रयोग साहित्य में अधिक पुराना नहीं है अतः इस अर्थ में ऋषि-मुनि शब्द ही प्राचीनकाल में प्रचलित थे। णमोकार मन्त्र में 'साहूणं' पाठ है, अतः यह शब्द ही इस बात का द्योतक है कि यह मन्त्र अनादि नहीं है। इस शब्द का समाधान पहले ही किया जा चुका है, क्योंकि शब्दरूप में निबद्ध यह मन्त्र अवश्य सादि है, अर्थ की अपेक्षा यह अनादि है। इसे अनादि कहने का अर्थ यही है कि द्रव्यार्थिक नय की अपेक्षा इसे अनादि कहा गया है।

किसी भी कार्य का फल दो प्रकार से प्राप्त होता है—तात्कालिक और कालान्तरभावी। इस महामन्त्र के स्मरण से ज्ञानावरणीय, दर्शनावरणीय आदि कर्मों का क्षय होकर कल्याण—श्रेयोमार्ग की प्राप्ति होना, इसका तात्कालिक फल है। अनादिकर्म-लिप्त आत्मा इस महामन्त्र के स्मरण से तत्काल ही श्रद्धालु हो सम्यक्त्व की ओर अग्रसर होता है। पंचपरमेष्ठी का पवित्र स्मरण व्यक्ति को आत्मिक बल प्रदान करता है। यतः पंचपरमेष्ठी के स्मरण से आत्मा में पवित्रता आती है, शुभ परिणति उत्पन्न हो जाती है और आत्मा में ऐसी शक्ति उत्पन्न हो जाती है, जिससे वह स्वयमेव ही धर्म की ओर अग्रसर होती है। अतः तात्कालिक फल आत्मशुद्धि है। कालान्तरभावी फल में आत्मा की शुभ परिणति के कारण अर्थ—धन, ऐश्वर्य, अभ्युदय और काम—सांसारिक भोग, सुख, स्वास्थ्य आदि के साथ स्वर्गादि की प्राप्ति है। वास्तव में णमोकार मन्त्र का उद्देश्य मोक्ष-प्राप्ति है और यही इस मन्त्र का यथार्थ फल है, किन्तु इस फल की प्राप्ति के लिए आत्मा में क्षायिक सम्यक्त्व की योग्यता अपेक्षित है।

हमारे आगम में इस मन्त्र की बड़ी भारी महिमा बतलायी गयी है। यह सभी

प्रकार की अभिलाषाओं को पूर्ण करनेवाला है। आत्मशोधन का हेतु होते हुए भी

णमोकार मन्त्र का माहात्म्य

नित्य जाप करनेवाले के रोग, शोक, आधि, व्याधि आदि सभी बाधाएँ दूर हो जाती हैं। पवित्र, अपवित्र, रोगी, दुःखी, सुखी आदि किसी भी अवस्था में इस मन्त्र का जप करने से समस्त पाप भस्म हो जाते हैं तथा बाह्य और अभ्यन्तर पवित्र हो जाता है। यह समस्त विघ्नों को दूर करनेवाला तथा समस्त मंगलों में प्रथम मंगल है। किसी भी कार्य के आदि में इसका स्मरण करने से वह कार्य निर्विघ्नतया पूर्ण हो जाता है। बताया गया है।

एसो पंचणमोयारो सव्वपावप्पणासणो।
मंगलाणं च सव्वेसिं पढमं होइ मंगलं॥

इस गाथा की व्याख्या करते हुए सिद्धचन्द्रगणि ने लिखा है—**"एष पञ्चनमस्कारः एष—प्रत्यक्षविधीयमानः पञ्चानामर्हदादीनां नमस्कारः—प्रणामः। स च कीदृशः? सर्वपापप्रणाशनः। सर्वाणि च तानि पापानि च सर्वपापानि इति कर्मधारयः। सर्वपापानां प्रकर्षेण नाशनो—विध्वंसकः सर्वपापप्रणाशनः, इति तत्पुरुषः। सर्वेषां द्रव्यभावभेद-भिन्नानां मङ्गलानां प्रथममिदमेव मङ्गलम्। च समुच्चये पञ्चसु पदेषु चतुर्थ्यर्थेषु षष्ठी। अत्र चाष्टषष्ठिरक्षराणि, नव पदानि, अष्टौ च सम्पदो—विश्रामस्थानानि।**

पुनः सर्वेषां मङ्गलानां—मङ्गलकारकवस्तूनां दधिदूर्वाक्षतचन्दननालिकेरपूर्ण-कलश-स्वस्तिक-दर्पण-भद्रासन-वर्धमान-मत्स्ययुगल-श्रीवत्सनन्द्यावर्तादीनां मध्ये प्रथमं मुख्यं मङ्गलं मङ्गलकारको भवति। यतोऽस्मिन् पठिते जप्ते स्मृते च सर्वाण्यपि मङ्गलानि भवन्तीत्यर्थः।"

अर्थात्—यह णमोकार मन्त्र, जिसमें पंचपरमेष्ठी को नमस्कार किया गया है, सभी प्रकार के पापों को नष्ट करनेवाला है। पापी से पापी व्यक्ति भी इस मन्त्र के स्मरण से पवित्र हो जाता है तथा सभी प्रकार के पाप इस महामन्त्र के स्मरण से नष्ट हो जाते हैं। यह दधि, दूर्वा, अक्षत, चन्दन, नारियल, पूर्णकलश, स्वस्तिक, दर्पण, भद्रासन, वर्धमान, मत्स्य-युगल, श्रीवत्स, नन्द्यावर्त आदि मंगल-वस्तुओं में सबसे उत्कृष्ट मंगल है। इसके स्मरण और जप से अनेक प्रकार की सिद्धियाँ प्राप्त होती हैं। अमंगल दूर हो जाता है और पुण्य की वृद्धि होती है।

तात्पर्य यह है कि किसी भी वस्तु की महिमा उसके गुणों के द्वारा व्यक्त होती है। इस महामन्त्र के गुण अचिन्त्य हैं। इसमें इस प्रकार की विद्युत् शक्ति वर्तमान है जिससे इसके उच्चारण मात्र से पाप और अशुभ का विध्वंस हो जाता है तथा परम विभूति और कल्याण की प्राप्ति होती है। इस महामन्त्र की महिमा व्यक्त करनेवाली अनेक रचनाएँ हैं; इसमें णमोकारमन्त्रमाहात्म्य, नमस्कारकल्प, नमस्कारमाहात्म्य आदि प्रधान हैं। कहा जाता है कि जन्म, मरण, भय, पराभव, क्लेश, दुःख, दारिद्र्य आदि इस महामन्त्र के जाप से क्षण-भर में भस्म हो जाते हैं। इसकी अचिन्त्य महिमा का वर्णन णमोकार मन्त्र-माहात्म्य में निम्न प्रकार बतलाया गया है :

मन्त्रं संसारसारं त्रिजगदनुपमं सर्वपापारिमन्त्रं
संसारोच्छेदमन्त्रं विषमविषहरं कर्मनिर्मूलमन्त्रम्।
मन्त्रं सिद्धिप्रदानं शिवसुखजननं केवलज्ञानमन्त्रं
मन्त्रं श्रीजैनमन्त्रं जप जप जपितं जन्मनिर्वाणमन्त्रम्॥1॥
आकृष्टिं सुरसम्पदां विदधते मुक्तिश्रियो वश्यतां
उच्चाटं विपदां चतुर्गतिभुवां विद्वेषमात्मैनसाम्।
स्तम्भं दुर्गमनं प्रति प्रयततो मोहस्य सम्मोहनं
पायात्पञ्चनमस्क्रियाक्षरमयी साराधना देवता॥2॥
अपवित्रः पवित्रो वा सुस्थितो दुःस्थितोऽपि वा
ध्यायेत् पञ्चनमस्कारं सर्वपापैः प्रमुच्यते॥3॥
अपवित्रः पवित्रो वा सर्वावस्थां गतोऽपि वा।
यः स्मरेत्परमात्मानं स बाह्याभ्यन्तरे शुचिः॥4॥
अपराजितमन्त्रोऽयं सर्वविघ्नविनाशनः।
मङ्गलेषु च सर्वेषु प्रथमं मङ्गलं मतः॥5॥
विघ्नौघाः प्रलयं यान्ति शाकिनीभूतपन्नगाः।
विषो निर्विषतां याति स्तूयमाने जिनेश्वरे॥6॥
अन्यथा शरणं नास्ति त्वमेव शरणं मम।
तस्मात्कारुण्यभावेन रक्ष रक्ष जिनेश्वर[1]॥7॥

---

1. णमोकार-मन्त्र-माहात्म्य—'नित्य-नैमित्तिक पाठावली' में प्रकाशित, पृ. 1-2।

अर्थात्–यह महामन्त्र संसार का सार है–जन्म-मरणरूप संसार से छूटने का सुकर अवलम्बन और सारतत्त्व है; तीनों लोकों में अनुपम है–इस मन्त्र के समान चमत्कारी और प्रभावशाली अन्य कोई मन्त्र नहीं है, अतः यह तीनों लोकों में अद्भुत है; समस्त पापों का अरि है–इस मन्त्र का जाप करने से किसी भी प्रकार का पाप नष्ट हुए बिना नहीं रहता है, जिस प्रकार अग्नि का एक कण घास-फूस के बड़े-बड़े ढेरों को नष्ट कर देता है, उसी प्रकार यह मन्त्र सभी तरह के पापों को नष्ट करनेवाला होने के कारण पापारि है, यह मन्त्र संसार का उच्छेदक, व्यक्ति के भाव-संसार–राग-द्वेषादि और द्रव्य-संसार–ज्ञानावरणादि कर्मों का विनाशक है; तीक्ष्ण विषों का नाश करनेवाला है अर्थात् इस महामन्त्र के प्रभाव से सभी प्रकार की विष-बाधाएँ दूर हो जाती हैं; यह मन्त्र कर्मों का निर्मूलक–विनाश करनेवाला है, इस मन्त्र का भावसहित उच्चारण करने से कर्मों की निर्जरा होती है तथा योग-निरोधपूर्वक इसका स्मरण करने से कर्मों का विनाश होता है; यह मन्त्र सभी प्रकार की सिद्धियों को देनेवाला है–भावसहित और विधिसहित इस मन्त्र का अनुष्ठान करने से सभी तरह की लौकिक-अलौकिक सिद्धियाँ प्राप्त हो जाती हैं, साधक जिस वस्तु की कामना करता है, वह उसे प्राप्त हो जाती है। दुर्लभ और असम्भव कार्य भी इस महामन्त्र की साधना से पूर्ण हो जाते हैं; यह मन्त्र मोक्ष-सुख को उत्पन्न करनेवाला है; यह मन्त्र केवलज्ञानमन्त्र कहलाता है अर्थात् इसके जाप से केवलज्ञान की प्राप्ति होती है तथा यही मन्त्र निर्वाण-सुख का देनेवाला भी है।

यह णमोकार मन्त्र देवों की विभूति और सम्पत्ति को आकृष्ट कर देनेवाला है, मुक्ति-रूपी लक्ष्मी को वश में करनेवाला है, चतुर्गति में होनेवाले सभी तरह के कष्ट और विपत्तियों को दूर करनेवाला है, आत्मा के समस्त पाप को भस्म करनेवाला है, दुर्गति को रोकनेवाला है, मोह का स्तम्भन करनेवाला है, विषयासक्ति को घटानेवाला है, आत्मश्रद्धा को जाग्रत् करनेवाला है, और सभी प्रकार से प्राणी की रक्षा करनेवाला है।

पवित्र या अपवित्र अथवा सोते, जागते, चलते, फिरते किसी भी अवस्था में इस णमोकार मन्त्र का स्मरण करने से आत्मा सर्वपापों से मुक्त हो जाती है, शरीर और मन पवित्र हो जाते हैं। यह सप्तधातुमय शरीर सर्वदा अपवित्र रहता है, इसकी

पवित्रता णमोकार मन्त्र के स्मरण से उत्पन्न निर्मल आत्मपरिणति द्वारा होती है। अतः निस्सन्देह यह मन्त्र आत्मा को पवित्र करनेवाला है। इसका स्मरण किसी भी अवस्था में किया जा सकता है। यह णमोकार मन्त्र अपराजित है, अन्य किसी मन्त्र द्वारा इसकी शक्ति प्रतिहत—अवरुद्ध नहीं की जा सकती है, इसमें अद्‌भुत सामर्थ्य निहित है। समस्त विघ्नों को क्षण-भर में नष्ट करने में समर्थ है। इसके द्वारा भूत, पिशाच, शाकिनी, डाकिनी, सर्प, सिंह, अग्नि आदि के विघ्नों को क्षण-भर में ही दूर किया जा सकता है। जिस प्रकार हलाहल विष तत्काल अपना फल देता है और उसका फल अव्यर्थ होता है, उसी प्रकार णमोकार मन्त्र भी तत्काल शुभ पुण्य का आस्रव करता है तथा अशुभोदय के प्रभाव को क्षीण करता है। यह मन्त्र सम्पत्ति प्राप्त करने का एक प्रधान साधन है तथा सम्यक्त्व की वृद्धि में सहायक होता है। मनुष्य जीवन-भर पापास्रव करने पर भी अन्तिम समय में इस महामन्त्र के स्मरण के प्रभाव से स्वर्गादि सुखों को प्राप्त कर लेता है। इसलिए इस महामन्त्र का महत्त्व बतलाते हुए कहा गया है :

कृत्वा पापसहस्राणि हत्वा जन्तुशतानि च।
अमुं मन्त्रं समाराध्य तिर्यञ्चोऽपि दिवं गताः॥

—ज्ञानार्णव

अर्थात्—तिर्यंच पशु-पक्षी, जो मांसाहारी, क्रूर हैं, जैसे सर्प, सिंहादि; जीवन में सहस्रों प्रकार के पाप करते हैं। ये अनेक प्राणियों की हिंसा करते हैं, मांसाहारी होते हैं तथा इनमें क्रोध, मान, माया और लोभ कषायों की तीव्रता होती है; फिर भी अन्तिम समय में किसी दयालु द्वारा णमोकार मन्त्र का श्रवण करने मात्र से उस निन्द्य तिर्यंच पर्याय का त्याग कर स्वर्ग में देव गति को प्राप्त होते हैं।

भैया भगवतीदास ने णमोकार मन्त्र को समस्त सिद्धियों का दायक बताया है और अहर्निश इसके जाप करने पर ज़ोर दिया है। इस मन्त्र के जाप करने से सभी प्रकार की बाधाएँ नष्ट हो जाती हैं। कहा है :

जहाँ जपें णमोकार वहाँ अघ कैसे आवें।
जहाँ जपें णमोकार वहाँ विंतर भग जावें॥

जहाँ जपें णमोकार वहाँ सुख सम्पति होई।
जहाँ जपें णमोकार वहाँ दुःख रहे न कोई॥
णमोकार जपत नवनिधि मिलैं, सुख समूह आवे निकट।
'भैया' नित जपवो करो, महामन्त्र णमोकार है॥

यह णमोकार मन्त्र सभी प्रकार की आकुलताओं को दूर करनेवाला और सभी प्रकार की शान्ति एवं समृद्धियों का दाता है। इसकी अचिन्त्य शक्ति के प्रभाव से बड़े-बड़े कार्य क्षण-भर में सिद्ध हो जाते हैं। जिस प्रकार रसायन के सम्पर्क से लौह भस्म आरोग्यप्रद हो जाता है, उसी प्रकार इस महामन्त्र की ध्वनियों के स्मरण, मनन से सभी प्रकार की अद्भुत सिद्धियाँ प्राप्त हो जाती हैं। आचार्य वादीभसिंह ने क्षत्रचूड़ामणि में बताया है :

मरणक्षणलब्धेन येन श्वा देवताऽजनि।
पञ्चमन्त्रपदं जप्यमिदं केन न धीमता॥

—10.4

अर्थात्—मरणोन्मुख कुत्ते को जीवन्धर स्वामी ने करुणावश णमोकार मन्त्र सुनाया था, इस मन्त्र के प्रभाव से वह पापाचारी श्वान देवता के रूप में उत्पन्न हुआ। अतः सिद्ध है कि यह मन्त्र आत्मविशुद्धि का बहुत बड़ा कारण है।

बताया गया है कि णमोकार मन्त्र के एक[1] अक्षर का भी भावसहित स्मरण करने से सात सागर तक भोगा जानेवाला पाप नष्ट हो जाता है, एक पद का भावसहित स्मरण करने से पचास सागर तक भोगे जानेवाले पाप का नाश होता है और समग्र मन्त्र का भक्तिभावसहित विधिपूर्वक स्मरण करने से पाँच-सौ सागर तक भोगे जानेवाले पाप का नाश हो जाता है। अभक्त प्राणी भी इस मन्त्र के स्मरण से स्वर्गादि के सुखों को प्राप्त करता है तथा भक्त प्राणी भी इस मन्त्र के जाप के प्रभाव से अनेक परिणामों को इतना निर्मल बना लेता है, जिससे उसके भव-भवान्तर के

---

1. नवकार इक्कक्खरं पावं कडई सत्त सयराणं।
पन्नासं च पएणं सागर पणासया समग्गेणं॥1॥
जो गुणइ लक्खमेगं, पूएइ जिणनमुक्कारं।
तित्थयर नामगोअं, सो बंधइ नत्थि संदेहो॥2॥

संचित पाप नष्ट हो जाते हैं और वह इतना प्रबल पुण्यास्रव करता है, जिससे परम्परानिर्वाण की प्राप्ति हो जाती है। सिद्धसेन ने नमस्कार माहात्म्य में बताया है :

योऽसंख्यदुःखक्षयकारणस्मृतिः य ऐहिकामुष्मिकसौख्यकामधुक्।
यो दुष्षमायामपि कल्पपादपो मन्त्राधिराजः स कथं न जप्यते॥
न यद्दीपेन सूर्येण चन्द्रेणाप्यपरेण वा।
तमस्तदपि निर्नाम स्यान्नमस्कारतेजसा॥

—न. मा., षष्ठ अ., श्लो. 23, 24

अर्थात्—भावसहित स्मरण किया गया यह णमोकार मन्त्र असंख्य दुःखों को क्षय करनेवाला तथा इहलौकिक और पारलौकिक समस्त सुखों को देनेवाला है। इस पंचमकाल में कल्पवृक्ष के समान सभी मनोरथों को पूर्ण करनेवाला यह मन्त्र ही है, अतः संसारी प्राणियों को इसका जप अवश्य करना चाहिए। जिस अज्ञान, पाप और संक्लेश के अन्धकार को सूर्य, चन्द्र और दीपक दूर नहीं कर सकते हैं, उस घने अन्धकार को यह मन्त्र नष्ट कर देता है।

इस मन्त्र के चिन्तन, स्मरण और मनन करने से भूत, प्रेत, ग्रहबाधा, राजभय, चोरभय, दुष्टभय, रोगभय आदि सभी कष्ट दूर हो जाते हैं। राग-द्वेषजन्य अशान्ति भी इस मन्त्र के जाप से दूर होती है। यह इस पंचमकाल में कल्पवृक्ष, चिन्तामणिरत्न या कामधेनु के समान अभीष्ट फल देनेवाला है। जिस प्रकार समुद्र के मन्थन से सारभूत अमृत एवं दधि के मन्थन से सारभूत घृत उपलब्ध होता है, उसी प्रकार आगम का सारभूत यह णमोकार मन्त्र है। इसकी आराधना से सभी प्रकार के कल्याण प्राप्त होते हैं। श्री, ह्री, धृति, कीर्ति, बुद्धि और लक्ष्मी आदि की प्राप्ति इस मन्त्र के जप से होती है। कर्म की ग्रन्थि को खोलनेवाला यही मन्त्र है तथा भावपूर्वक नित्य जप करने से निर्वाण पद की प्राप्ति होती है।

भगवान् की पूजा, स्वाध्याय, संयम, तप, दान और गुरुभक्ति के साथ प्रतिदिन इस णमोकार मन्त्र का तीनों सन्ध्याओं में जो भक्तिभावसहित जाप करता है, वह इतना पुण्यास्रव करता है, जिससे चक्रवर्ती, अहमिन्द्र, इन्द्र आदि के पदों को प्राप्त करने की शक्ति उत्पन्न हो जाती है। ऐसा व्यक्ति अपने पुण्यातिशय के कारण तीर्थंकर भी बन सकता है। अपने सातिशय पुण्य के कारण वह तीर्थ-प्रवर्तक

पद को प्राप्त हो जाता है। तथा जो व्यक्ति इस मन्त्र का आठ करोड़[1], आठ लाख, आठ हजार और आठ सौ आठ बार लगातार जाप करता है, वह शाश्वत पद को प्राप्त हो जाता है। लगातार सात लाख जप करनेवाला व्यक्ति सभी प्रकार के कष्टों से मुक्ति प्राप्त करता है तथा दारिद्र्य भी उसका नष्ट हो जाता है। धूप देकर एक लाख बार जपनेवाला भी अपनी अभीष्ट मनःकामना को पूर्ण करता है। इस मन्त्र का अचिन्त्य प्रभाव है।

णमोकार मन्त्र के जाप करने की विधि

णमोकार मन्त्र का जाप करने के लिए सर्वप्रथम आठ प्रकार की शुद्धियों का होना आवश्यक है। 1. द्रव्यशुद्धि—पंचेन्द्रिय तथा मन को वश कर कषाय और परिग्रह का शक्ति के अनुसार त्याग कर कोमल और दयालुचित्त हो जाप करना। यहाँ द्रव्यशुद्धि का अभिप्राय पात्र की अन्तरंग शुद्धि से है। जाप करनेवाले को यथाशक्ति अपने विकारों को हटाकर ही जाप करना चाहिए। अन्तरंग से काम, क्रोध, लोभ, मोह, मान, माया आदि विकारों को हटाना आवश्यक है। 2. क्षेत्रशुद्धि—निराकुल स्थान, जहाँ हल्ला-गुल्ला न हो तथा डाँस, मच्छर आदि बाधक जन्तु न हों। चित्त में क्षोभ उत्पन्न करनेवाले उपद्रव एवं शीत-उष्ण की बाधा न हो, ऐसा एकान्त निर्जन स्थान जाप करने के लिए उत्तम है। घर के किसी एकान्त प्रदेश में, जहाँ अन्य किसी प्रकार की बाधा न हो और पूर्ण शान्ति रह सके, उस स्थान पर भी जाप किया जा सकता है। 3. समय-शुद्धि—प्रातः, मध्याह्न और सन्ध्या समय कम-से-कम 45 मिनिट तक लगातार इस महामन्त्र का जाप करना चाहिए। जाप करते समय निश्चिन्त रहना एवं निराकुल होना परम आवश्यक है। 4. आसन-शुद्धि—काष्ठ, शिला, भूमि, चटाई या शीतलपट्टी पर पूर्वदिशा या उत्तर दिशा की ओर मुँह करके पद्मासन, खड्गासन या अर्धपद्मासन होकर क्षेत्र तथा काल का प्रमाण करके मौनपूर्वक इस मन्त्र का जाप करना चाहिए। 5. विनयशुद्धि—जिस आसन पर बैठकर जाप करना हो, उस आसन को सावधानीपूर्वक ईर्यापथ शुद्धि के साथ साफ़ करना चाहिए तथा जाप करने के लिए नम्रतापूर्वक भीतर का अनुराग भी रहना आवश्यक है। जब तक जाप करने के लिए भीतर का

---

1. अट्ठेव य अट्ठसया, अट्ठसहस्स अट्ठलक्ख अट्ठकोडीओ।
   जो गुणइ भत्तिजुतो, सो पावइ सासयं ठाणं॥3॥

उत्साह नहीं होगा, तब तक सच्चे मन से जाप नहीं किया जा सकता। 6. मनःशुद्धि—विचारों की गन्दगी का त्याग कर मन को एकाग्र करना, चंचल मन इधर-उधर न भटकने पाये इसकी चेष्टा करना, मन को पूर्णतया पवित्र बनाने का प्रयास करना ही इस शुद्धि में अभिप्रेत है। 7. वचनशुद्धि—धीरे-धीरे साम्यभाव-पूर्वक इस मन्त्र का शुद्ध जाप करना अर्थात् उच्चारण करने में अशुद्धि न होने पाये तथा उच्चारण मन-मन में ही होना चाहिए। 8. कायशुद्धि—शौचादि शंकाओं से निवृत्त होकर यत्नाचारपूर्वक शरीर शुद्ध करके हलन-चलन क्रिया से रहित जाप करना चाहिए। जाप के समय शारीरिक शुद्धि का भी ध्यान रखना चाहिए।

इस महामन्त्र का जाप यदि खड़े होकर करना हो तो तीन-तीन श्वासोच्छ्वासों में एक बार पढ़ना चाहिए। एक सौ आठ बार के जाप में कुल 324 श्वासोच्छ्वास—साँस लेना चाहिए।

जाप करने की विधियाँ—कमल जाप्य, हस्तांगुलि जाप्य और माला जाप्य।

कमल जापविधि—अपने हृदय में आठ पाँखुड़ी के एक श्वेत कमल का विचार करें। उसकी प्रत्येक पाँखुड़ी पर पीतवर्ण के बारह-बारह बिन्दुओं की कल्पना करें तथा मध्य के गोलवृत्त—कर्णिका में बारह बिन्दुओं का चिन्तन करें। इन 108 बिन्दुओं के प्रत्येक बिन्दु पर एक-एक मन्त्र का जाप करता हुआ 108 बार इस मन्त्र का जाप करें। कमल की आकृति निम्न प्रकार चिन्तन की जाएगी।

मन्त्र जाप का हेतु

प्रतिदिन व्यक्ति 108 प्रकार के पाप करता है, अतः 108 बार मन्त्र का जाप करने से उस पाप का नाश होता है। आरम्भ, समारम्भ, संरम्भ, इन तीनों को मन, वचन, काय से गुणा किया तो 3 × 3 = 9 हुआ। इनको कृत, कारित, अनुमोदित और कषायों से गुणा किया तो 9 × 3 × 4 = 108। बीचवाले गोलवृत्त में 12 बिन्दु हैं

और आठ दलों में से प्रत्येक में बारह-बारह बिन्दु हैं। इस $12 \times 8 = 96$, $96 + 12 = 108$ बिन्दुओं पर 108 बार यह मन्त्र पढ़ा जाता है।

हस्तांगुलिजाप—अपने हाथ की अँगुलियों पर जाप करने की प्रक्रिया यह है कि मध्यमा—बीच की अँगुली के बीच पोरुये पर इस मन्त्र को पढ़ें, फिर उस अँगुली के ऊपरी पोरुये पर, फिर तर्जनी—अँगूठे के पासवाली अँगुली के ऊपरी पोरुये पर मन्त्र जाप करें। फिर उसी अँगुली के बीच पोरुये पर मन्त्र पढ़ें, फिर नीचे के पोरुये पर जाप करें। अनन्तर बीच की अँगुली के निचले पोरुये पर मन्त्र पढ़ें, फिर अनामिका—सबसे छोटी अँगुली के साथवाली अँगुली के निचले पोरुये पर, फिर बीच तथा ऊपर के पोरुये पर क्रम से जाप करें। इसी प्रकार पुनः बीच की अँगुली के बीच के पोरुये से जाप आरम्भ करें। इस प्रकार नौ-नौ बार मन्त्र जपता रहे, इस तरह 12 बार जपने से 108 बार में पूरा एक जाप होता है।

मालाजाप—एक-सौ आठ दाने की माला द्वारा जाप करें।

इन तीनों जाप की विधियों में उत्तम कमल-जाप-विधि है। इसमें उपयोग अधिक स्थिर रहता है। तथा कर्म-बन्धन को क्षीण करने के लिए यही जापविधि अधिक सहायक है। सरल विधि मालाजाप है। इसमें किसी भी तरह का झंझट-झगड़ा नहीं है। सीधे माला लेकर जाप कर लेना है। जाप करने के पश्चात् भगवान् का दर्शन करना चाहिए। बताया गया है :

ततः समुत्थाय जिनेन्द्रबिम्बं पश्येत्परं मंगलदानदक्षम्।
पापप्रणाशं परपुण्यहेतुं सुरासुरैः सेवितपादपद्मम्॥

अर्थात्—प्रातःकाल के जाप के पश्चात् चैत्यालय में जाकर सब तरह के मंगल करनेवाले, पापों को क्षय करनेवाले, सातिशय पुण्य के कारण एवं सुरासुरों द्वारा वन्दनीय श्रीजिनेन्द्र भगवान् के दर्शन करना चाहिए।

इस णमोकार मन्त्र का जाप विभिन्न प्रकार की इष्टसिद्धियों और अरिष्ट-विनाशनों के लिए अनेक प्रकार से किया जाता है। किस कार्य के लिए किस प्रकार जाप किया जाएगा, इसका आगे निरूपण किया जाएगा। जाप का फल बहुत कुछ विधि पर निर्भर है।

उपर्युक्त संक्षिप्त विवेचन के अनन्तर यह णमोकार मन्त्र जिनागम का सार कहा गया है। यह समस्त द्वादशांगरूप बतलाया गया है। अतः इस कथन की

सार्थकता सिद्ध की जाती है।

आचार्यों ने द्वादशांग जिनवाणी का वर्णन करते हुए प्रत्येक की पद संख्या तथा समस्त श्रुतज्ञान के अक्षरों की संख्या का वर्णन किया है। इस महामन्त्र में

द्वादशांगरूप णमोकार मन्त्र

समस्त श्रुतज्ञान विद्यमान है। क्योंकि पंचपरमेष्ठी के अतिरिक्त अन्य श्रुतज्ञान कुछ नहीं है। अतः यह महामन्त्र समस्त द्वादशांग जिनवाणी रूप है। इस महामन्त्र का विश्लेषण करने पर निम्न निष्कर्ष सामने आते हैं–

इस मन्त्र में 35 अक्षर हैं। 5 पद हैं। णमो अरिहंताणं = 7 अक्षर, णमो सिद्धाणं = 5, णमो आइरियाणं = 7, णमो उवज्झायाणं = 7, णमो लोए सव्वसाहूणं = 9 अक्षर, इस प्रकार इस मन्त्र में कुल 35 अक्षर हैं। स्वर और व्यंजनों का विश्लेषण करने पर प्रतीत होता है कि 'णमो अरिहंताणं' = 6 व्यंजन, णमो सिद्धाणं = 5 व्यंजन, णमो आइरियाणं = 5 व्यंजन, णमो उवज्झायाणं = 6 व्यंजन; णमो लोए सव्वसाहूणं = 8, इस प्रकार इस मन्त्र में कुल 6 + 5 + 5 + 6 + 8 = 30 व्यंजन हैं। स्वर निम्न प्रकार हैं–

इस मन्त्र में सभी वर्ण अजन्त हैं, यहाँ हलन्त एक भी वर्ण नहीं है। अतः 35 अक्षरों में 35 स्वर मानने चाहिए। पर वास्तविकता यह है कि 35 अक्षरों के होने पर भी वहाँ स्वर 34 हैं। इसका प्रधान कारण यह है कि 'णमो अरिहंताणं' इस पद में 6 ही स्वर माने जाते हैं। मन्त्रशास्त्र के व्याकरण के अनुसार 'णमो अरिहंताणं' पद के 'अ' का लोप हो जाता है। यद्यपि प्राकृत में '[1]एङ'–नेत्यनुवर्तते। **एङित्येदोतौ। एदोतोः संस्कृतोक्तः सन्धिः प्राकृते तु न भवति। यथा देवो अहिणंदणो, अहो अच्चरिअं,** इत्यादि। सूत्र के अनुसार सन्धि न होने के कारण 'अ' का अस्तित्व ज्यों का त्यों रहता है, अ का लोप या खण्डाकार नहीं होता है; किन्तु मन्त्रशास्त्र में 'बहुलम्' सूत्र की प्रवृत्ति मानकर **'स्वरयोरव्यवधाने प्रकृतिभावो लोपो [2]वैकस्य'** इस सूत्र के अनुसार 'अरिहंताणं' वाले पद के 'अ' का लोप विकल्प से हो जाता है, अतः इस पद में छह ही स्वर माने जाते हैं। इस प्रकार कुल मन्त्र में 35 अक्षर होने पर भी 34 ही स्वर रहते हैं। कुल स्वर और

---

1. त्रिविक्रमदेव का प्राकृत व्याकरण, पृ. 4, सूत्रसंख्या 21
2. जैनसिद्धान्तकौमुदी, पृ. 4, सूत्रसंख्या 1.2.2

व्यंजनों की संख्या 34 + 30 = 64 है। मूल वर्णों की संख्या भी 64 ही है। प्राकृत भाषा के नियमानुसार अ, इ, उ और ए मूल स्वर तथा ज झ ण त द ध य र ल व स और ह ये मूल व्यंजन इस मन्त्र में निहित हैं। अतएव 64 अनादि मूल वर्णों को लेकर समस्त श्रुतज्ञान के अक्षरों का प्रमाण निम्न प्रकार निकाला जा सकता है। गाथासूत्र निम्न प्रकार है :

चउसट्ठिपदं विरलिय दुगं च दाउण सगुणं किच्चा।
सऊणं च कए पुण सुदणाणरसक्खरा होंति॥

अर्थ–उक्त चौंसठ अक्षरों का विरलन करके प्रत्येक के ऊपर दो का अंक देकर परस्पर सम्पूर्ण दो के अंकों का गुणा करने से लब्धराशि में एक घटा देने से जो प्रमाण रहता है, उतने ही श्रुतज्ञान के अक्षर होते हैं।

यहाँ 64 अक्षरों का विरलन कर रखा तो–

2 2 2 2 2 2 2 2 2 2 2 2 2 2 2 2

1। 1। 1। 1।1।1। 1।1।1। 1। 1। 1। 1।1।............1।=

18446744073709551616–1 = 18446744073709551615

समस्त श्रुतज्ञान के अक्षर। इन अक्षरों का प्रमाण गाथा में निम्न प्रकार कहा गया है :

एकट्ठ च च य छस्सत्तयं च च य सुण्णसत्ततियसत्ता।
सुण्णं णव पण पंच य एक्कं छक्केक्कगो य पणयं च॥

अर्थात्–एक आठ चार-चार छह सात चार-चार शून्य सात तीन सात शून्य नव पंच-पंच एक छह एक पाँच समस्त श्रुतज्ञान के अक्षर हैं।

इस प्रकार णमोकार मन्त्र में समस्त श्रुतज्ञान के अक्षर निहित हैं। क्योंकि अनादि निधन मूलाक्षरों पर से ही उक्त प्रमाण निकाला गया है। अतः संक्षेप में समस्त जिनवाणीरूप यह मन्त्र है। इसका पाठ या स्मरण करने से कितना महान् पुण्य का बन्ध होता है। तथा केवल ज्ञान-लक्ष्मी की प्राप्ति भी इस मन्त्र की आराधना से होती है। ज्ञानार्णव में शुभचन्द्राचार्य ने इस मन्त्र की आराधना का फल बताते हुए लिखा है :

श्रियमात्यन्तिकीं प्राप्ता योगिनो येऽत्र केचन।
अमुमेव महामन्त्रं ते समाराध्य केवलम्॥

प्रभावमस्य निःशेषं योगिनामप्यगोचरम्।
अनभिज्ञो जनो ब्रूते यः स मन्येऽनिलार्दितः॥
अनेनैव विशुद्ध्यन्ति जन्तवः पापपङ्किताः।
अनेनैव विमुच्यन्ते भवक्लेशान्मनीषिणः॥

अर्थात् इस लोक में जितने भी योगियों ने आत्यन्तिकी लक्ष्मी–मोक्षलक्ष्मी को प्राप्त किया है, उन सबों ने श्रुतज्ञानभूत इस महामन्त्र की आराधना करके ही। समस्त जिनवाणीरूप इस महामन्त्र की महिमा एवं इसका तत्काल होनेवाला अमिट प्रभाव योगी मुनीश्वरों के भी अगोचर हैं। वे इसके वास्तविक प्रभाव का निरूपण करने में असमर्थ हैं। जो साधारण व्यक्ति इस श्रुतज्ञानरूप मन्त्र का प्रभाव कहना चाहता है, वह वायुवश प्रलाप करनेवाला ही माना जाएगा। इस णमोकार मन्त्र का प्रभाव केवली ही जानने में समर्थ हैं। जो प्राणी पाप से मलिन हैं, वे इसी मन्त्र से विशुद्ध होते हैं और इसी मन्त्र के प्रभाव से मनीषीगण संसार के क्लेशों से छूटते हैं।

स्वाध्याय और ध्यान का जितना सम्बन्ध आत्मशोधन के साथ है, उतना ही इस मन्त्र का भी सम्बन्ध आत्मकल्याण के साथ है। इस मन्त्र का 108 बार जाप करने से द्वादशांग जिनवाणी के स्वाध्याय का पुण्य होता है तथा मन एकाग्र होता है। इस मन्त्र के प्रति अटूट श्रद्धा या विश्वास होने से ही यह मन्त्र कार्यकारी होता है। द्वादशांग जिनवाणी का इतना सरल, सुसंस्कृत एवं सच्चा रूप कहीं नहीं मिल सकता है। ज्ञानरूप आत्मा को इसका अनुभव होते ही श्रुतज्ञान की प्राप्ति होती है। ज्ञानावरणीय कर्म की निर्जरा या क्षयोपशम रूप शक्ति इस मन्त्र के उच्चारण से आती है तथा आत्मा से महान् प्रकाश उत्पन्न हो जाता है। अतएव यह महामन्त्र समस्त श्रुतज्ञान रूप है, इसमें जिनवाणी का समस्त रूप निहित है।

मनोवैज्ञानिक दृष्टि से यह विचारणीय प्रश्न है कि णमोकार मन्त्र का मन पर क्या प्रभाव पड़ता है? आत्मिक शक्ति का विकास किस प्रकार होता है, जिससे इस

मनोविज्ञान और णमोकार मन्त्र

मन्त्र को समस्त कार्यों में सिद्धि देनेवाला कहा गया है। मनोविज्ञान मानता है कि मानव की दृश्य क्रियाएँ उनके चेतन मन में और अदृश्य क्रियाएँ अचेतन मन में होती हैं। मन की इन दोनों क्रियाओं को मनोवृत्ति कहा जाता है। यों तो साधारणतः मनोवृत्ति शब्द चेतन मन की क्रिया के बोध के लिए प्रयुक्त होता है।

प्रत्येक मनोवृत्ति के तीन पहलू हैं—ज्ञानात्मक, वेदनात्मक और क्रियात्मक। मनोवृत्ति के ये तीनों पहलू एक-दूसरे से अलग नहीं किये जा सकते हैं। मनुष्य को जो कुछ ज्ञान होता है, उसके साथ-साथ वेदना और क्रियात्मक भाव की भी अनुभूति होती है। अनात्मक मनोवृत्ति के संवेदन, प्रत्यक्षीकरण, स्मरण, कल्पना और विचार ये पाँच भेद हैं। संवेदनात्मक के संवेग, उमंग, स्थायीभाव और भावनाग्रन्थि ये चार भेद एवं क्रियात्मक मनोवृत्ति के सहज क्रिया, मूलवृत्ति, आदत, इच्छित क्रिया और चरित्र ये पाँच भेद किये गये हैं। णमोकार मन्त्र के स्मरण से ज्ञानात्मक मनोवृत्ति उत्तेजित होती है, जिससे उससे अभिन्नरूप में सम्बद्ध रहनेवाली उमंग वेदनात्मक अनुभूति और चरित्र नामक क्रियात्मक अनुभूति को उत्तेजना मिलती है। अभिप्राय यह है कि मानव मस्तिष्क में ज्ञानवाही और क्रियावाही ये दो प्रकार की नाड़ियाँ होती हैं। इन दोनों नाड़ियों का आपस में सम्बन्ध होता है, परन्तु इन दोनों के केन्द्र पृथक् हैं। ज्ञानवाही नाड़ियाँ और मानव मस्तिष्क के ज्ञानकेन्द्र मानव के ज्ञानविकास में एवं क्रियावाही नाड़ियाँ और मानव मस्तिष्क के क्रियाकेन्द्र उसके चरित्र के विकास की वृद्धि के लिए कार्य करते हैं। क्रियाकेन्द्र और ज्ञानकेन्द्र का घनिष्ठ सम्बन्ध होने के कारण णमोकार मन्त्र की आराधना, स्मरण और चिन्तन से ज्ञानकेन्द्र और क्रियाकेन्द्रों का समन्वय होने से मानव मन सुदृढ़ होता है और आत्मिक विकास की प्रेरणा मिलती है।

मनुष्य का चरित्र उसके स्थायी भावों का समुच्चय मात्र है, जिस मनुष्य के स्थायीभाव जिस प्रकार के होते हैं, उसका चरित्र भी उसी प्रकार का होता है। मनुष्य का परिमार्जित और आदर्श स्थायीभाव ही हृदय की अन्य प्रवृत्तियों का नियन्त्रण करता है। जिस मनुष्य के स्थायीभाव सुनियन्त्रित नहीं अथवा जिसके मन में उच्चादर्शों के प्रति श्रद्धास्पद स्थायीभाव नहीं है, उसका व्यक्तित्व सुगठित तथा चरित्र सुन्दर नहीं हो सकता है। दृढ़ और सुन्दर चरित्र बनाने के लिए यह आवश्यक है कि मनुष्य के मन में उच्चादर्शों के प्रति श्रद्धास्पद स्थायीभाव हों तथा उसके अन्य स्थायीभाव उसी स्थायीभाव के द्वारा नियन्त्रित हों। स्थायीभाव ही मानव के अनेक प्रकार के विचारों के जनक होते हैं। इन्हीं के द्वारा मानव की समस्त क्रियाओं का संचालन होता है। उच्च आदर्शजन्य स्थायीभाव और विवेक इन दोनों में घनिष्ठ सम्बन्ध है। कभी-कभी विवेक को छोड़कर स्थायी भावों के

अनुसार ही जीवनक्रियाएँ सम्पन्न की जाती हैं। जैसे विवेक के मना करने पर भी श्रद्धावश धार्मिक प्राचीन कृत्यों में प्रवृत्ति का होना तथा किसी से झगड़ा हो जाने पर उसकी झूठी निन्दा सुनने की प्रवृत्ति का होना। इन कृत्यों में विवेक साथ नहीं है, केवल स्थायीभाव ही कार्य कर रहा है। विवेक मानव की क्रियाओं को रोक या मोड़ सकता है, उसमें स्वयं क्रियाओं के संचालन की शक्ति नहीं है। अतएव आचरण को परिमार्जित और विकसित करने के लिए केवल विवेक प्राप्त करना ही आवश्यक नहीं है; बल्कि आवश्यक है उसके स्थायीभाव को योग्य और दृढ़ बनाना।

व्यक्ति के मन में जब तक किसी सुन्दर आदर्श के प्रति या किसी महान् व्यक्ति के प्रति श्रद्धा और प्रेम के स्थायीभाव नहीं, तब तक दुराचार से हटकर सदाचार में उनकी प्रवृत्ति नहीं हो सकती है। ज्ञान की मात्र जानकारी से दुराचार नहीं रोका जा सकता है, इसके लिए उच्च आदर्श के प्रति श्रद्धा भावना का होना अनिवार्य है। णमोकार मन्त्र ऐसा पवित्र उच्च आदर्श है, जिससे सुदृढ़ स्थायीभाव की उत्पत्ति होती है। यतः णमोकार मन्त्र का मन पर जब बार-बार प्रभाव पड़ेगा अर्थात् अधिक समय तक इस महामन्त्र की भावना जब मन में बनी रहेगी तब स्थायी भावों में परिष्कार हो ही जाएगा और ये ही नियन्त्रित स्थायीभाव मानव के चरित्र के विकास में सहायक होंगे। इस महामन्त्र के मनन, स्मरण, चिन्तन और ध्यान में अर्जित भावों—स्थायीरूप से स्थित कुछ संस्कार में जिनमें अधिकांश संस्कार विषय-कषाय-सम्बन्धी ही होते—में परिवर्तन होता है। मंगलमय आत्माओं के स्मरण से मन पवित्र होता है और पुरातन प्रवृत्तियों में शोधन होता है, जिससे सदाचार व्यक्ति के जीवन में आता है। उच्च आदर्श से उत्पन्न स्थायीभाव के अभाव में ही व्यक्ति दुराचार की ओर प्रवृत्त होता है। अतएव मनोविज्ञान स्पष्ट रूप से कहता है कि मानसिक उद्वेग, वासना एवं मानसिक विकार उच्च आदर्श के प्रति श्रद्धा के अभाव में दूर नहीं किये जा सकते हैं। विकारों को अधीन करने की प्रतिक्रिया का वर्णन करते हुए कहा गया है कि परिणाम-नियम, अभ्यास-नियम और तत्परता-नियम के द्वारा उच्चादर्श को प्राप्त कर विवेक और आचरण को दृढ़ करने से ही मानसिक विकार और सहज पाशविक प्रवृत्तियाँ दूर की जा सकती हैं।

णमोकार मन्त्र के परिणाम-नियम का अर्थ यहाँ पर है कि इस मन्त्र की

आराधना कर व्यक्ति जीवन में सन्तोष की भावना को जाग्रत् करे तथा समस्त सुखों का केन्द्र इसी को समझे। अभ्यास-नियम का तात्पर्य है कि इस मन्त्र का मनन, चिन्तन और स्मरण निरन्तर करता जाए। यह सिद्धान्त है कि जिस योग्यता को अपने भीतर प्रकट करना हो, उस योग्यता का बार-बार चिन्तन, स्मरण किया जाए। प्रत्येक व्यक्ति का चरम लक्ष्य ज्ञान, दर्शन, सुख और वीर्यरूप शुद्ध आत्मशक्ति को प्राप्त करना है; यह शुद्ध अमूर्तिक रत्नत्रय-स्वरूप सच्चिदानन्द आत्मा ही प्राप्त करने योग्य है, अतएव रत्नत्रयस्वरूप पंचपरमेष्ठी वाचक णमोकार महामन्त्र का अभ्यास करना परम आवश्यक है। इस मन्त्र के अभ्यास-द्वारा शुद्ध आत्मस्वरूप में तत्परता के साथ प्रवृत्ति करना जीवन में तत्परता नियम में उतारना है। मनुष्य में अनुकरण की प्रधान प्रवृत्ति पायी जाती है, इसी प्रवृत्ति के कारण पंचपरमेष्ठी का आदर्श सामने रखकर उनके अनुकरण से व्यक्ति अपना विकास कर सकता है।

मनोविज्ञान मानता है कि मनुष्य में भोजन ढूँढ़ना, भागना, लड़ना, उत्सुकता, रचना, संग्रह, विकर्षण, शरणागत होना, काम-प्रवृत्ति, शिशुरक्षा, दूसरों की चाह, आत्मप्रकाशन, विनीतता और हँसना ये चौदह मूलप्रवृत्तियाँ पायी जाती हैं। इन मूलप्रवृत्तियों का अस्तित्व संसार के सभी प्राणियों में पाया जाता है, पर मनुष्य की मूलप्रवृत्तियों में यह विशेषता है कि मनुष्य इनमें समुचित परिवर्तन कर लेता है। केवल मूलप्रवृत्तियों द्वारा संचालित जीवन असभ्य और पाशविक कहलाएगा। अतः मूलप्रवृत्तियों में Repression दमन, Inhibition विलयन, Redirection मार्गान्तरीकरण और Sublimation शोधन—ये चार परिवर्तन होते रहते हैं।

प्रत्येक मूलप्रवृत्ति का बल उसके बराबर प्रकाशित होने से बढ़ता है। यदि किसी मूलप्रवृत्ति के प्रकाशन पर कोई नियन्त्रण नहीं रखा जाता है, तो वह मनुष्य के लिए लाभकारी न बनकर हानिप्रद हो जाती है। अतः दमन की क्रिया होनी चाहिए। उदाहरणार्थ यों कहा जाता है कि संग्रह की प्रवृत्ति यदि संयमित रूप में रहे तो उससे मनुष्य के जीवन की रक्षा होती है, किन्तु जब यह अधिक बढ़ जाती है तो कृपणता और चोरी का रूप धारण कर लेती है; इसी प्रकार द्वन्द्व या युद्ध की प्रवृत्ति प्राण-रक्षा के लिए उपयोगी है; किन्तु जब यह अधिक बढ़ जाती है तो यह मनुष्य की रक्षा न कर उसके विनाश का कारण बन जाती है। इसी प्रकार अन्य मूलप्रवृत्तियों के सम्बन्ध में भी कहा जा सकता है। अतएव जीवन को उपयोगी

बनाने के लिए आवश्यक है कि मनुष्य समय-समय पर अपनी प्रवृत्तियों का दमन करे और उन्हें अपने नियन्त्रण में रखे। व्यक्तित्व के विकास के लिए मूलप्रवृत्तियों का दमन उतना ही आवश्यक है, जितना उनका प्रकाशन।

मूलप्रवृत्तियों का दमन विचार या विवेक द्वारा होता है। किसी बाह्य सत्ता द्वारा किया गया दमन मानव-जीवन के विकास के लिए हानिकारक होता है। अतः बचपन से ही णमोकार मन्त्र के आदर्श द्वारा मानव की मूलप्रवृत्तियों का दमन सरल और स्वाभाविक है। इस मन्त्र का आदर्श हृदय में श्रद्धा और दृढ़ विश्वास को उत्पन्न करता है; जिससे मूलप्रवृत्तियों का दमन करने में बड़ी सहायता मिलती है। णमोकार मन्त्र के उच्चारण, स्मरण, चिन्तन, मनन और ध्यान द्वारा मन पर इस प्रकार के संस्कार पड़ते हैं, जिससे जीवन में श्रद्धा और विवेक का उत्पन्न होना स्वाभाविक है। क्योंकि मनुष्य का जीवन श्रद्धा और सद्विचारों पर ही अवलम्बित है, श्रद्धा और विवेक को छोड़कर मनुष्य मनुष्य की तरह जीवित नहीं रह सकता है अतः जीवन की मूलप्रवृत्तियों का दमन या नियन्त्रण करने के लिए महामंगल वाक्य णमोकार मन्त्र का स्मरण परम आवश्यक है। इस प्रकार के धार्मिक वाक्यों के चिन्तन से मूलप्रवृत्तियाँ नियन्त्रित हो जाती हैं तथा जन्मजात स्वभाव में परिवर्तन हो जाता है। अतः नियन्त्रण की प्रवृत्ति धीरे-धीरे आती है। ज्ञानार्णव में आचार्य शुभचन्द्र ने बतलाया है कि महामंगल वाक्यों की विद्युत्शक्ति आत्मा में इस प्रकार का झटका देती है, जिससे आहार, भय, मैथुन और परिग्रहजन्य संज्ञाएँ सहज में परिष्कृत हो जाती हैं। जीवन के धरातल को उन्नत बनाने के लिए इस प्रकार के मंगल-वाक्यों को जीवन में उतारना परम आवश्यक है। अतएव जीवन की मूलप्रवृत्तियों के परिष्कार के लिए दमन क्रिया को प्रयोग में लाना आवश्यक है।

मूलप्रवृत्तियों के परिवर्तन का दूसरा उपाय विलयन है। यह दो प्रकार से हो सकता है--निरोध द्वारा और विरोध द्वारा। निरोध का तात्पर्य है कि प्रवृत्तियों को उत्तेजित होने का ही अवसर न देना। इससे मूलप्रवृत्तियाँ कुछ समय में नष्ट हो जाती हैं। विलियम जेम्स का कथन है कि यदि किसी प्रवृत्ति को अधिक काल तक प्रकाशित होने का अवसर न मिले तो वह नष्ट हो जाती है। अतः धार्मिक आस्था द्वारा व्यक्ति अपनी विकार प्रवृत्तियों को अवरुद्ध कर उन्हें नष्ट कर सकता है। दूसरा उपाय जो कि विरोध द्वारा प्रवृत्तियों के विलयन के लिए कहा गया है, उसका

अर्थ यह है कि जिस समय एक प्रवृत्ति कार्य कर रही हो, उसी समय उसके विपरीत दूसरी प्रवृत्ति को उत्तेजित होने देना। ऐसा करने से—दो पारस्परिक विरोधी प्रवृत्तियों के एक साथ उभड़ने से दोनों का बल घट जाता है। इस तरह दोनों के प्रकाशन की रीति में अन्तर हो जाता है अथवा दोनों शान्त हो जाती हैं। जैसे द्वन्द्व-प्रवृत्ति के उभड़ने पर यदि सहानुभूति की प्रवृत्ति उभाड़ दी जाए तो उक्त प्रवृत्ति का विलयन सरलता से हो जाता है। णमोकार मन्त्र का स्मरण इस दिशा में भी सहायक सिद्ध होता है। इस शुभ-प्रवृत्ति के उत्पन्न होने से अन्य प्रवृत्तियाँ सहज में विलीन की जा सकती हैं।

मूलप्रवृत्ति के परिवर्तन का तीसरा उपाय मार्गान्तरीकरण है। यह उपाय दमन और विलयन के उपाय से श्रेष्ठ है। मूलप्रवृत्ति के दमन से मानसिक शक्ति संचित होती है, जब तक इस संचित शक्ति का उपयोग नहीं किया जाए, तब तक यह हानिकारक भी सिद्ध हो सकती है। णमोकार मन्त्र का स्मरण इस प्रकार का अमोघ अस्त्र है, जिसके द्वारा बचपन से ही व्यक्ति अपनी मूलप्रवृत्तियों का मार्गान्तरीकरण कर सकता है। चिन्तन करने की प्रवृत्ति मनुष्य में पायी जाती है, यदि मनुष्य इस चिन्तन की प्रवृत्ति में विकारी भावनाओं को स्थान नहीं दे और इस प्रकार के मंगल-वाक्यों का ही चिन्तन करे तो चिन्तन-प्रवृत्ति का यह सुन्दर मार्गान्तरीकरण है। यह सत्य है कि मनुष्य का मस्तिष्क निरर्थक नहीं रह सकता है, उसमें किसी-न-किसी प्रकार के विचार अवश्य आएँगे। अतः चरित्र भ्रष्ट करनेवाले विचारों के स्थान पर चरित्र-वर्धक विचारों को स्थान दिया जाए तो मस्तिष्क की क्रिया भी चलती रहेगी तथा शुभ प्रभाव भी पड़ता जाएगा। ज्ञानार्णव में शुभचन्द्राचार्य ने बतलाया है :

अपास्य कल्पनाजालं चिदानन्दमये स्वयम्।
यः स्वरूपे लयं प्राप्तः स स्याद्रत्नत्रयास्पदम्॥
नित्यानन्दमयं शुद्धं चित्स्वरूपं सनातनम्।
पश्यात्मनि परं ज्योतिरद्वितीयमनव्ययम्॥

अर्थात्—समस्त कल्पनाजाल को दूर करके अपने चैतन्य और आनन्दमय स्वरूप में लीन होना, निश्चय रत्नत्रय की प्राप्ति का स्थान है। जो इस विचार में लीन रहता है कि मैं नित्य आनन्दमय हूँ, शुद्ध हूँ, चैतन्यस्वरूप हूँ, सनातन हूँ,

परमज्योति ज्ञानप्रकाशरूप हूँ, अद्वितीय हूँ, उत्पाद-व्यय-ध्रौव्यसहित हूँ, वह व्यक्ति व्यर्थ के विचारों से अपनी रक्षा करता है, पवित्र विचार या ध्यान में अपने को लीन रखता है। यह मार्गान्तरीकरण का सुन्दर प्रयोग है।

मूलप्रवृत्तियों के परिवर्तन का चौथा उपाय शोधन है। जो प्रवृत्ति अपने अपरिवर्तित रूप में निन्दनीय कर्मों में प्रकाशित होती है, वह शोधित रूप में प्रकाशित होने पर श्लाघनीय हो जाती है। वास्तव में मूलप्रवृत्ति का शोधन उसका एक प्रकार से मार्गान्तरीकरण है। किसी मन्त्र या मंगलवाक्य का चिन्तन आर्त और रौद्र ध्यान से हटाकर धर्मध्यान में स्थित करता है अतः धर्मध्यान के प्रधान कारण णमोकार मन्त्र के स्मरण और चिन्तन की परम आवश्यकता है।

उपर्युक्त मनोवैज्ञानिक विश्लेषण का अभिप्राय यह है कि णमोकार मन्त्र के द्वारा कोई भी व्यक्ति अपने मन को प्रभावित कर सकता है। यह मन्त्र मनुष्य के चेतन, अवचेतन और अचेतन तीनों प्रकार के मनों को प्रभावित कर अचेतन और अवचेतन पर सुन्दर स्थायी भाव का ऐसा संस्कार डालता है, जिससे मूलप्रवृत्तियों का परिष्कार हो जाता है और अचेतन मन में वासनाओं को अर्जित होने का अवसर नहीं मिल पाता। इस मन्त्र की आराधना में ऐसी विद्युत्-शक्ति है, जिससे इसके स्मरण से व्यक्ति का अन्तर्द्वन्द्व शान्त हो जाता है, नैतिक भावनाओं का उदय होता है, जिससे अनैतिक वासनाओं का दमन होकर नैतिक संस्कार उत्पन्न होते हैं। आभ्यन्तर में उत्पन्न विद्युत् बाहर और भीतर में इतना प्रकाश उत्पन्न करती है, जिससे वासनात्मक संस्कार भस्म हो जाते हैं और ज्ञान का प्रकाश व्याप्त हो जाता है। इस मन्त्र के निरन्तर उच्चारण, स्मरण और चिन्तन से आत्मा में एक प्रकार की शक्ति उत्पन्न होती है, जिसे आज की भाषा में विद्युत् कह सकते हैं, इस शक्ति द्वारा आत्मा का शोधन-कार्य तो किया ही जाता है, साथ ही इससे अन्य आश्चर्यजनक कार्य भी सम्पन्न किये जा सकते हैं।

मन्त्रशास्त्र और णमोकार मन्त्र

मन के साथ जिन ध्वनियों का घर्षण होने से दिव्य ज्योति प्रकट होती है उन ध्वनियों के समुदाय को मन्त्र कहा जाता है। मन्त्र और विज्ञान दोनों में अन्तर है; क्योंकि विज्ञान का प्रयोग जहाँ भी किया जाता है, फल एक ही होता है। परन्तु मन्त्र में यह बात नहीं है, उसकी सफलता साधक और साध्य के ऊपर

निर्भर है, ध्यान के अस्थिर होने से भी मन्त्र असफल हो जाता है। मन्त्र तभी सफल होता है; जब श्रद्धा, इच्छा और दृढ़ संकल्प ये तीनों ही यथावत् कार्य करते हों। मनोविज्ञान का सिद्धान्त है कि मनुष्य की अवचेतना में बहुत-सी आध्यात्मिक शक्तियाँ भरी रहती हैं, इन्हीं शक्तियों को मन्त्र द्वारा प्रयोग में लाया जाता है। मन्त्र की ध्वनियों के संघर्ष द्वारा अध्यात्मिक शक्ति को उत्तेजित किया जाता है। इस कार्य में अकेली विचारशक्ति ही काम नहीं करती है, इसकी सहायता के लिए उत्कट इच्छा-शक्ति के द्वारा ध्वनि-संचालन की भी आवश्यकता है। मन्त्र-शक्ति के प्रयोग की सफलता के लिए मानसिक योग्यता प्राप्त करनी पड़ती है, जिसके लिए नैष्ठिक आचार की आवश्यकता है। मन्त्रनिर्माण के लिए **ओं ह्रां ह्रीं ह्रूं ह्रौं ह्रः ह्रा ह सः क्लीं क्लृ द्रा द्रीं द्रूं द्रः श्रीं क्षीं क्ष्वीं क्लीं हं अं फट्, वषट्, सवौषट् घे घै यः ठः खः ह ल्व्र्यूं पं वं यं झं तं थं दं** आदि बीजाक्षरों की आवश्यकता होती है। साधारण व्यक्ति को ये बीजाक्षर निरर्थक प्रतीत होते हैं, किन्तु हैं ये सार्थक और इनमें ऐसी शक्ति अन्तर्निहित रहती है, जिसमें आत्मशक्ति या देवताओं को उत्तेजित किया जा सकता है। अतः ये बीजाक्षर अन्तःकरण और वृत्ति की शुद्ध प्रेरणा के व्यक्त शब्द हैं, जिनसे आत्मिक शक्ति का विकास किया जा सकता है।

इन बीजाक्षरों की उत्पत्ति प्रधानतः णमोकार मन्त्र से ही हुई है क्योंकि मातृका ध्वनियाँ इसी मन्त्र से उद्भूत हैं। इन सबमें प्रधान 'ओं' बीज है, यह आत्मवाचक मूलभूत है। इसे तेजोबीज, कामबीज और भवबीज माना गया है। पंचपरमेष्ठी वाचक होने से ओं को समस्त मन्त्रों का सारतत्त्व बताया गया है। इसे प्रणववाचक भी कहा जाता है। श्रीं को कीर्तिवाचक, ह्रीं को कल्याणवाचक, क्षीं को शान्तिवाचक, हं को मंगलवाचक, ॐ को सुखवाचक, क्ष्वीं को योगवाचक, ह्रं को विद्वेष और रोषवाचक, प्रीं प्रीं को स्तम्भनवाचक और क्लीं को लक्ष्मीप्राप्तिवाचक कहा गया है। सभी तीर्थंकरों के नामाक्षरों को मंगलवाचक एवं यक्ष-यक्षिणियों के नामों को कीर्ति और प्रीतिवाचक कहा गया है। बीजाक्षरों का वर्णन निम्न प्रकार किया गया है :

ॐ प्रणवध्रुवं ब्रह्मबीजं, तेजोबीजं वा, ओं तेजोबीजं, ऐं वाग्भवबीजं, लृं कामबीजं, क्रीं शक्तिबीजं, हं सः विषापहारबीजं, क्षीं पृथ्वीबीजं, स्वा वायुबीजं, हा आकाशबीजं, ह्रां मायाबीजं त्रैलोक्यनाथबीजं वा, क्रों अंकुशबीजं, जं पाशबीजं, फट् विसर्जनं चालनं वा, वौषट् पूजाग्रहणं आकर्षणं वा; संवौषट्

आमन्त्रणम्, व्लूं द्रावणं, क्लूं आकर्षणं, ग्लौं स्तम्भनं, ह्रीं महाशक्तिः, वषट् आवाहनं, रं ज्वलनं, क्ष्वीं विषापहारबीजं, ठः चन्द्रबीजं, घे घै ग्रहणबीजं, वैविबन्धो वा; द्रा द्रां क्लीं ब्लूं सः पञ्चवाणी, द्रं विद्वेषणं रोषबीजं वा, स्वाहा शान्तिकं मोहकं वा, स्वधा पौष्टिकं, नमः शोधनबीजं, हं गगनबीजं, ह्रं ज्ञानबीजं, यः विसर्जनबीजं उच्चारणं वा, यं वायुबीजं, जुं विद्वेषणबीजं, इवीं अमृतबीजं, क्ष्वीं भोगबीजं, हूं दण्डबीजम्, खः स्वादनबीजं, झ्रौं महाशक्तिबीजं, ह्ल्वर्यूं पिण्डबीजं, हैं मंगलबीजं सुखबीजं वा, श्रीं कीतिर्यबीजं कल्याणबीजं वा, क्लीं धनबीजं कुबेरबीजं वा तीर्थंकरनामाक्षरशान्तिबीजं मांगल्यबीजं कल्याणबीजं विघ्नविनाशकबीजं वा, अं आकाशबीजं धान्यबीजं वा, अ सुखबीजं तेजोबीजं वा, ई गुणबीजं तेजोबीजं वा, उ वायुबीजं, क्षां क्षीं क्षूं क्षें क्षैं क्षौं क्षः रक्षाबीजं, सर्वकल्याणबीजं सर्वशुद्धिबीजं बा, वं द्रवणबीजं, यं मंगलबीजं, शोधनबीजं, यं रक्षाबीजं, झं शक्तिबीजं तं थं दं कालुष्यनाशकं मंगलवर्धकं च।—बीजकोश।

अर्थात्—ओं प्रणव, ध्रुव, ब्रह्मबीज या तेजोबीज है। ऐं वाग्भव बीज, लृं कामबीज, क्रीं शक्तिबीज, हं सः विषापहार बीज, क्षीं पृथ्वीबीज, स्वा वायुबीज, हा आकाशबीज, ह्रां मायाबीज या त्रैलोक्यनाथ बीज, क्रों अंकुशबीज, जं पाशबीज, फट् विसर्जनात्मक या चालन—दूरकरणार्थक, वौषट् पूजाग्रहण या आकर्षणार्थक, संवौषट् आमन्त्रणार्थक, ब्लूं द्रावणबीज, क्लौं आकर्षणबीज, ग्लौं स्तम्भन बीज, ह्रौं महाशक्तिवाचक, वषट् आवाहन वाचक, रं ज्वलनवाचक, क्ष्वीं विषापहार बीज, ठः चन्द्रबीज, घे घै ग्रहणबीज, द्रं विद्वेषणार्थक, रोषबीज, स्वाहा शान्ति और हवनवाचक, स्वधा पौष्टिकवाचक, नमः शोधनबीज, हं गणनबीज, ह्रं ज्ञानबीज, यः विसर्जन या उच्चारणवाचक, नु विद्वेषणबीज, इवीं अमृतबीज, क्ष्वीं भोगबीज, हूँ दण्डबीज, खः स्वादनबीज, झ्रौं महाशक्तिबीज, ह् ल्व्यूं पिण्डबीज, क्ष्वीं हैं मंगल और सुखबीज, श्रीं कीर्तिबीज या कल्याणबीज, क्लीं धनबीज, या कुबेरबीज, तीर्थंकर के नामाक्षर शान्तिबीज, ह्रौं ऋद्धि और सिद्धिबीज, ह्रां ह्रीं ह्रूं ह्रौं ह्रः सर्वशान्ति, मांगल्य, कल्याण, विघ्नविनाशक, सिद्धिदायक, अ आकाशबीज, या धान्यबीज, आ सुखबीज या तेजोबीज, ई गुणबीज या तेजोबीज या वायुबीज, क्षां क्षीं क्षूं क्षें क्षैं क्षों क्षौं क्षः सर्वकल्याण या सर्वशुद्धिबीज, वं द्रवणबीज, यं मंगलबीज, सं शोधनबीज, यं

रक्षाबीज, झं शक्तिबीज और तं थं दं कालुष्यनाशक, मंगलवर्धक और सुखकारक बताया गया है। इन समस्त बीजाक्षरों की उत्पत्ति णमोकार मन्त्र तथा इस मन्त्र में प्रतिपादित पंचपरमेष्ठी के नामाक्षर, तीर्थंकर और यक्ष-यक्षिणियों के नामाक्षरों पर-से हुई है। मन्त्र के तीन अंग होते हैं, रूप, बीज और फल। जितने भी प्रकार के मन्त्र हैं, उनमें बीजरूप यह णमोकार मन्त्र या इससे निष्पन्न कोई सूक्ष्मतत्त्व रहता है। जिस प्रकार होम्योपैथिक दवा में दवा का अंश जितना अल्प होता जाता है, उतनी ही उसकी शक्ति बढ़ती जाती है और उसका चमत्कार दिखलाई पड़ने लगता है। इसी प्रकार इस णमोकार मन्त्र के सूक्ष्मीकरण द्वारा जितने सूक्ष्म बीजाक्षर अन्य मन्त्रों में निहित किये जाते हैं, उन मन्त्रों की उतनी ही शक्ति बढ़ती जाती है।

मन्त्रों का बार-बार उच्चारण किसी सोते हुए को बार-बार जगाने के समान है। यह प्रक्रिया इसी के तुल्य है, जिस प्रकार किन्हीं दो स्थानों के बीच बिजली का सम्बन्ध लगा दिया जाए। साधक की विचार-शक्ति स्विच का काम करती है और मन्त्र-शक्ति विद्युत् लहर का। जब मन्त्र सिद्ध हो जाता है तब आत्मिक शक्ति से आकृष्ट देवता मान्त्रिक के समक्ष अपना आत्मार्पण कर देता है और उस देवता की सारी शक्ति उस मान्त्रिक में आ जाती है। सामान्य मन्त्रों के लिए नैतिकता की विशेष आवश्यकता नहीं है। साधारण साधक बीजमन्त्र और उनकी ध्वनियों के घर्षण से अपने भीतर आत्मिक शक्ति का प्रस्फुटन करता है। मन्त्रशास्त्र में इसी कारण मन्त्रों के अनेक भेद बताये गये हैं। प्रधान ये हैं—(1) स्तम्भन, (2) मोहन, (3) उच्चाटन, (4) वश्याकर्षण, (5) जृम्भण, (6) विद्वेषण, (7) मारण, (8) शान्तिक और (9) पौष्टिक।

जिन ध्वनियों के वैज्ञानिक सन्निवेश के घर्षण द्वारा सर्प, व्याघ्र, सिंह आदि भयंकर जन्तुओं को; भूत, प्रेत, पिशाच आदि दैविक बाधाओं को, शत्रुसेना के आक्रमण तथा अन्य व्यक्तियों द्वारा किये जानेवाले कष्टों को दूर कर इनको जहाँ के तहाँ निष्क्रिय कर स्तम्भित कर दिया जाए, उन ध्वनियों के सन्निवेश को स्तम्भन मन्त्र; जिन ध्वनियों के वैज्ञानिक सन्निवेश के घर्षण द्वारा किसी को मोहन कर दिया जाए उन ध्वनियों के सन्निवेश को मोहित मन्त्र; जिन ध्वनियों के सन्निवेश के घर्षण द्वारा किसी का मन अस्थिर, उल्लासरहित एवं निरुत्साहित

होकर पदभ्रष्ट एवं स्थानभ्रष्ट हो जाए, उन ध्वनियों के सन्निवेश को उच्चाटन मन्त्र; जिन ध्वनियों के सन्निवेश के घर्षण द्वारा इच्छित वस्तु या व्यक्ति साधक के पास आ जाए—किसी का विपरीत मन भी साधक की अनुकूलता स्वीकार कर ले, उन ध्वनियों के सन्निवेश को वश्याकर्षण; जिन ध्वनियों के वैज्ञानिक सन्निवेश के घर्षण द्वारा शत्रु, भूत, प्रेत, व्यन्तर साधक की साधना से भयत्रस्त हो जाएँ, काँपने लगें, उन ध्वनियों के सन्निवेश को जृम्भण मन्त्र; जिन ध्वनियों के वैज्ञानिक सन्निवेश के घर्षण द्वारा कुटुम्ब, जाति, देश, समाज, राष्ट्र आदि में परस्पर कलह और वैमनस्य की क्रान्ति मच जाए, उन ध्वनियों के सन्निवेश को विद्वेषण मन्त्र; जिन ध्वनियों के वैज्ञानिक सन्निवेश के घर्षण द्वारा साधक आततायियों को प्राणदण्ड दे सके, उन ध्वनियों के सन्निवेश को मारण मन्त्र; जिन ध्वनियों के वैज्ञानिक सन्निवेश के घर्षण द्वारा भयंकर से भयंकर व्याधि, व्यन्तर—भूत-पिशाचों की पीड़ा, क्रूर ग्रह—जंगम स्थावर विषबाधा, अतिवृष्टि, अनावृष्टि, दुर्भिक्षादि ईतियों और चोर आदि का भय प्रशान्त हो जाए, उन ध्वनियों के सन्निवेश को शान्ति मन्त्र एवं जिन ध्वनियों के वैज्ञानिक सन्निवेश के घर्षण द्वारा सुख-सामग्रियों की प्राप्ति तथा सन्तान आदि की प्राप्ति हो, उन ध्वनियों के सन्निवेश को पौष्टिक मन्त्र कहते हैं। मन्त्रों में एक से तीन ध्वनियों तक के मन्त्रों का विश्लेषण अर्थ की दृष्टि से नहीं किया जा सकता है, किन्तु इससे अधिक ध्वनियों के मन्त्रों का विश्लेषण हो सकता है। मन्त्रों से इच्छाशक्ति का परिष्कार या प्रसारण होता है, जिससे अपूर्व शक्ति आती है।

मन्त्रशास्त्र के बीजों का विवेचन करने के उपरान्त आचार्यों ने उनके रूप का निरूपण करते हुए बतलाया है कि—अ आ ऋ ह श य क ख ग घ ङ ये वर्ण वायुतत्त्व संज्ञक; च छ ज झ ञ इ ई ॠ अ र ष ये वर्ण अग्नितत्त्व संज्ञक; त ट द ड उ ऊ ण ऌ व ल ये वर्ण पृथ्वी संज्ञक; ठ थ ध ढ न ए ऐ ॡ स ये वर्ण जलतत्त्व संज्ञक एवं प फ ब भ म ओ औ अं अः ये वर्ण आकाशतत्त्व संज्ञक हैं। अ उ ऊ ऐ ओ औ अं क ख ग ट ठ ड ढ त थ प फ ब ज झ ध य स ष क्ष ये वर्ण पुल्लिग; आ ई च छ ल व वर्ण स्त्रीलिंग और इ ऋ ॠ ऌ ॡ ए अः घ भ य र ह द ञ ण ङ ये वर्ण नपुंसक लिंग संज्ञक होते हैं। मन्त्रशास्त्र में स्वर और ऊष्मध्वनियाँ ब्राह्मण वर्ण संज्ञक; अन्तस्थ और कवर्ग ध्वनियाँ क्षत्रियवर्ण संज्ञक; चवर्ग और पवर्ग ध्वनियाँ वैश्यवर्ण संज्ञक एवं टवर्ग और तवर्ग ध्वनियाँ शूद्रवर्ण-संज्ञक होती हैं।

वश्य, आकर्षण और उच्चाटन में 'हुं' का प्रयोग; मारण में 'फट्' का प्रयोग; स्तम्भन, विद्वेषण और मोहन में 'नमः' का प्रयोग एवं शान्ति और पौष्टिक के लिए 'वषट्' शब्द का प्रयोग किया जाता है। मन्त्र के अन्त में 'स्वाहा' शब्द रहता है। यह शब्द पापनाशक, मंगलकारक तथा आत्मा की आन्तरिक शान्ति को उद्बुद्ध करनेवाला बतलाया गया है। मन्त्र को शक्तिशाली बनानेवाली अन्तिम ध्वनियों में स्वाहा को स्त्रीलिंग; वषट्, फट्, स्वधा को पुल्लिंग और नमः को नपुंसक लिंग माना है। मन्त्र-सिद्धि के लिए चार पीठों का वर्णन जैनशास्त्रों में मिलता है—श्मशानपीठ, शवपीठ, अरण्यपीठ और श्यामापीठ।

भयानक श्मशान भूमि में जाकर मन्त्र की आराधना करना श्मशानपीठ है। अभीष्ट मन्त्र की सिद्धि का जितना काल शास्त्रों में बताया गया है, उतने काल तक श्मशान में जाकर मन्त्र साधन करना आवश्यक है। भीरु साधक इस पीठ का उपयोग नहीं कर सकता है। प्रथमानुयोग में आया है कि सुकुमाल मुनिराज ने णमोकार मन्त्र की आराधना इस पीठ में करके आत्मसिद्धि प्राप्त की थी। इस पीठ में सभी प्रकार के मन्त्रों की साधना की जा सकती है। शवपीठ में कर्ण-पिशाचिनी, कर्णेश्वरी आदि विद्याओं की सिद्धि के लिए मृतक कलेवर पर आसन लगाकर मन्त्र साधना करनी होती है। आत्मसाधना करनेवाला व्यक्ति इस घृणित पीठ से दूर रहता है। वह तो एकान्त निर्जन भूमि में स्थित होकर आत्मा की साधना करता है। अरण्यपीठ में एकान्त निर्जन स्थान, जो हिंसक जन्तुओं से समाकीर्ण है, में जाकर निर्भय एकाग्रचित्त से मन्त्र की आराधना की जाती है। णमोकार मन्त्र की आराधना के लिए अरण्यपीठ ही सबसे उत्तम माना गया है। निर्ग्रन्थ परम तपस्वी निर्जन अरण्यों में जाकर ही पंचपरमेष्ठी की आराधना द्वारा निर्वाण लाभ करते हैं। राग-द्वेष, मोह, क्रोध, मान, माया और लोभ आदि विकारों को जीतने का एक मात्र स्थान अरण्य ही है, अतएव इस महामन्त्र की साधना इसी स्थान पर यथार्थ रूप से हो सकती है। एकान्त निर्जन स्थान में षोडशी नवयौवना सुन्दरी को वस्त्ररहित कर सामने बैठाकर मन्त्र सिद्ध करना एवं अपने मन को तिलमात्र भी चलायमान नहीं करना और ब्रह्मचर्यव्रत में दृढ़ रहना श्यामापीठ है। इन चारों पीठों का उपयोग मन्त्र-सिद्धि के लिए किया जाता है। किन्तु णमोकार मन्त्र की साधना के लिए इस प्रकार के पीठों की आवश्यकता नहीं है। यह तो कहीं भी और किसी भी स्थिति

में सिद्ध किया जा सकता है।

उपर्युक्त मन्त्र-शास्त्र के संक्षिप्त विश्लेषण और विवेचन का निष्कर्ष यह है कि मन्त्रों के बीजाक्षर, सन्निविष्ट ध्वनियों के रूप विधान में उपयोगी लिंग और तत्त्वों का विधान एवं मन्त्र के अन्तिम भाग में प्रयुक्त होनेवाला पल्लव—अन्तिम ध्वनिसमूह का मूलस्रोत णमोकार मन्त्र है। जिस प्रकार समुद्र का जल नवीन घड़े में भर देने पर नवीन प्रतीत होने लगता है, उसी प्रकार णमोकार मन्त्ररूपी समुद्र में से कुछ ध्वनियों को निकालकर मन्त्रों का सृजन हुआ है। 'सिद्धो वर्णसमाम्नायः' नियम बतलाता है कि वर्णों का समूह अनादि है। णमोकार मन्त्र में कण्ठ, तालु, मूर्धन्य, अन्तस्थ, ऊष्म, उपध्मानीय, वर्त्स्य आदि सभी ध्वनियों के बीज विद्यमान हैं। बीजाक्षर मन्त्रों के प्राण हैं। ये बीजाक्षर ही स्वयं इस बात को प्रकट करते हैं कि इनकी उत्पत्ति कहाँ से हुई है। बीजकोश में बताया गया है कि ॐ बीज समस्त णमोकार मन्त्र से, ह्रीं की उत्पत्ति णमोकार मन्त्र के प्रथम पद से, श्रीं की उत्पत्ति णमोकार मन्त्र के द्वितीय पद से, क्षीं और क्ष्वीं की उत्पत्ति णमोकार मन्त्र के प्रथम, द्वितीय और तृतीय पदों से, क्लीं की उत्पत्ति प्रथम पद में प्रतिपादित तीर्थंकरों की यक्षिणियों से, अत्यन्त शक्तिशाली सकल मन्त्रों में व्याप्त 'र्हं' की उत्पत्ति णमोकार मन्त्र के प्रथम पद से, द्रां द्रीं की उत्पत्ति उक्त मन्त्र के चतुर्थ और पंचम पद से हुई है। ह्रां ह्रीं ह्रूं ह्रौं ह्रः ये बीजाक्षर प्रथम पद से, क्षां क्षीं क्षूं क्षें क्षैं क्षौंः क्षः बीजाक्षर प्रथम, द्वितीय और पंचम पद से निष्पन्न हैं। णमोकार मन्त्रकल्प, भक्तामर यन्त्र-मन्त्र, कल्याणमन्दिर यन्त्र-मन्त्र, यन्त्र-मन्त्र संग्रह, पद्मावती मन्त्रकल्प आदि मान्त्रिक ग्रन्थों के अवलोकन से पता लगता है कि समस्त मन्त्रों के रूप बीज पल्लव इसी महामन्त्र से निकले हैं। ज्ञानार्णव में षोडशाक्षर, षडक्षर, चतुरक्षर, द्व्यक्षर, एकाक्षर, पंचाक्षर, त्रयोदशाक्षर, सप्ताक्षर, अक्षरपंक्ति इत्यादि नाना प्रकार के मन्त्रों की उत्पत्ति इसी महामन्त्र से मानी है। षोडशाक्षर मन्त्र की उत्पत्ति का वर्णन करते हुए कहा गया है :

> स्मर पञ्चपदोद्भूतां महाविद्यां जगन्नुताम्।
> गुरुपञ्चकनामोत्थां षोडशाक्षरराजिताम्॥
> अस्याः शतद्वयं ध्यानी जपन्नेकाग्रमानसः।
> अनिच्छन्नप्यवाप्नोति चतुर्थतपसः फलम्॥
> विद्यां षड्वर्णसम्भूतामजय्यां पुण्यशालिनीम्।

जपन्प्रागुक्तमभ्येति फलं ध्यानी शतत्रयम्॥
चतुर्वर्णमयं मन्त्रं चतुर्वर्गफलप्रदम्।
चतुःशतं जपन् योगी चतुर्थस्य फलं लभेत्॥
वर्णयुग्मं श्रुतस्कन्धसारभूतं शिवप्रदम्।
ध्यायेज्जन्मोद्भवाशेषक्लेशविध्वंसनक्षमम्॥
सिद्धेः सौधं समारोढुमियं सोपानमालिका।
त्रयोदशाक्षरोत्पन्ना विद्या विश्वातिशायिनी॥

अर्थात्—षोडशाक्षरी महाविद्या पंच पदों और पंच गुरुओं के नामों से उत्पन्न हुई है, इसका ध्यान करने से सभी प्रकार के अभ्युदयों की प्राप्ति होती है। यह सोलह अक्षर का मन्त्र है—"अर्हत्सिद्धाचार्योपाध्यायसर्वसाधुभ्यो नमः।" जो व्यक्ति एकाग्र मन होकर इस सोलह अक्षर के मन्त्र का ध्यान करता है, उसे चतुर्थ तप—एक उपवास का फल प्राप्त होता है। णमोकार मन्त्र से निःसृत—'अरिहन्त सिद्ध' इन छह अक्षरों से उत्पन्न हुई विद्या का तीन-सौ बार—तीन माला प्रमाण जाप करनेवाला एक उपवास के फल को प्राप्त होता है; क्योंकि षडक्षरी विद्या अजय्य है और पुण्य को उत्पन्न करनेवाली तथा पुण्य से शोभित है। उक्त महासमुद्र से निकला हुआ 'अरिहन्त' यह चार अक्षरोंवाला मन्त्र धर्म, अर्थ, काम और मोक्षरूप फल को देनेवाला है, इसकी जो चार मालाएँ प्रतिदिन जाप करता है, उसे एक उपवास का फल मिलता है। 'सिद्ध' यह दो अक्षरों का मन्त्र द्वादशांग जिनवाणी का सारभूत है, मोक्ष को देनेवाला है, तथा संसार से उत्पन्न हुए समस्त क्लेशों का नाश करनेवाला है। णमोकार महामन्त्र से उत्पन्न तेरह अक्षरों के समूहरूप मन्त्र मोक्ष महल पर चढ़ने के लिए सीढ़ी के समान है। वह मन्त्र है—"ॐ अर्हत्सिद्धसयोगकेवली स्वाहा।"

आचार्य नेमिचन्द्र सिद्धान्तचक्रवर्ती ने द्रव्य संग्रह की 49वीं गाथा में इस णमोकार मन्त्र से उत्पन्न आत्मसाधक तथा चमत्कार उत्पन्न करनेवाले मन्त्रों का उल्लेख करते हुए कहा है :

पणतीस सोल छप्पण चउदुगमेगं च जबह झाएह।
परमेट्ठिवाचयाणं अण्णं च गुरूवएसेण॥

अर्थात्—पंचपरमेष्ठीवाचक पैंतीस, सोलह, छह, पाँच, चार, दो और एक

अक्षररूप मन्त्रों का जप और ध्यान करना चाहिए। स्पष्टता के लिए इन मन्त्रों को यहाँ क्रमशः दिया जाता है।

सोलह अक्षर का मन्त्र—अरिहंत-सिद्ध-आइरिय-उवज्झाय-साहू अथवा अर्हत्सिद्धाचार्यउपाध्यायसर्वसाधुभ्यो नमः।

छह अक्षर का मन्त्र—अरिहंतसिद्ध। अरिहंत सि सा। ॐ नमः सिद्धेभ्यः। नमोऽर्हत्सिद्धेभ्यः।

पाँच अक्षर का मन्त्र—अ सि आ उ सा। णमो सिद्धाणं।

चार अक्षर का मन्त्र—अरिहंत। अ सि साहू।

सात अक्षर का मन्त्र—ॐ ह्रीं श्रीं अर्हं नमः।

आठ अक्षर का मन्त्र—ॐ णमो अरिहंताणं।

तेरह अक्षर का मन्त्र—ॐ अर्हत् सिद्धसयोगकेवली स्वाहा।

दो अक्षर का मन्त्र—ॐ ह्रीं। सिद्ध। अ सि।

एक अक्षर का मन्त्र—ॐ, ओं, ओम्, अ, सि।

त्रयोदशाक्षरात्मक विद्या—ॐ ह्रां ह्रीं ह्रूं ह्रौं ह्रः अ सि आ उ सा नमः।

अक्षरपंक्ति विद्या—ॐ नमोऽर्हते केवलिने परमयोगिनेऽनन्तशुद्धिपरिणाम-विस्फुरदुरुशुक्लध्यानाग्निदग्धकर्मबीजाय प्राप्तानन्तचतुष्टयाय सौम्याय शान्ताय मंगलाय वरदाय अष्टादशदोषरहिताय स्वाहा। यह अभय स्थान मन्त्र भी कहा गया है। इसके जपने से कामनाएँ पूर्ण होती हैं। प्रणवयुगल और मायायुगल मन्त्र—ह्रीं ॐ, ॐ ह्रीं, हं सः।

अचिन्त्य फलप्रदायक मन्त्र—ॐ ह्रीं स्वर्हं णमो णमो अरिहंताणं ह्रीं नमः।

पापभक्षिणी विद्यारूप मन्त्र—ॐ अर्हन्मुखकमलवासिनि पापात्मक्षयंकरि, श्रुतिज्ञानज्वालासहस्रप्रज्वलिते सरस्वति मत्पापं हन हन दह दह क्षां क्षीं क्षूं क्षौं क्षः क्षीरवरधवले अमृतसम्भवे वं वं हूं हूं स्वाहा। इस मन्त्र के जप के प्रभाव से साधक का चित्त प्रसन्नता धारण करता है और समस्त पाप नष्ट हो जाते हैं और आत्मा में पवित्र भावनाओं का संचार हो जाता है।

गणधरवलय में आये हुए 'ॐ णमो अरिहंताणं', 'ॐ णमो सिद्धाणं', 'ॐ णमो आइरियाणं', 'ॐ णमो उवज्झायाणं', 'ॐ णमो लोए सव्वसाहूणं' आदि मन्त्र णमोकार महामन्त्र के अभिन्न अंग ही हैं।

णमोकार मन्त्र कल्प के सभी मन्त्र इस महामन्त्र से निकले हैं। 46 मन्त्र इस कल्प के ऐसे हैं, जिनमें इस महामन्त्र के पदों का संयोग पृथक् रूप में विद्यमान है। इन मन्त्रों का उपयोग भिन्न-भिन्न कार्यों के लिए किया जाता है। यहाँ पर कुछ मन्त्र दिये जा रहे हैं :

रक्षामन्त्र (किसी भी कार्य के आरम्भ में इन रक्षा-मन्त्रों के जप से उस कार्य में विघ्न नहीं आता है)–

ॐ णमो अरिहंताणं ह्रां हृदयं रक्ष रक्ष हुं फट् स्वाहा।

ॐ णमो सिद्धाणं ह्रीं सिरो रक्ष रक्ष हुं फट् स्वाहा।

ॐ णमो आइरियाणं ह्रूं शिखां रक्ष रक्ष हुं फट् स्वाहा।

ॐ णमो उवज्झायाणं ह्रैं एहि एहि भगवति वज्रकवचवज्रिणि रक्ष रक्ष हुं फट् स्वाहा। ॐ णमो लोए सव्वसाहूणं ह्रः क्षिप्रं साधय साधय वज्रहस्ते शूलिनि दुष्टान् रक्ष रक्ष हुं फट् स्वाहा।

रोग-निवारण मन्त्र (इन मन्त्रों को 108 बार लिखकर रोगी के हाथ पर रखने से सभी रोग दूर होते हैं। मन्त्र सिद्ध कर लेने के पश्चात् किसी भी मन्त्र से 108 बार पढ़कर फूँक देने से रोग अच्छा होता है)–

ॐ णमो अरिहंताणं णमो सिद्धाणं णमो आइरियाणं णमो उवज्झायाणं णमो लोए सव्वसाहूणं। ॐ णमो भगवति सुअदेवयाणवार संग एव, यण जणणीये, सरस्सई ए सव्व, वार्हणि सवणवणे, ॐ अवतर अवतर, देवि मयसरीरं वपिस पुछं, तस्स पविस सत्व जण मयहरीये अरिहंत सिरिसरिए स्वाहा।

सिर की पीड़ा दूर करने के मन्त्र (108 बार जल को मन्त्रित कर पिला देने से सिर दर्द दूर होता है)–

ॐ णमो अरिहंताणं, ॐ णमो सिद्धाणं, ॐ णमो आइरियाणं, ॐ णमो उवज्झायाणं, ॐ णमो लोए सव्वसाहूणं। ॐ णमो णाणाय, ॐ णमो दंसणाय, ॐ णमो चारित्ताय, ॐ ह्रीं त्रैलोक्यवश्यंकरी ह्रीं स्वाहा।

बुखार, तिजारी और एकतरा दूर करने का मन्त्र–

ॐ णमो लोए सव्वसाहूणं ॐ णमो उवज्झायाणं ॐ णमो आइरियाणं ॐ णमो सिद्धाणं ओं णमो अरिहंताणं।

विधि–एक सफेद चादर के एक किनारे को लेकर एक बार मन्त्र पढ़कर

एक स्थान पर मोड़ दे, इस प्रकार 108 बार चादर को मन्त्रित कर मोड़ देने के पश्चात् उस चादर को रोगी को उढ़ा देने पर रोगी का बुखार उतर जाता है।

अग्निनिवारक मन्त्र :

ॐ णमो ॐ अर्हं अ सि आ उ सा, णमो अरिहंताणं नमः।

विधि–एक लोटे में शुद्ध पवित्र जल लेकर उसमें से थोड़ा-सा जल चुल्लू में अलग निकालकर उस चुल्लू के जल को 21 बार उपर्युक्त मन्त्र से मन्त्रित कर चुल्लू के जल से एक रेखा खींच दें तो अग्नि उस रेखा से आगे नहीं बढ़ती है। इस प्रकार चारों दिशाओं में जल से रेखा खींचकर अग्नि का स्तम्भन करें। पश्चात् लोटे के जल को लेकर 108 बार मन्त्रित कर अग्नि पर छींटे दें तो अग्नि शान्त हो जाती है। इस मन्त्र का आत्मकल्याण के लिए 108 बार जाप करने से एक उपवास का फल मिलता है।

लक्ष्मी-प्राप्ति मन्त्र :

ॐ णमो अरिहंताणं ॐ णमो सिद्धाणं ॐ णमो आइरियाणं ॐ णमो उवज्झायाणं ॐ णमो लोए सव्वसाहूणं। ॐ ह्रां ह्रीं ह्रूँ ह्रौं ह्रः स्वाहा।

विधि–मन्त्र को सिद्ध करने के लिए पुष्य नक्षत्र के दिन पीला आसन, पीली माला और पीले वस्त्र पहनकर एकान्त में जप करना आरम्भ करें। सवा लाख मन्त्र का जाप करने पर मन्त्र सिद्ध होता है। साधना के दिनों में एक बार भोजन, भूमि पर शयन, ब्रह्मचर्य का पालन, सप्तव्यसन का त्याग, पंचपाप का त्याग करना चाहिए। स्वाहा शब्द के साथ प्रत्येक मन्त्र पर धूप देता जाए तथा दीप जलाता रहे। मन्त्रसिद्धि के पश्चात् प्रतिदिन एक माला जपने से धन की वृद्धि होती है।

सर्वसिद्धि मन्त्र (ब्रह्मचर्य और शुद्धतापूर्वक सवा लाख जाप करने से सभी कार्य सिद्ध होते हैं) :

ॐ अ सि आ उ सा नमः।

पुत्र और सम्पदा-प्राप्ति का मन्त्र :

ॐ ह्रीं श्रीं ह्रीं क्लीं अ सि आ उ सा चलु चलु हुलु हुलु मुलु मुलु इच्छियं मे कुरु कुरु स्वाहा।

त्रिभुवनस्वामिनी विद्या :

ॐ ह्रां णमो सिद्धाणं ॐ ह्रीं णमो आइरियाणं ओं ह्रूँ णमो अरिहन्ताणं

ओं ह्रौं णमो उवज्झायाणं ओं ह्रः णमो लोए सव्वसाहूणं। श्रीं क्लीं नमः क्षां क्षीं क्षूं क्षें क्षैं क्षों क्षौं क्षः स्वाहा।

विधि—मन्त्र सिद्ध करने के लिए सामने धूप जलाकर रख लें तथा 24 हज़ार श्वेत पुष्पों पर इस मन्त्र को सिद्ध करें। एक फूल पर एक बार मन्त्र पढ़ें।

राजा, मन्त्री, या किसी अधिकारी को वश करने का मन्त्र :

ॐ ह्रीं णमो अरिहंताणं ॐ ह्रीं णमो सिद्धाणं ॐ ह्रीं णमो आइरियाणं ॐ ह्रीं णमो उवज्झायाणं ॐ ह्रीं णमो लोए सव्वसाहूणं। अमुकं मम वश्यं कुरु कुरु स्वाहा।

विधि—पहले 11 हज़ार बार जाप कर मन्त्र को सिद्ध कर लेना चाहिए। जब राजा, मन्त्री या अन्य किसी अधिकारी के यहाँ जाएँ तो सिर के वस्त्र को 21 बार मन्त्रित कर धारण करें, इससे वह व्यक्ति वश में हो जाता है। अमुक के स्थान पर जिस व्यक्ति को वश करना हो उसका नाम जोड़ देना चाहिए।

महामृत्युंजय मन्त्र :

ॐ ह्रां णमो अरिहंताणं ॐ ह्रीं णमो सिद्धाणं ॐ ह्रूं णमो आइरियाणं ॐ ह्रौं णमो उवज्झायाणं ॐ ह्रः णमो लोए सव्वसाहूणं। मम सर्वग्रहारिष्टान् निवारय निवारय अपमृत्युं घातय घातय सर्वशान्तिं कुरु कुरु स्वाहा।

विधि—दीप जलाकर धूप देते हुए नैष्ठिक रहकर इस मन्त्र का स्वयं जाप करें या अन्य द्वारा कराएँ। यदि अन्य व्यक्ति जाप करे तो 'मम' के स्थान पर उस व्यक्ति का नाम जोड़ लें—अमुकस्य सर्वग्रहारिष्टान् निवारय आदि। इस मन्त्र का सवा लाख जाप करने से ग्रहबाधा दूर हो जाती है। कम-से-कम इस मन्त्र का 31 हजार जाप करना चाहिए। जाप के अनन्तर दशांश आहुति देकर हवन भी करें।

सिर, अक्षि, कर्ण, श्वास रोग एवं पादरोगविनाशक मन्त्र :

ॐ ह्रीं अर्हं णमो ओहिजिणाणं परमोहिजिणाणं शिरोरोगविनाशनं भवतु।

ॐ ह्रीं अर्हं णमो सव्वोहिजिणाणं अक्षिरोगविनाशनं भवतु।

ॐ ह्रीं अर्हं णमो अणंतोहिजिणाणं कर्णरोगविनाशनं भवतु।

ॐ ह्रीं अर्हं णमो संभिण्णसोदराणं श्वासरोगविनाशनं भवतु।

ॐ ह्रीं अर्हं णमो सव्वजिणाणं पादादिसर्वरोगविनाशनं भवतु।

विवेक प्राप्ति मन्त्र :

ॐ ह्रीं अर्हं णमो कोट्ठबुद्धीणं बीजबुद्धीणं ममात्मनि विवेकज्ञानं भवतु।

विरोध-विनाशक मन्त्र :

ॐ ह्रीं अर्हं णमो पादानुसारीणं परस्परविरोधविनाशनं भवतु।

प्रतिवादी की शक्ति को स्तम्भन करने का मन्त्र :

ॐ ह्रीं अर्हं णमो पत्तेयबुद्धाणं प्रतिवादिविद्याविनाशनं भवतु।

विद्या और कवित्व प्राप्ति के मन्त्र :

ॐ ह्रीं अर्हं णमो सयंबुद्धाणं कवित्वं पाण्डित्यं च भवतु।

ॐ ह्रीं दिवसरात्रिभेदविवर्जितपरमज्ञानार्कचन्द्रातिशयाय श्रीप्रथमजिनेन्द्राय नमः।

सर्वकार्यसाधक मन्त्र (मन, वचन और काय की शुद्धिपूर्वक प्रातः, सायं और मध्याह्न काल में जाप करना चाहिए)

ॐ ह्रीं श्रीं क्लीं नमः स्वाहा।

सर्वशान्तिदायक मन्त्र :

ॐ ह्रीं श्रीं क्लीं ब्लूं अर्हं नमः।

व्यन्तर बाधा विनाशक मन्त्र :

ॐ ह्रीं श्रीं क्लीं अर्हं अ सि आ उ सा अनावृतविद्यायै णमो अरिहंताणं ह्रौं सर्वशान्तिर्भवतु स्वाहा।

ओं नमोऽर्हते सर्वं रक्ष रक्ष हुँ फट् स्वाहा।

उपर्युक्त मन्त्रों के अतिरिक्त सहस्रों मन्त्र इसी महामन्त्र से निकले हैं। सकलीकरण क्रिया के मन्त्र, ऋषिमन्त्र, पीठिकामन्त्र, प्रोक्षणमन्त्र, प्रतिष्ठामन्त्र, शान्तिमन्त्र, इष्टसिद्धि-अरिष्टनिवारकमन्त्र, विभिन्न मांगलिक कृत्यों के अवसर पर उपयोग में आनेवाले मन्त्र, विवाह, यज्ञोपवीत आदि संस्कारों के अवसर पर हवन-पूजन के लिए प्रयुक्त होनेवाले मन्त्र प्रभृति समस्त मन्त्र णमोकार महामन्त्र से प्रादुर्भूत हुए हैं। इस महामन्त्र की ध्वनियों के संयोग, वियोग, विश्लेषण और संश्लेषण के द्वारा ही मन्त्रशास्त्र की उत्पत्ति हुई है। प्रवचन-सारोद्धार के वृत्तिकार ने बताया है :

सर्वमन्त्ररत्नानामुत्पत्त्याकरस्य प्रथमस्य कल्पितपदार्थकरणैककल्पद्रुमस्य विषविषधरशाकिनीडाकिनीयाकिन्यादिनिग्रहनिरवग्रहस्वभावस्य सकलजगद्वशी-

करणाकृष्ट्याद्यव्यभिचारप्रौढप्रभावस्य चतुर्दशपूर्वाणां सारभूतस्य पञ्चपरमेष्ठि-नमस्कारस्य महिमात्यद्भुतं वरीवर्तते, त्रिजगत्याकालमिति निष्प्रतिपक्षमे-तत्सर्वसमयविदाम्।

अर्थात्–यह णमोकार मन्त्र सभी मन्त्रों की उत्पत्ति के लिए समुद्र के समान है। जिस प्रकार समुद्र से अनेक मूल्यवान् रत्न उत्पन्न होते हैं, उसी प्रकार इस महामन्त्र से अनेक उपयोगी और शक्तिशाली मन्त्र उत्पन्न हुए हैं। यह मन्त्र कल्पवृक्ष है, इसकी आराधना से सभी प्रकार की कामनाएँ पूर्ण हो जाती हैं। इस मन्त्र से विष, सर्प, शाकिनी, डाकिनी, याकिनी, भूत, पिशाच आदि सब वश में हो जाते हैं। यह मन्त्र ग्यारह अंग और चौदह पूर्व का सारभूत है। मन्त्रों को आचार्यों ने वश्य, आकर्षण आदि नौ भागों में विभक्त किया है। ये नौ प्रकार के मन्त्र इसी महामन्त्र से निष्पन्न हैं; क्योंकि उन मन्त्रों के रूप इस मन्त्रोक्त वर्णों या ध्वनियों से ही निष्पन्न हैं। मन्त्रों के प्राण बीजाक्षर तो इसी मन्त्र से निःसृत हैं तथा मन्त्रों का विकास और निकास इसी महासमुद्र से हुआ है। जिस प्रकार गंगा, सिन्धु आदि नदियाँ पद्महृदादि से निकलकर समुद्रों में मिल जाती हैं, उसी प्रकार सभी मन्त्र इसी महामन्त्र से निकलकर इसी महामन्त्र के तत्त्वों में मिश्रित हैं।

जिनकीर्ति सूरि ने अपने नमस्कारस्तव के पुष्पिका वाक्य में बताया है कि इस महामन्त्र में समस्त मन्त्रशास्त्र उसी प्रकार निवास करता है, जिस प्रकार एक परमाणु में त्रिकोणाकृति। और यही कारण है कि इस महामन्त्र की आराधना से सभी प्रकार के शुभ और आत्मानुभवरूप शुद्ध फल प्राप्त होते हैं। इसीलिए यह सब मन्त्रों में प्रधान और अन्य मन्त्रों का जनक है :

एवं श्रीपञ्चपरमेष्ठिनमस्कारमहामन्त्रः सकलसमीहितार्थ-प्रापणकल्प-द्रुमाभ्य-धिकमहिमाशान्तिपौष्टिकाद्यष्टकर्मकृत्। ऐहिकपारलौकिक-स्वाभिमतार्थसिद्धये यथा श्रीगुर्वाम्नायं ज्ञातव्यः।

अर्थात्–यह णमोकार मन्त्र, जिसे पंचपरमेष्ठी को नमस्कार किये जाने के कारण पंचनमस्कार भी कहा जाता है, समस्त अभीष्ट कार्यों की सिद्धि के लिए कल्पद्रुम से भी अधिक शक्तिशाली है। लौकिक और पारलौकिक सभी कार्यों में इसकी आराधना से सफलता मिलती है। अतः अपनी आम्नाय के अनुसार इसका ध्यान करना चाहिए।

निष्कर्ष यह है कि णमोकार महामन्त्र की बीज ध्वनियाँ ही समस्त मन्त्रशास्त्र की आधारशिला हैं। इसी से यह शास्त्र उत्पन्न हुआ है।

मनुष्य अहर्निश सुख प्राप्त करने की चेष्टा करता है, किन्तु विश्व के अशान्त वातावरण के कारण उसे एक क्षण को भी शान्ति नहीं मिलती है।

योगशास्त्र और णमोकार महामन्त्र

मनीषियों का कथन है कि चित्तवृत्तियों का निरोध कर लेने पर व्यक्ति को शान्ति प्राप्त हो सकती है। जैनागम में चित्तवृत्ति का निरोध करने के लिए योग का वर्णन किया गया है। आत्मा का उत्कर्ष साधन एवं विकास योग–उत्कृष्ट ध्यान के सामर्थ्य पर अवलम्बित है। योगबल से केवलज्ञान की प्राप्ति होती है तथा पूर्ण अहिंसा शक्ति या शील की प्राप्ति द्वारा संचित कर्ममल दूर कर निर्वाण प्राप्त किया जाता है। साधारण ऋद्धि-सिद्धियाँ तो उत्कृष्ट ध्यान करनेवालों के चरणों में लोटती हैं। योगसाधना करनेवाले को शरीर-मन पर अधिकार प्राप्त हो जाता है।

मनुष्य को चित्त की चंचलता के कारण ही अशान्ति का अनुभव करना पड़ता है; क्योंकि अनावश्यक संकल्प-विकल्प ही दुःखों के कारण हैं। मोह-जन्य वासनाएँ मानव के हृदय का मन्थन कर विषयों की ओर प्रेरित करती हैं जिससे व्यक्ति के जीवन में अशान्ति का सूत्रपात होता है। योग-शास्त्रियों ने इस अशान्ति को रोकने के विधानों का वर्णन करते हुए बतलाया है कि मन की चंचलता पर पूर्ण आधिपत्य कर लिया जाए तो चित्त की वृत्तियों का इधर-उधर जाना रुक जाता है। अतएव व्यक्ति की शारीरिक, मानसिक और आध्यात्मिक उन्नति का एक साधन योगाभ्यास भी है। मुनिराज मन, वचन और काय की चंचलता को रोकने के लिए गुप्ति और समितियों का पालन करते हैं। यह प्रक्रिया भी योग के अन्तर्गत है। कारण स्पष्ट है कि चित्त की एकाग्रता समस्त शक्तियों को एक केन्द्रगामी बनाने तथा साध्य तक पहुँचाने में समर्थ है। जीवन में पूर्ण सफलता इसी शक्ति के द्वारा प्राप्त होती है।

जैनग्रन्थों में सभी जिनेश्वरों को योगी माना गया है। श्रीपूज्यपादस्वामी ने दशभक्ति में बताया है–"**योगीश्वरान् जिनान् सर्वान् योगनिर्धूतकल्मषान्। योगैस्त्रिभिरहं वन्दे योगस्कन्धप्रतिष्ठितान्**"। इससे स्पष्ट है कि जैनागम में योग का पर्याप्त महत्त्व स्वीकार किया गया है। योगशास्त्र के इतिहास पर दृष्टिपात करने से प्रतीत होता है कि इस कल्पकाल में भगवान् आदिनाथ ने योग का उपदेश

दिया। पश्चात् अन्य तीर्थंकरों ने अपने-अपने समय में इस योगमार्ग का प्रचार किया। जैनग्रन्थों में योग के अर्थ में प्रधानतया ध्यान शब्द का प्रयोग हुआ है। ध्यान के लक्षण, भेद, प्रभेद, आलम्बन आदि का विस्तृत वर्णन अंग और अंगबाह्य ग्रन्थों में मिलता है। श्रीउमास्वामी आचार्य ने अपने तत्त्वार्थसूत्र में ध्यान का वर्णन किया है, इस ग्रन्थ के टीकाकारों ने अपनी-अपनी टीकाओं में ध्यान पर बहुत कुछ विचार किया है। ध्यानसार और योगप्रदीप में योग पर पूरा प्रकाश डाला गया है। आचार्य शुभचन्द्र ने ज्ञानार्णव में योग पर पर्याप्त लिखा है। इनके अतिरिक्त श्वेताम्बर सम्प्रदाय में श्रीहरिभद्र सूरि ने नयी शैली में बहुत लिखा है। इनके रचे हुए योगबिन्दु, योगदृष्टिसमुच्चय, योगविंशिका, योगशतक और षोडशक ग्रन्थ हैं। इन्होंने जैनदृष्टि से योगशास्त्र का वर्णन कर पातंजल योगशास्त्र की अनेक बातों की तुलना जैन संकेतों के साथ की है। योगदृष्टिसमुच्चय में योग की आठ दृष्टियों का कथन है, जिनसे समस्त योग साहित्य में एक नवीन दिशा प्रदर्शित की गयी है। हेमचन्द्राचार्य ने आठ योगांगों का जैन शैली के अनुसार वर्णन किया है तथा प्राणायाम से सम्बन्ध रखनेवाली अनेक बातें बतलायी हैं।

श्रीशुभचन्द्राचार्य ने अपने ज्ञानार्णव में ध्यान के पिण्डस्थ, पदस्थ, रूपस्थ और रूपातीत भेदों का वर्णन विस्तार के साथ करते हुए मन के विक्षिप्त, यातायात, श्लिष्ट और सुलीन इन चारों भेदों का वर्णन बड़ी रोचकता और नवीन शैली में किया है। उपाध्याय यशोविजय ने अध्यात्मसार, अध्यात्मोपनिषद् आदि ग्रन्थों में योग-विषयक निरूपण किया है। दिगम्बर सभी आध्यात्मिक ग्रन्थों में ध्यान या समाधि का विस्तृत वर्णन प्राप्त है।

योग शब्द युज् धातु से घञ् प्रत्यय कर देने से सिद्ध होता है। युज् के दो अर्थ हैं—जोड़ना और मन स्थिर करना। निष्कर्ष रूप में योग को मन की स्थिरता के अर्थ में व्यवहृत करते हैं। हरिभद्र सूरि ने मोक्ष प्राप्त करनेवाले साधन का नाम योग कहा है। पतंजलि ने अपने योगशास्त्र में "योगश्चित्तवृत्तिनिरोधः"—चित्तवृत्ति का रोकना योग बताया है। इन दोनों लक्षणों का समन्वय करने पर फलितार्थ यह निकलता है कि जिस क्रिया या व्यापार के द्वारा संसारोन्मुख वृत्तियाँ रुक जाएँ और मोक्ष की प्राप्ति हो, योग है। अतएव समस्त आत्मिक शक्तियों का पूर्ण विकास करनेवाली क्रिया—आत्मोन्मुख चेष्टा योग है। योग के आठ अंग माने जाते हैं—

यम, नियम, आसन, प्राणायाम, प्रत्याहार, धारणा, ध्यान और समाधि। इन योगांगों के अभ्यास से मन स्थिर हो जाता है तथा उसकी शुद्धि होकर वह शुद्धोपयोग की ओर बढ़ता है या शुद्धोपयोग को प्राप्त हो जाता है। शुभचन्द्राचार्य ने बतलाया है :

यमादिषु कृताभ्यासो निःसङ्गो निर्ममो मुनिः।
रागादिक्लेशनिर्मुक्तं करोति स्ववशं मनः॥
एक एव मनोरोधः सर्वाभ्युदयसाधकः।
यमेवालम्ब्य संप्राप्ता योगिनस्तत्त्वनिश्चयम्॥
मनःशुद्ध्यैव शुद्धिः स्याद् देहिनां नात्र संशयः।
वृथा तद्व्यतिरेकेण कायस्यैव कदर्थनम्॥

—ज्ञानार्णव प्र. 22, श्लो. 3, 12, 14

अर्थात्—जिसने यमादिक का अभ्यास किया है, परिग्रह और ममता से रहित है ऐसा मुनि ही अपने मन को रागादि से निर्मुक्त तथा वश करने में समर्थ होता है। निस्सन्देह मन की शुद्धि से ही जीवों की शुद्धि होती है, मन की शुद्धि के बिना शरीर को क्षीण करना व्यर्थ है। मन की शुद्धि से इस प्रकार का ध्यान होता है, जिससे कर्मजाल कट जाता है। एक मन का निरोध ही समस्त अभ्युदयों को प्राप्त करानेवाला है; मन के स्थिर हुए बिना आत्मस्वरूप में लीन होना कठिन है। अतएव योगांगों का प्रयोग मन को स्थिर करने के लिए अवश्य करना चाहिए। यह एक ऐसा साधन है, जिससे मन स्थिर करने में सबसे अधिक सहायता मिलती है।

यम और नियम—जैनधर्म निवृत्तिप्रधान है, अतः यम-नियम का अर्थ भी निवृत्तिपरक है। अतएव विभाव परिणति से हटकर स्वभाव की ओर रुचि होना ही यम-नियम है। जैनागम में इन दोनों योगांगों का विस्तृत वर्णन मिलता है। यम या संयम के प्रधान दो भेद हैं—प्राणिसंयम और इन्द्रियसंयम। समस्त प्राणियों की रक्षा करना, मन-वचन-काय से किसी भी प्राणी को कष्ट न पहुँचाना तथा मन में राग-द्वेष की भावना न उत्पन्न होने देना प्राणिसंयम है और पंचेन्द्रियों पर नियन्त्रण करना इन्द्रियसंयम है। पाँचों व्रतों का धारण, पाँचों समितियों के पालन, चारों कषायों का निग्रह, तीन दण्डों—मन, वचन, काय की विपरीत परिणति का त्याग और पाँचों इन्द्रियों का विजय करना ये सब संयम के अंग हैं। जैन आम्नाय में

यम-नियमों का विधान राग-द्वेषमयी प्रवृत्ति को वश करने के लिए ही किया गया है। अतः ये दोनों प्रवृत्तियाँ ही मानवों को परमानन्द से हटाती रहती हैं। रागी जीव कर्मों को बाँधता है और वीतरागी कर्मों से छूटता है। अतः राग और द्वेष की प्रवृत्ति को इन्द्रियनिग्रह एवं मनोनिग्रह आत्मभावना के द्वारा दूर करना चाहिए। कहा गया है :

रागी बध्नाति कर्माणि वीतरागो विमुच्यते।
जीवो जिनोपदेशोऽयं समासाद् बन्धमोक्षयोः॥
यत्र रागः पदं धत्ते द्वेषस्तत्रैति निश्चयः।
उभावेतौ समालम्ब्य विक्रामत्यधिकं मनः॥
रागद्वेषविषोद्यानं मोहबीजं जिनैर्मतम्।
अतः स एव निःशेषदोषसेनानरेश्वरः॥
रागादिवैरिणः क्रूरान्मोहभूपेन्द्रपालितान्।
निकृत्य शमशास्त्रेण मोक्षमार्गं निरूपय॥

—ज्ञानार्णव प्र. 23, श्लो. 1, 25, 30, 37

अर्थात्—अनादि से लगे हुए राग-द्वेष ही संसार के कारण हैं, जहाँ राग-द्वेष हैं, वहाँ नियमतः कर्मबन्ध होता है। वीतरागता के प्राप्त होते ही कर्म का बन्ध रुक जाता है और कर्मों की निर्जरा होने लगती है। जहाँ राग रहता है वहाँ उसका अविनाभावी द्वेष भी अवश्य रहता है। अतः इन दोनों का अवलम्बन करके मन में नाना प्रकार के विकार उत्पन्न होते हैं। राग-द्वेषरूपी विषवन का मोह बीज है, अतः समस्त विषय-कषायों की सेना का मोह ही राजा है। यही संसार में उत्पन्न हुआ दावानल है तथा अत्यन्त दृढ़ कर्मबन्धन का हेतु है। यह संसारी प्राणी मोहनिद्रा के कारण ही मिथ्यात्व, अविरति, प्रमाद, कषाय और योगरूपी पिशाचों के अधीन होता है। इसी मोह की ज्वाला से अपने ज्ञानादि को भस्म करता है। मोहरूपी राजा के द्वारा पालित राग-द्वेषरूपी शत्रुओं को नष्ट कर मोक्षमार्ग का अवलम्बन लेना चाहिए। राग, द्वेष, मोहरूप त्रिपुर को ध्यानरूपी अग्नि द्वारा भस्म करना चाहिए।

यम-नियम निवृत्तिपरक होने पर ही उपर्युक्त त्रिपुर का भस्म कर व्यक्ति के ध्यानसिद्धि का कारण हो सकते हैं। अतः जैनागम में यम-नियम का अर्थ

समताभाव की प्राप्ति द्वारा उक्त त्रिपुर को भस्म करना है, क्योंकि इसी से ध्यान की सिद्धि होती है। आर्तध्यान और रौद्रध्यान का निवारण धर्म-ध्यान और शुक्लध्यान की सिद्धि में सहायक होता है।

आसन—समाधि के लिए मन की तरह शरीर को भी साधना अत्यावश्यक है। आसन बैठने के ढंग को कहते हैं। योगी को आसन लगाने का अभ्यास होना चाहिए। श्रीशुभचन्द्राचार्य ने ध्यान के योग्य सिद्धक्षेत्र, नदी-सरोवर-समुद्र का निर्जन तट, पर्वत का शिखर, कमलवन, अरण्य, श्मशानभूमि, पर्वत की गुफा, उपवन, निर्जन गृह या चैत्यालय, निर्जन प्रदेश को स्थान माना है। इन स्थानों में जाकर योगी काष्ठ के टुकड़े पर या शिलातल पर अथवा भूमि या बालुका पर स्थिर होकर आसन लगावे। पर्यंकासन, अर्द्धपर्यंकासन, वज्रासन, सुखासन, कमलासन और कायोत्सर्ग ये ध्यान के योग्य आसन माने गये हैं। जिस आसन से ध्यान करते समय साधक का मन खिन्न न हो, वही उपादेय है। बताया गया है :

कायोत्सर्गश्च पर्यङ्कः प्रशस्तं कैश्चिदीरितम्।
देहिनां वीर्यवैकल्यात्कालदोषेण सम्प्रति॥

—ज्ञानार्णव प्र. 28, श्लो. 22

अर्थात्—इस समय कालदोष से जीवों के सामर्थ्य की हीनता है, इस कारण पद्मासन और कायोत्सर्ग ये ही आसन ध्यान करने के लिए उत्तम हैं। तात्पर्य यह है कि जिस आसन से बैठकर साधक अपने मन को निश्चल कर सके, वही आसन उसके लिए प्रशस्त है।

प्राणायाम—श्वास और उच्छ्वास के साधने को प्राणायाम कहते हैं। ध्यान की सिद्धि और मन को एकाग्र करने के लिए प्राणायाम किया जाता है। प्राणायाम पवन के साधन की क्रिया है। शरीरस्थ पवन जब वश हो जाता है। तो मन भी अधीन हो जाता है। इनके तीन भेद हैं—पूरक, कुम्भक और रेचक।[1] नासिका छिद्र

1. समाकृष्य यदा प्राणधारणं स तु पूरकः।
नाभिमध्ये स्थिरीकृत्य रोधनं स तु कुम्भकः॥
यत्कोष्ठादतियत्नेन नासाब्रह्मपुरातनैः।
बहिः प्रक्षेपणं वायोः स रेचक इति स्मृतः॥ →

के द्वारा वायु को खींचकर शरीर में भरना पूरक; उस पूरक पवन को नाभि के मध्य में स्थिर करना कुम्भक और उसे धीरे-धीरे बाहर निकालना रेचक है। यह वायुमण्डल चार प्रकार का बतलाया गया है—पृथ्वीमण्डल, जलमण्डल, वायुमण्डल और अग्निमण्डल। इन चारों की पहचान बताते हुए कहा है कि क्षितिबीज से युक्त, गले हुए स्वर्ण के समान कांचन प्रभावाला, वज्र के चिह्न से संयुक्त, चौकोर पृथ्वीमण्डल है। वरुणबीज से युक्त, अर्धचन्द्राकार, चन्द्रसदृश शुक्लवर्ण और अमृतस्वरूप जल से सिंचित अप्मण्डल है। पवनबीजाक्षरयुक्त, सुवृत्त, बिन्दुओंसहित नीलांजन घन के समान, दुर्लक्ष्य वायुमण्डल है। अग्नि के स्फुलिंग समान पिंगलवर्ण, भीम—रौद्ररूप, ऊर्ध्वगमन करनेवाला, त्रिकोणाकार, स्वस्तिक से युक्त एवं वह्निबीजयुक्त अग्निमण्डल होता है। इस प्रकार चारों वायुमण्डलों की पहचान के लक्षण बतलाये हैं; परन्तु इन लक्षणों के आधार से पहचानना अतीव दुष्कर है। प्राणायाम के अत्यन्त अभ्यास से ही किसी साधकविशेष को इनका संवेदन हो सकता है। इन चारों वायुओं के प्रवेश और निस्सरण से जय-पराजय, जीवन-मरण, हानि-लाभ आदि अनेक प्रश्नों का उत्तर दिया जा सकता[1] है। इन पवनों की साधना से योगी में अनेक प्रकार की अलौकिक और चमत्कारपूर्ण शक्तियों का प्रादुर्भाव हो जाता है। प्राणायाम की क्रिया का उद्देश्य भी मन को स्थिर करना है, प्रमाद को दूर भगाना है। जो साधक यत्नपूर्वक मन को वायु के साथ-साथ हृदय-कमल की कर्णिका में प्रवेश कराकर वहाँ स्थिर करता है, उसके चित्त में विकल्प नहीं उठते और विषयों की आशा भी नष्ट हो जाती है तथा अन्तरंग में विशेष ज्ञान का प्रकाश होने लगता है। प्राणायाम की महत्ता का वर्णन करते हुए शुभचन्द्राचार्य ने बतलाया है :

शनैः शनैर्मनोऽजस्रं वितन्द्रः सह वायुना।
प्रवेश्य हृदयाम्भोजकर्णिकायां नियन्त्रयेत्॥
विकल्पा न प्रसूयन्ते विषयाशा निवर्त्तते।
अन्तः स्फुरति विज्ञानं तत्र चित्ते स्थिरीकृते॥

—ज्ञानार्णव प्र. 29, श्लो. 1, 2, 10, 11

1. सुख-दुःख-जय-पराजय-जीवित-मरणानि विघ्न इति केचित्।
वायुः प्रपञ्चरचनामवेदिनां कथमयं मानः॥

—ज्ञा. प्र. 29, श्लो. 77

जन्मशतजनितमुग्रं प्राणायामाद्विलीयते पापम्।
नाडीयुगलस्यान्ते यतेर्जिताक्षस्य वीरस्य॥

—ज्ञानार्णव प्र. 29, श्लो. 102

अर्थ—पवनों के साधनरूप प्राणायाम से इन्द्रियों के विजय करनेवाले साधकों के सैकड़ों जन्म के संचित किये गये तीव्र पाप दो घड़ी के भीतर लय हो जाते हैं।

प्रत्याहार—इन्द्रिय और मन को अपने-अपने विषयों से खींचकर अपनी इच्छानुसार किसी कल्याणकारी ध्येय में लगाने को प्रत्याहार कहते हैं। अभिप्राय यह है कि विषयों से इन्द्रियों को और इन्द्रियों से मन को पृथक् कर मन को निराकुल करके ललाट पर धारण करना प्रत्याहार-विधि है। प्रत्याहार के सिद्ध हो जाने पर इन्द्रियाँ वशीभूत हो जाती हैं और मनोहर से मनोहर विषय की ओर भी प्रवृत्त नहीं होती हैं। इसका अभ्यास प्राणायाम के उपरान्त किया जाता है। प्राणायाम द्वारा ज्ञान-तन्तुओं के अधीन होने पर इन्द्रियों का वश में आना सुगम है। जैसे कछुआ अपने हस्त-पादादि अंगों को अपने भीतर संकुचित कर लेता है, वैसे ही स्पर्श, रसना आदि इन्द्रियों की प्रवृत्ति को आत्मरूप में लीन करना प्रत्याहार का कार्य है। राग-द्वेष आदि विकारों से मन दूर हट जाता है। कहा गया है :

सम्यक्समाधिसिद्ध्यर्थं प्रत्याहारः प्रशस्यते।
प्राणायामेन विक्षिप्तं मनः स्वास्थ्यं न विन्दति॥
प्रत्याहृतं पुनः स्वस्थं सर्वोपाधिविवर्जितम्।
चेतः समत्वमापन्नं स्वस्मिन्नेव लयं व्रजेत्॥
वायोः संचारचातुर्यमणिमाद्यङ्गसाधनम्।
प्रायः प्रत्यूहबीजं स्यान्मुनेर्मुक्तिमभीप्सतः॥

अर्थात्—प्राणायाम में पवन के साधन से विक्षिप्त हुआ मन स्वास्थ्य को प्राप्त नहीं करता, इस कारण समाधि सिद्धि के लिए प्रत्याहार करना आवश्यक है। इसके द्वारा मन राग-द्वेष से रहित होकर आत्मा में लय हो जाता है। पवनसाधन शरीर-सिद्धि का कारण है, अतः मोक्ष की वांछा करनेवाले साधक के लिए विघ्नकारक हो सकता है। अतएव प्रत्याहार द्वारा राग-द्वेष को दूर करने का प्रयत्न करना चाहिए।

धारणा—जिसका ध्यान किया जाए, उस विषय में निश्चलरूप से मन को लगा देना, धारणा है। धारणा द्वारा ध्यान का अभ्यास किया जाता है।

ध्यान और समाधि—योग, ध्यान और समाधि ये प्रायः एकार्थवाचक हैं। योग कहने से जैनाम्नाय में ध्यान और समाधि का ही बोध होता है। ध्यान की चरम सीमा को समाधि कहा जाता है। ध्यान के सम्बन्ध में ध्यान, ध्याता, ध्येय और फल इन चारों बातों का विचार किया गया है। ध्यान चार प्रकार का है—आर्त, रौद्र, धर्म और शुक्ल। इनमें आर्त और रौद्र ध्यान दुर्ध्यान हैं एवं धर्म और शुक्ल ध्यान शुभ ध्यान हैं। इष्ट-वियोग, अनिष्ट-संयोग, शारीरिक वेदना आदि व्यथाओं को दूर करने के लिए संकल्प-विकल्प करना आर्तध्यान और हिंसा, झूठ, चोरी, अब्रह्म और परिग्रह इन पाँचों पापों के सेवन में आनन्द का अनुभव करना और इस आनन्द की उपलब्धि के लिए नाना तरह की चिन्ताएँ करना रौद्रध्यान है।

धर्म से सम्बद्ध बातों का सतत चिन्तन करना धर्मध्यान है। इसके चार भेद हैं—आज्ञाविचय, अपायविचय, विपाकविचय और संस्थानविचय। जिनागम के अनुसार तत्त्वों का विचार करना आज्ञाविचय; अपने तथा दूसरों के राग, द्वेष, मोह आदि विकारों को नाश करने का उपाय चिन्तन करना अपायविचय, अपने तथा पर के सुख-दुःख देखकर कर्मप्रकृतियों के स्वरूप का चिन्तन करना विपाकविचय एवं लोक के स्वरूप का विचार करना संस्थानविचय धर्मध्यान है। इसके भी चार भेद हैं—पिण्डस्थ, पदस्थ, रूपस्थ और रूपातीत। शरीर स्थित आत्मा का चिन्तन करना पिण्डस्थ ध्यान है। इसकी पाँच धारणाएँ बतायी गयी हैं—पार्थिवी, आग्नेयी, वायवी, जलीय और तत्त्वरूपवती।

पार्थिवी—इस धारणा में एक मध्यलोक के बराबर निर्मल जल का समुद्र चिन्तन करें और उसके मध्य में जम्बू द्वीप के समान एक लाख योजन चौड़ा स्वर्ण-रंग के कमल का चिन्तन करें, इसकी कर्णिका के मध्य में सुमेरुपर्वत का चिन्तन करें। उस सुमेरुपर्वत के ऊपर पाण्डुक वन में पाण्डुकशिला तथा उस शिला पर स्फटिकमणि के आसन का एवं उस आसन पर पद्मासन लगाये ध्यान करते हुए अपना चिन्तन करें। इतना चिन्तन बार-बार करना पृथ्वी धारणा है।

आग्नेयी धारणा—उसी सिंहासन पर स्थिर होकर यह विचारें कि मेरे नाभि-कमल के स्थान पर भीतर ऊपर को उठा हुआ सोलह पत्तों का एक कमल

है उस पर पीतरंग के अ आ इ ई उ ऊ ऋ ॠ लृ लॄ ए ऐ ओ औ अं अः ये सोलह स्वर अंकित हैं तथा बीच में 'र्हं' लिखा है। दूसरा कमल हृदयस्थान पर नाभि-कमल के ऊपर आठ पत्तों का औंधा कमल विचारना चाहिए। इसे ज्ञानावरणादि आठ कर्मों का कमल कहा गया है। पश्चात् नाभिकमल के बीच 'र्हं' लिखा है, उसकी रेफ से धुआँ निकलता हुआ सोचें, पुनः अग्नि की शिखा उठती हुई सोचना चाहिए। आग की ज्वाला उठकर आठों कर्मों के कमल को जलाने लगी। कमल के बीच से फूटकर अग्नि की लौ मस्तक पर आ गयी। इसका आधा भाग शरीर के एक तरफ़ और शेष आधा भाग शरीर के दूसरी तरफ़ मिलकर दोनों कोने मिल गये। अग्निमय त्रिकोण सब प्रकार से शरीर को वेष्टित किये हुए है। इस त्रिकोण में र र र र र र र र अक्षरों को अग्निमय फैले हुए विचारें अर्थात् इस त्रिकोण के तीनों कोण अग्निमय र र र अक्षरों के बने हुए हैं। इसके बाहरी तीनों कोणों पर अग्निमय साथिया तथा भीतरी तीनों कोणों पर अग्निमय ॐ र्हं लिखा हुआ सोचें। पश्चात् सोचें कि भीतरी अग्नि की ज्वाला कर्मों को और बाहरी अग्नि की ज्वाला शरीर को जला रही है। जलते-जलते कर्म और शरीर दोनों ही जलकर राख हो गये हैं तथा अग्नि की ज्वाला शान्त हो गयी है अथवा पहले की रेफ में समा गयी है, जहाँ से वह उठी थी; इतना अभ्यास करना अग्नि-धारणा है।

वायु-धारणा—पुनः साधक चिन्तन करे कि मेरे चारों ओर प्रचण्ड वायु चल रही है। वह वायु गोल मण्डलाकार होकर मुझे चारों ओर से घेरे हुए है। इस मण्डल में आठ जगह 'स्वायँ-स्वायँ' लिखा है। यह वायुमण्डल कर्म तथा शरीर की रज को उड़ा रहा है, आत्मा स्वच्छ तथा निर्मल होता जा रहा है। इस प्रकार ध्यान करना वायु-धारणा है।

जल-धारणा—पश्चात् चिन्तन करें कि आकाश मेघाच्छन्न हो गया है, बादल गरजने लगे हैं; बिजली चमकने लगी है और खूब ज़ोर की वर्षा होने लगी है। ऊपर पानी का एक अर्धचन्द्राकार मण्डल बन गया है, जिस पर प प प प प प प कर्मस्थानों पर लिखा है। गिरनेवाले पानी की सहस्रधाराएँ आत्मा के ऊपर लगी हुई कर्मरज को धोकर आत्मा को साफ़ कर रही हैं। इस प्रकार चिन्तन करना जल-धारणा है।

तत्त्वरूपवती धारणा—वही साधक आगे चिन्तन करे कि अब मैं सिद्ध,

बुद्ध, सर्वज्ञ, निर्मल, निरंजन, कर्म तथा शरीर से रहित चैतन्य आत्मा हूँ। पुरुषाकार चैतन्य धातु की बनी हुई मूर्ति के समान हूँ। पूर्ण चन्द्रमा के समान ज्योतिरूप देदीप्यमान हूँ। इस प्रकार इन पाँचों धारणाओं के द्वारा पिण्डस्थ ध्यान किया जाता है।

पदस्थ ध्यान—मन्त्र-पदों के द्वारा अरिहन्त, सिद्ध, आचार्य, उपाध्याय, साधु तथा आत्मा के स्वरूप का विचारना पदस्थ ध्यान है। किसी नियत स्थान—नासिकाग्र या भृकुटि के मध्य में णमोकार मन्त्र को विराजमान कर उसको देखते हुए चित्त को जमाना तथा उस मन्त्र के स्वरूप का चिन्तन करना चाहिए। इस ध्यान का सरल और साध्य उपाय यह है कि हृदय में आठ पत्तों के कमल का चिन्तन करें। इस आठों पत्तों—दलों में-से पाँच पत्तों पर क्रमशः '**णमो अरिहंताणं, णमो सिद्धाणं, णमो आयरियाणं, णमो उवज्झायाणं, णमो लोए सव्वसाहूणं**' इन पाँच पदों को तथा शेष तीन पत्तों पर क्रमशः '**सम्यग्दर्शनाय नमः, सम्यग्ज्ञानाय नमः, सम्यक्चारित्राय नमः**' इन तीन पदों को और कर्णिका पर '**सम्यक् तपसे नमः**' इस पद को लिखा हुआ सोचें। इस प्रकार प्रत्येक पत्ते पर लिखे हुए मन्त्रों का ध्यान जितने समय तक कर सकें, करें।

रूपस्थ—अरिहन्त भगवान् के स्वरूप का विचार करें कि भगवान् समवशरण में द्वादश सभाओं के मध्य में ध्यानस्थ विराजमान हैं। अथवा ध्यानस्थ प्रभु-मुद्रा का ध्यान करें।

रूपातीत—सिद्धों के गुणों का विचार करें कि सिद्ध अमूर्तिक, चैतन्य, पुरुषाकार, कृतकृत्य, परमशान्त, निष्कलंक, अष्टकर्मरहित, सम्यक्त्वादि आठ गुणसहित, निर्लिप्त, निर्विकार एवं लोकाग्र में विराजमान हैं। पश्चात् अपने-आपको सिद्ध स्वरूप समझकर लीन हो जाना रूपातीत ध्यान है।

शुक्लध्यान—जो ध्यान उज्ज्वल सफ़ेद रंग के समान अत्यन्त निर्मल और निर्विकार होता है उसे शुक्लध्यान कहते हैं। इसके चार भेद हैं—पृथक्त्ववितर्क वीचार, एकत्ववितर्क अवीचार, सूक्ष्म क्रियाप्रतिपाति और व्युपरतक्रियानिवृत्ति।

ध्याता—ध्यान करनेवाला ध्याता होता है। आत्मविकास की दृष्टि से ध्याता 14 गुणस्थानों में रहनेवाले जीव हैं, अतः इसके 14 भेद हैं। पहले गुणस्थान में आर्तध्यान या रौद्रध्यान ही होता है। चौथे गुणस्थान में धर्मध्यान होता है।

ध्येय—ध्यान के स्वरूप का कथन करते समय ध्येय के स्वरूप का प्रायः विवेचन किया जा चुका है। ध्येय के चार भेद हैं—नाम, स्थापना, द्रव्य और भाव। णमोकार मन्त्र नामध्येय है। तीर्थंकरों की मूर्तियाँ स्थापनाध्येय हैं। अरिहन्त, सिद्ध, आचार्य, उपाध्याय और साधु ये पंचपरमेष्ठी द्रव्यध्येय हैं और इनके गुण भावध्येय हैं। यों तो सभी शुद्धात्माएँ ध्येय हो सकती हैं। जिस साध्य को प्राप्त करना है, वह साध्य ध्येय होता है।

योगशास्त्र के इस संक्षिप्त विवेचन के प्रकाश में हम पाते हैं कि णमोकार का योग के साथ घनिष्ठ सम्बन्ध है। योग की क्रियाओं का इसी मन्त्रराज की साधना करने के लिए विधान किया गया है। जैनाम्नाय में प्रधान स्थान ध्यान को दिया गया है। योग के आसन, प्राणायाम, प्रत्याहार-क्रियाएँ शरीर को स्थिर करती हैं। साधक इन क्रियाओं के अभ्यास-द्वारा णमोकार मन्त्र की साधना के योग्य अपने शरीर को बनाता है। धारणा-द्वारा मन की क्रिया को अधीन करता है। तात्पर्य यह है कि योगों—मन, वचन, काय—को स्थिर करने के लिए योगाभ्यास करना पड़ता है। इन तीनों योगों की क्रिया तभी स्थिर होती है, जब साधक आरम्भिक साधना के द्वारा अपने को इस योग्य बना लेता है। इस विषय के स्पष्टीकरण के लिए गणित का गति-नियामक सिद्धान्त अधिक उपयोगी होगा। गणितशास्त्र में आया है कि किसी भी गतिमान् पदार्थ को स्थिर करने के लिए उसे तीन लम्बसूत्रों द्वारा स्थिर करना पड़ता है। इन तीन सूत्रों से आबद्ध करने पर उसकी गति स्थिर हो जाती है। उदाहरण के लिए यों कहा जा सकता है कि वायु के द्वारा नाचते हुए बिजली के बल्ब को यदि स्थिर करना हो तो उसे तीन सम सूत्रों के द्वारा आबद्ध कर देना होगा। क्योंकि वायु या अन्य किसी भी प्रकार के धक्के को रोकने के लिए चौथे सूत्र से आबद्ध करने की आवश्यकता नहीं होगी। इसी प्रकार णमोकार मन्त्र की स्थिर साधना करने के लिए साधक को अपनी त्रिसूत्र रूप मन, वचन और काय की क्रिया को अवरुद्ध करना पड़ेगा। इसी के लिए आसन, प्राणायाम और प्रत्याहार की आवश्यकता है। मन के स्थिर करने से ही ध्यान की क्रिया निर्विघ्नतया चल सकती है।

ध्यान करने का विषय—ध्येय णमोकार मन्त्र से बढ़कर और कोई पदार्थ नहीं हो सकता है। पूर्वोक्त नाम, स्थापना, द्रव्य और भाव इन चारों प्रकार के ध्येयों

द्वारा णमोकार मन्त्र का ही विधान किया गया है। साधक इस मन्त्र की आराधना द्वारा अनात्मिक भावों को दूर कर आत्मिक भावों का विकास करता जाता है और गुणस्थानारोहण कर निर्विकल्प समाधि के पहले तक इस मन्त्र का या इस मन्त्र में वर्णित पंचपरमेष्ठी का अथवा उनके गुणों का ध्यान करता हुआ आगे बढ़ता रहता है। ज्ञानार्णव में बताया गया है :

गुरुपञ्चनमस्कारलक्षणं मन्त्रमूर्जितम्।
विचिन्तयेज्जगज्जन्तुपवित्रीकरणक्षमम्॥
अनेनैव विशुद्ध्यन्ति जन्तवः पापपङ्किताः।
अनेनैव विमुच्यन्ते भवक्लेशान्मनीषिणः॥

—ज्ञानार्णव प्र. 38, श्लो. 38, 43

अर्थात्—णमोकार जो कि पंचपरमेष्ठी नमस्कार रूप है, जगत् के जीव को पवित्र करने में समर्थ है। इसी मन्त्र के ध्यान से प्राणी पाप से छूटते हैं तथा बुद्धिमान् व्यक्ति संसार के कष्टों से भी। इसी मन्त्र की आराधना द्वारा सुख प्राप्त करते हैं। यह ध्यान का प्रधान विषय है। हृदय-कमल में इसका जप करने से चित्त शुद्ध होता है।

जाप तीन प्रकार से किया जाता है--वाचक, उपांशु और मानस। वाचक जाप में शब्दों का उच्चारण किया जाता है अर्थात् मन्त्र को मुँह से बोल-बोलकर जाप किया जाता है। उपांशु में भीतर से शब्दोच्चारण की क्रिया होती है, पर कण्ठस्थान पर मन्त्र के शब्द गूँजते रहते हैं किन्तु मुख से नहीं निकल पाते। इस विधि में शब्दोच्चारण की क्रिया के लिए बाहरी और भीतरी प्रयास किया जाता है, परन्तु शब्द भीतर गूँजते रहते हैं, बाहर प्रकट नहीं हो पाते। मानस जाप में बाहरी और भीतरी शब्दोच्चारण का प्रयास रुक जाता है, हृदय में णमोकार मन्त्र का चिन्तन होता रहता है। यही क्रिया ध्यान का रूप धारण करती है। यशस्तिलकचम्पू में इसका स्पष्टीकरण करते हुए कहा गया है :

वचसा वा मनसा वा कार्यो जाप्यः सव्याहितस्वान्ते।
शतगुणमाद्ये पुण्ये सहस्रसंख्यं द्वितीये तु॥

—य., भाग 2, पृ. 38

वाचक जाप से उपांशु में शतगुणा पुण्य और उपांशु जाप की अपेक्षा मानसजाप में सहस्रगुणा पुण्य होता है। मानस जाप ही ध्यान का रूप है, यह अन्तर्जल्परहित मौनरूप होता है। बृहद्द्रव्यसंग्रह में बताया गया है–**"एतेषां पदानां सर्वमन्त्रवादपदेषु मध्ये सारभूतानां इहलोकपरलोकेष्टफलप्रदानाभर्थं ज्ञात्वा पश्चादनन्तज्ञानादिगुणस्मरणरूपेण वचनोच्चारणेन च जापं कुरुत। तथैव शुभोपयोगरूपत्रिगुणावस्थायां मौनेन ध्यायत।"** अर्थात्–सब मन्त्रशास्त्र के पदों में सारभूत और इस लोक तथा परलोक में इष्ट फल को देनेवाले परमेष्ठी वाचक पंच पदों का अर्थ जानकर, पुनः अनन्तज्ञानादि गुणों के स्मरण रूप वचन का उच्चारण करके जप करना चाहिए और इसी प्रकार शुभोपयोगरूप इस मन्त्र का मन, वचन और काय गुप्ति को रोककर मौन द्वारा ध्यान करना चाहिए। सर्वभूतहितरत, अचिन्त्यचरित्र ज्ञानामृतपयःपूर्ण तीनों लोकों को पवित्र करनेवाले, दिव्य, निर्विकार, निरंजन विशुद्ध ज्ञानलोचन के धारक, नवकेवललब्धियों के स्वामी, अष्टमहाप्रातिहार्यों से विभूषित स्वयंबुद्ध अरिहन्त परमेष्ठी का ध्यान भी किया जाता है, अथवा सामूहिक रूप में पंचपरमेष्ठी का मौन चिन्तन भी ध्यान का रूप ग्रहण कर लेता है।

पदस्थ और रूपस्थ दोनों प्रकार के ध्यानों में इस महामन्त्र के स्मरण द्वारा ही आत्मा की सिद्धि की जाती है; क्योंकि महामन्त्र और शुद्धात्मा में कोई अन्तर नहीं है। शुद्धात्मा का वर्णन ही महामन्त्र में है और उसी के ध्यान से निर्विकल्प समाधि की प्राप्ति होती है। अतः ध्यान का दृढ़ अभ्यास हो जाने पर साधक को यह अनुभव करना आवश्यक है कि मैं परमात्मा हूँ, सर्वज्ञ हूँ, मैं ही साध्य हूँ, मैं ही सिद्ध हूँ, सर्वदर्शी भी मैं ही हूँ। मैं सत्, चित्त, आनन्दरूप हूँ, अज हूँ, निरंजन हूँ। इस प्रकार चिन्तन करता हुआ साधक जब समस्त संकल्प-विकल्पों से विमुक्त हो अपने-आप में विलीन हो जाता है, तब उसे निर्विकल्प ध्यान या परम समाधि की प्राप्ति होती है।

हेमचन्द्राचार्य ने अपने योगशास्त्र में योगांगों के साथ णमोकार मन्त्र का सम्बन्ध दिखलाते हुए बतलाया है कि योगाभ्यास द्वारा शरीर और मन की क्रियाओं का नियन्त्रण कर आत्मा को ध्यान के मार्ग में ले जाना चाहिए। साधक सविकल्प समाधि की अवस्था में इस अनादिसिद्ध मन्त्र के ध्यान से अन्तःआत्मा को पवित्र करता है। पंचपरमेष्ठी के तुल्य शुद्ध होकर निर्वाण मार्ग का आश्रय लेता है।

बताया गया है :

ध्यायतोऽनादिसंसिद्धान् वर्णानेतान् यथाविधि।
नष्टादिविषये ज्ञानं ध्यातुरुत्पद्यते क्षणात्॥
तथा पुण्यतमं मन्त्रं जगत्त्रितयपावनम्।
योगी पञ्चपरमेष्ठिनमस्कारं विचिन्तयेत्॥
विशुद्ध्या चिन्तयस्तस्य शतमष्टोत्तरं मुनिः।
भुञ्जानोऽपि लभेतैव चतुर्थतपसः फलम्॥
एनमेव महामन्त्रं समाराध्येह योगिनः।
त्रिलोक्यापि महीयन्तेऽधिगताः परमां श्रियम्॥

अर्थात्—अनादि सिद्ध णमोकार मन्त्र के वर्णों का ध्यान करने से साधक को इष्टादि विषय का ज्ञान क्षण-भर में हो जाता है। यह मन्त्र तीनों लोकों के जीवों को पवित्र करता है। इसके ध्यान से—अन्तर्जल्परहित चिन्तन से आत्मा में अपूर्व शक्ति आती है। नित्य मन, वचन और काय की शुद्धिपूर्वक इस मन्त्र का 108 बार ध्यान करने से भोजन करने पर भी चतुर्थोपवास—प्रोषधोपवास का फल प्राप्त होता है। योगी व्यक्ति इस मन्त्र की आराधना से अनेक प्रकार की सिद्धियों को प्राप्त होता है तथा तीनों लोकों में पूज्य हो जाता है।

णमोकार मन्त्र की सभी मात्राएँ अत्यन्त पवित्र हैं, इन मात्राओं में से किसी मात्रा का तथा णमोकार मन्त्र के 35 अक्षरों और पाँच पदों में से किसी अक्षर और पद का अथवा इन अक्षरों, पदों और मात्राओं के संयोग से उत्पन्न अक्षर, पदों और मात्राओं का जो ध्यान करता है, वह सिद्धि को प्राप्त होता है। ध्यान के अवलम्बन णमोकार मन्त्र के अक्षर, पद और ध्वनियाँ ही हैं। जब तक साधक सविकल्प समाधि में रहता है, तब तक उसके ध्यान का अवलम्बन णमोकार ही होता है। हेमचन्द्राचार्य ने पदस्थ ध्यान का वर्णन करते हुए बताया है :

यत्पदानि पवित्राणि समालम्ब्य विधीयते।
तत्पदस्थं समाख्यातं ध्यानं सिद्धान्तपारगैः॥

अर्थात्—पवित्र णमोकार मन्त्र के पदों का आलम्बन लेकर जो ध्यान किया जाता है, उसको पदस्थ ध्यान सिद्धान्तशास्त्र के ज्ञाताओं ने कहा है। रूपस्थ ध्यान

में अरिहन्त के स्वरूप का अथवा णमोकार मन्त्र के स्वरूप का चिन्तन करना चाहिए। रूपस्थ ध्यान में आकृतिविशेष का ध्यान करने का विधान है। यह आकृतिविशेष पंचपरमेष्ठी की होती है तथा विशेष रूप से इसमें अरिहन्त भगवान् की मुद्रा का ही आलम्बन किया जाता है।

रूपातीत में ज्ञानावरणादि आठ कर्म और औदारिकादि पाँच शरीरों से रहित, लोक और अलोक के ज्ञाता, द्रष्टा, पुरुषाकार के धारक, लोकाग्र पर विराजमान सिद्धपरमेष्ठी ध्यान के विषय हैं तथा णमोकार मन्त्र की रूपाकृतिरहित, उसका भाव या पंचपरमेष्ठी के अमूर्तिक गुण ध्यान का आलम्बन होते हैं। आचार्य नेमिचन्द्र सिद्धान्तचक्रवर्ती और शुभचन्द्र ने रूपातीत ध्यान में अमूर्तिक अवलम्बन माना है तथा यह अमूर्तिक अवलम्बन णमोकार मन्त्र के पदोक्त गुणों का होता है। हरिभद्रसूरि ने अपने योगबिन्दु ग्रन्थ में **"अक्षरद्वयमेतत् श्रूयमाणं विधानतः"** इस श्लोक की स्वोपज्ञटीका में योगशास्त्र का सार णमोकार मन्त्र को बताया है। इस महामन्त्र की आराधना से समता भाव की प्राप्ति होती है तथा आत्मसिद्धि भी इसी मन्त्र के ध्यान से आती है। अधिक क्या, इस मन्त्र के अक्षर स्वयं योग हैं। इसकी प्रत्येक मात्रा, प्रत्येक पद, प्रत्येक वर्ण अमितशक्तिसम्पन्न हैं। वह लिखते हैं—**"अक्षरद्वयमपि किं पुनः पञ्चनमस्कारादीन्यनेकान्यक्षराणीत्यपि शब्दार्थः। एतद् 'योगः' इति शब्दलक्षणं श्रूयमाणमाकर्ण्यमानम्। तथाविधार्थानवबोधेऽपि 'विधानतो' विधानेन श्रद्धासंवेगादिशुद्धभावोल्लासकरकुड्मलयोजनादिलक्षणेन, गीतयुक्त-पापक्षयाय मिथ्यात्वमोहाद्यकुशलकर्मनिर्मूलनायोच्चैरित्यर्थम्"**। अर्थात् ध्यान करने के लिए ध्येय णमोकार मन्त्र के अक्षर, पद एवं ध्वनियाँ हैं। इन्हीं को योग भी कहा जाता है, यदि इन शब्दों को सुनकर भी अर्थ का बोध न हो तो भी श्रद्धा, संवेग और शुद्ध भावोल्लासपूर्वक हाथ जोड़कर इस मन्त्र का जाप करने से मिथ्यात्व मोह आदि अशुभ कर्मों का नाश होता है। इससे स्पष्ट है कि हरिभद्रसूरि ने पंचपरमेष्ठी वाचक णमोकार मन्त्र के अक्षरों को 'योग' कहा है। अतएव णमोकारमन्त्र स्वयं योगशास्त्र है, योगशास्त्र के सभी ग्रन्थों का प्रणयन इस महामन्त्र को हृदयंगम करने तथा इसके ध्यान द्वारा आत्मा को पवित्र करने के लिए हुआ है। 'योग' शब्द का अर्थ जो संयोग किया जाता है, उस दृष्टि से णमोकार मन्त्र के अक्षरों का संयोग—शुद्धात्मा का चिन्तन कर अर्थात् शुद्धात्माओं से अपना

सम्बन्ध जोड़कर अपनी आत्मा को शुद्ध बनाना है। 'धर्म-व्यापार' को जब योग कहा जाता है, उस समय णमोकार मन्त्रोक्त शुद्धात्मा के व्यापार-प्रयोग-ध्यान, चिन्तन द्वारा अपनी आत्मा को शुद्ध करना अभिप्रेत है। अतएव णमोकार मन्त्र और योग का प्रतिपाद्य-प्रतिपादकभाव सम्बन्ध है; क्योंकि आचार्यों ने अभेद विवक्षा से णमोकारमन्त्र को योग कहा है, इस दृष्टि से योग का तादात्म्यभाव सम्बन्ध भी सिद्ध होता है। तथा भेद विवक्षा से णमोकार मन्त्र की साधना के लिए योग का विधान किया है। अर्थात् योग-क्रिया द्वारा णमोकार मन्त्र की साधना की जाती है, अतः इस अपेक्षा से योग को साधन और णमोकार मन्त्र को साध्य कहा जा सकता है। यम, नियम, आसन, प्राणायाम और प्रत्यय इन पंचांगों द्वारा णमोकार मन्त्र को साधने योग्य शरीर और मन को एकाग्र किया जाता है। ध्यान और धारणा क्रिया द्वारा मन, वचन और काय की चंचलता बिलकुल रुक जाती है तथा साधक णमोकार मन्त्र रूप होकर सविकल्प समाधि को पार करने के उपरान्त निर्विकल्प समाधि को प्राप्त होता है। जिस प्रकार रात में समस्त बाहरी कोलाहल के रुक जाने पर रेडियो की आवाज़ साफ़ सुनाई पड़ती है तथा दिन में शब्द-लहरों पर बाहरी वातावरण का घात-प्रतिघात होता रहता है, अतः आवाज़ साफ़ सुनाई नहीं पड़ती है। पर रात में शब्द-लहरों पर से आघात छूट जाने पर स्पष्ट आवाज़ सुनाई पड़ने लगती है। इसी प्रकार जब तक हमारे मन, वचन और काय स्थिर नहीं होते हैं, तब तक णमोकार मन्त्र की साधना में आत्मा को स्थिरता प्राप्त नहीं होती है; किन्तु उक्त तीनों—मन, वचन और काय—के स्थिर होते ही साधना में निश्चलता आ जाती है। इसी कारण कहा गया है कि साधक को ध्यान-सिद्धि के लिए चित्त की स्थिरता रखनी परम आवश्यक है। मन की चंचलता में ध्यान बनता नहीं। अतः मनोनुकूल स्त्री, वस्त्र, भोजनादि इष्ट पदार्थों में मोह न करो, राग न करो और मन के प्रतिकूल पड़नेवाले सर्प, विष, कण्टक, शत्रु, व्याधि आदि अनिष्ट पदार्थों में द्वेष मत करो, क्योंकि इन इष्ट-अनिष्ट पदार्थों में राग-द्वेष करने से मन चंचल होता है और मन के चंचल रहने से निर्विकल्प समाधि रूप ध्यान का होना सम्भव नहीं। आचार्य नेमिचन्द्र सिद्धान्तचक्रवर्ती ने इसी बात को स्पष्ट किया है :

मा मुज्झइ मा रज्जइ मा दूसइ इट्ठणिट्ठट्ठेसु।
थिरमिच्छइ जइ चित्तं विचित्तज्झाणप्पसिद्धीए॥

णमोकार मन्त्र का बार-बार स्मरण, चिन्तन करने से मस्तिष्क में स्मृति-चिह्न (Memory Trace) बन जाते हैं, जिससे इस मन्त्र की धारणा (Retaining) हो जाने से व्यक्ति अपने मन को आत्मचिन्तन में लगा सकता है। अभिरुचि, अर्थ, अभ्यास, अभिप्राय, जिज्ञासा और मनोवृत्ति के कारण ध्यान में मजबूती आती है। जब ध्येय के प्रति अभिरुचि उत्पन्न हो जाती है तथा ध्येय का अर्थ अवगत हो जाता है और उस अर्थ को बार-बार हृदयंगम करने की जिज्ञासा और मनोवृत्ति बन जाती है, तव ध्यान की क्रिया पूर्णता को प्राप्त हो जाती है। अतएव योग-मार्ग के द्वारा णमोकार मन्त्र की साधना में सहायता प्राप्त होती है। इस मार्ग की अनभिज्ञता में व्यक्ति को ध्येय वस्तु के प्रति अभिरुचि, अर्थ, अभ्यास आदि का आविर्भाव नहीं हो पाता है। अतः णमोकार मन्त्र की साधना योग द्वारा करनी चाहिए।

आगम-साहित्य और णमोकार मन्त्र

आगम-साहित्य को श्रुतज्ञान कहा जाता है। णमोकार मन्त्र में समस्त श्रुतज्ञान हैं तथा यह समस्त आगम का सार है। दिगम्बर, श्वेताम्बर और स्थानकवासी इन तीनों ही सम्प्रदाय के आगम में णमोकार महामन्त्र के सम्बन्ध में बहुत कुछ पाया जाता है। आचारांग, सूत्रकृतांग, स्थानांग आदि नाम द्वादशांग के तीनों ही सम्प्रदाय में एक हैं। दिगम्बर सम्प्रदाय में 14 अंग बाह्य तथा 4 अनुयोग प्रमाणभूत; श्वेताम्बर सम्प्रदाय में 34 अंग बाह्य–12 उपांग, 10 प्रकीर्णक, 6 छेदसूत्र, 4 मूलसूत्र और दो चूलिका सूत्र प्रमाणभूत एवं स्थानकवासी सम्प्रदाय में 21 अंग बाह्य, 12 उपांग, 4 छेदसूत्र, 4 मूलसूत्र और 1 आवश्यक प्रमाणभूत माने गये हैं। इन सभी आगम ग्रन्थों में णमोकार का व्याख्यान, उत्पत्ति, निक्षेप, पद, पदार्थ, प्ररूपणा, वस्तु, आक्षेप, प्रसिद्धि, क्रम, प्रयोजन और फल इन दृष्टिकोणों से किया गया है।

उत्पत्ति–द्वार में नयों का अवलम्बन लेकर णमोकार मन्त्र की उत्पत्ति और अनुत्पत्ति–नित्यानित्यत्व का विस्तार से विचार किया गया है। क्योंकि वस्तु के स्वरूप का वास्तविक विवेचन नय और प्रमाण के बिना हो नहीं सकता। नय के जैनागम में सात भेद हैं–नैगम, संग्रह, व्यवहार, ऋजुसूत्र, शब्द, समभिरूढ़ और एवंभूत। सामान्य से नय के द्रव्यार्थिक और पर्यायार्थिक ये दो भेद किये जाते हैं। द्रव्य को प्रधान रूप से विषय करनेवाला नय द्रव्यार्थिक और पर्याय को प्रधानतः

विषय करनेवाला पर्यायार्थिक कहा जाता है। पूर्वोक्त सातों नयों में से नैगम, संग्रह और व्यवहार ये तीन भेद द्रव्यार्थिक के और ऋजुसूत्र, शब्द, समभिरूढ़ और एवंभूत पर्यायार्थिक नय के भेद हैं। सातों नयों की अपेक्षा से इस महामन्त्र की उत्पत्ति और अनुत्पत्ति के सम्बन्ध में विचार करते हुए कहा जाता है कि द्रव्यार्थिक नय की अपेक्षा यह मन्त्र नित्य है। शब्दरूप पुद्गलवर्गणाएँ नित्य हैं, उनका कभी विनाश नहीं होता है। कहा भी है :

उप्पणाणुप्पणो इत्थ नया णोगमस्सणुप्पण्णो।
सेसाणं उप्पण्णो जइ कत्तो तिविह सामिस्सा॥

अर्थात्—नैगमन की अपेक्षा यह णमोकार मन्त्र अनुत्पन्न—नित्य है। सामान्य मात्र विषय को ग्रहण करने के कारण इस नय का विषय ध्रौव्यमात्र है। उत्पाद और व्यय को यह नहीं ग्रहण करता, अतएव इस नय की अपेक्षा से यह मन्त्र नित्य है। विशेष पर्याय को ग्रहण करनेवाले नयों की अपेक्षा से यह मन्त्र उत्पाद-व्यय से युक्त है। क्योंकि इस महामन्त्र की उत्पत्ति के हेतु समुत्थान, वचन और लब्धि ये तीन हैं। णमोकार मन्त्र का धारण सशरीरी प्राणी करता है और शरीर की प्राप्ति अनादिकाल से बीजांकुर न्याय से होती आ रही है तथा प्रत्येक जन्म में भिन्न-भिन्न शरीर होते हैं, अतः वर्तमान जन्म के शरीर की अपेक्षा णमोकार मन्त्र सादि और सोत्पत्तिक है। इस मन्त्र की प्राप्ति गुरुवचनों से होती है, अतः उत्पत्तिवाला होने से सादि है। इस महामन्त्र की प्राप्ति योग्य श्रुतज्ञानावरण कर्म का क्षयोपशम होने पर ही होती है, इस अपेक्षा से यह मन्त्र उत्पाद-व्ययवाला प्रमाणित होता है।

उपर्युक्त विवेचन से सिद्ध होता है कि नैगम, संग्रह और व्यवहार नय की अपेक्षा यह मन्त्र नित्य, अनित्य दोनों प्रकार का है। ऋजुसूत्र नय की अपेक्षा इस महामन्त्र की उत्पत्ति में वचन—उपदेश और लब्धि ज्ञानावरणीय और वीर्यान्तरायकर्म का क्षयोपशम विशेष कारण है तथा शब्दादि नय की अपेक्षा केवललब्धि ही कारण है। इन पर्यायार्थिक नयों को अपेक्षा से यह णमोकार मन्त्र उत्पादव्ययात्मक है। कहा भी गया है :

"आद्यनैगमः सत्तामात्रग्राही, ततस्तस्याद्यनैगमस्य मतेन सर्ववस्तु नाभूतं नाविद्यमानं किंतु सर्वदैव सर्वं सदेव। अतः आद्यं नैगमस्य, स नगस्कारो नित्य

एव वस्तुत्वात् नभोवत्।"

शब्द और अर्थ की अपेक्षा से भी यह णमोकार मन्त्र नित्यानित्यात्मक है। शब्द नित्य और अनित्य दोनों प्रकार के होते हैं। अतः सर्वथा शब्दों को नित्य माना जाए तो सभी स्थानों पर शब्दों के श्रवण का प्रसंग आएगा और अनित्य माना जाए तो नित्य सुमेरु, चन्द्र, सूर्य आदि का संकेत शब्द से नहीं हो सकेगा। अतः पौद्गलिक शब्द-वर्गणाएँ नित्य हैं यथा व्यवहार में आनेवाले शब्द अनित्य हैं। शब्दों के नित्यानित्यात्मक होने से णमोकार मन्त्र भी नित्यानित्यात्मक है। अर्थ की दृष्टि से यह नित्य है, क्योंकि इसका अर्थ वस्तुरूप है और वस्तु अनादिकाल से अपने स्वरूप में अवस्थित चली आ रही है और अनन्तकाल तक अवस्थित चली जाएगी। सामान्य विशेषात्मक वस्तु का ग्रहण और विवेचन नय[1] तथा प्रमाण के द्वारा ही हो सकता है। प्रमाणनयात्मक वस्तु उत्पाद-व्यय-ध्रौव्यात्मक हुआ करती है और उत्पाद-व्यय-ध्रौव्यात्मक ही वस्तु नित्यानित्य कही जाती है।

निक्षेप—अर्थ-विस्तार को निक्षेप कहते हैं। निक्षेप-विस्तार में णमोकार मन्त्र के अर्थ का विस्तार किया जाता है। निक्षेप के चार भेद हैं—नाम, स्थापना, द्रव्य और भाव। णमोकार मन्त्र का भी नाम नमस्कार, स्थापना नमस्कार, द्रव्य नमस्कार और भाव नमस्कार—इन चार अर्थों में प्रयोग होता है। 'नमः' कहकर अक्षरों का उच्चारण करना नाम नमस्कार और मूर्ति, चित्र आदि में पंचपरमेष्ठी की स्थापना कर नमस्कार करना स्थापना नमस्कार है। द्रव्य नमस्कार के दो भेद हैं—आगम द्रव्य नमस्कार और नोआगम द्रव्य नमस्कार। उपयोगरहित 'नमः' इस शब्द का प्रयोग करना आगम नमस्कार और उपयोगसहित नमस्कार करना नोआगम नमस्कार होता है। इसके तीन भेद हैं—ज्ञायक, भाव्य और तद्व्यतिरिक्त। भाव नमस्कार के भी दो

---

1. अनभिनिर्वृत्तार्थसंकल्पमात्रग्राही नैगमः। स्वजात्यविरोधेनैकध्यमुपनीय पर्यायानाक्रान्तभेदानविशेषेण समस्तग्रहणात्संग्रहः। संग्रहनयाक्षिप्तानामर्थानां विधिपूर्वकमवहरणं व्यवहारः। ऋजुं प्रगुणं सूत्रयति तन्त्रयति इति ऋजुसूत्रः। लिङ्गसंख्यासाधनादिव्यभिचारनिवृत्तिपरः शब्दनयः। नानार्थसमभिरोहणात् समभिरूढः। येनात्मना भूतस्तेनैवाध्यवसाययतीत्येवंभूतः। अथवा येनात्मना येन ज्ञानेन भूतः परिणतस्तेनैवाध्यवसाययति।

—सर्वार्थसिद्धि, पृ. 84-87

भेद हैं—आगमभाव नमस्कार और नोआगम भाव नमस्कार। णमोकार मन्त्र का अर्थज्ञाता, उपयोगवान् आत्मा आगमभाव नमस्कार और उपयोगसहित **'णमो अरिहंताणं'** इन वचनों का उच्चारण तथा हाथ, पाँव, मस्तक आदि की नमस्कार-सम्बन्धी क्रिया को करना नोआगमभाव नमस्कार है। इस प्रकार निक्षेप द्वारा णमोकार मन्त्र के अर्थ का आशय हृदयंगम किया जाता है।[1]

पद-द्वार—**"पद्यते गम्यतेऽर्थोऽनेनेति पदम्"** अर्थात् जिसके द्वारा अर्थबोध हो, उसे पद कहते हैं। इसके पाँच भेद हैं—नामिक, नैपातिक, औपसर्गिक, आख्यातिक और मिश्र। संज्ञावाचक प्रत्ययों से सिद्ध होनेवाले शब्द नामिक कहे जाते हैं, जैसे अश्व, घट आदि। अव्ययवाची शब्द नैपातिक कहे जाते हैं, जैसे खलु, ननु, च आदि। उपसर्गवाचक प्रत्ययों को शब्दों के पहले जोड़ देने से जो नवीन शब्द बनते हैं, वे औपसर्गिक कहे जाते हैं। जैसे परिगच्छति, परिधावति। क्रियावाचक धातुओं से निष्पन्न होनेवाले शब्द आख्यातिक कहलाते हैं, जैसे धावति, गच्छति आदि। कृदन्त—कृत् प्रत्यय और तद्धित प्रत्ययों से निष्पन्न शब्द मिश्र कहे जाते हैं, जैसे नायकः, पावकः, जैनः, संयतः आदि। पद-द्वार का प्रयोजन णमोकार मन्त्र में प्रयुक्त शब्दों का वर्गीकरण कर उनके अर्थ का अवधारण करना है—शब्दों की निष्पत्ति को ध्यान में रखकर नैपातिक प्रभृति शब्दों का अर्थ एवं उनका रहस्य अवगत करना ही इस द्वार का उद्देश्य है। कहा गया है—**"निपतत्यर्हदादिपदानामादिपर्यन्तयोरिति निपातः, निपातादागतं तेन वा निर्वृत्तं स एव वा स्वार्थिकप्रत्ययविधान्नैपातिकम्—नमः इति पदम्"**। तात्पर्य यह है कि णमोकार मन्त्र के पदों की प्रकृति और प्रत्यय की दृष्टि से व्याख्या करना पद-द्वार है। इस द्वार की उपयोगिता शब्दों की शक्ति को अवगत करने में है। शब्दों में नैसर्गिक शक्ति पायी जाती है और इस शक्ति का बोध इसी द्वार के द्वारा सम्भव है। जब तक शब्दों का व्याकरण के प्रकृति-प्रत्यय की दृष्टि से वर्गीकरण नहीं किया जाता है, तब तक यथार्थ रूप में शब्द-शक्ति का बोध नहीं हो सकता। णमोकार मन्त्र के समस्त पद कितने शक्तिशाली हैं तथा पृथक्-पृथक् पदों में कितनी शक्ति है और इन पदों की शक्ति का उपयोग आत्मकल्याण के लिए किस प्रकार किया जा सकता है? आत्मा की कर्मावरण के कारण अवरुद्ध शक्ति किस प्रकार इस

---

1. विशेष के लिए देखें, धवला टीका, प्रथम पुस्तक, पृ. 8-60।

महामन्त्र की शक्ति के द्वारा प्रस्फुटित हो सकती है? आदि बातों का विचार इस पद-द्वार में होता है। यह केवल शब्दों की रचना या उस रचना द्वारा सम्पन्न व्युत्पत्ति का ही प्रदर्शन नहीं करता, बल्कि इस मन्त्र की पद, अक्षर और ध्वनि शक्ति का विश्लेषण करता है।

पदार्थद्वार—द्रव्य और भावपूर्वक णमोकार मन्त्र के पदों की व्याख्या करना पदार्थद्वार है। **"इह नमोऽर्हद्भ्यः, इत्यादिषु यत् नमः इति पदं तस्य नम इति पदस्यार्थः पदार्थः, स च पूजालक्षणः, स च कः? इत्याह द्रव्यसंकोचनं भावसंकोचनं च। तत्र द्रव्यसंकोचनं करशिरःपदादिसंकोचः। भावसंकोचनं तु विशुद्धस्य मनसोऽर्हदादिगुणेषु निवेशः।"** अर्थात् 'नमः अर्हद्भ्यः' इत्यादि पदों में नमः शब्द पूजार्थक है। पूजा दो प्रकार से सम्पन्न की जाती है—द्रव्य-संकोच और भाव-संकोच द्वारा। द्रव्य-संकोच से अभिप्राय है हाथ, सिर आदि का झुकाना—नम्रीभूत करना और भाव-संकोच का तात्पर्य भगवान् अरिहन्त के गुणों में मन को लगाना। द्रव्य-संकोच और भाव-संकोच के संयोगी चार भंग होते हैं—[1] द्रव्यसंकोच न भाव-संकोच, [2] भाव-संकोच न द्रव्य-संकोच, [3] द्रव्य-संकोच भाव-संकोच और [4] न द्रव्य-संकोच न भाव-संकोच। हाथ, सिर आदि को नम्र करना, परन्तु भीतरी अन्तरंग परिणति में नम्रता का न आना अर्थात् अन्तरंग परिणामों में श्रद्धाभाव का अभाव हो और ऊपर से श्रद्धा प्रकट करना यह प्रथम भंग का अर्थ है। दूसरे भंग के अनुसार भीतर परिणामों में श्रद्धा-भाव रहे, किन्तु ऊपर श्रद्धा न दिखलाना। फलतः नमस्कार करते समय भीतर श्रद्धा रहने पर भी; हाथ न जोड़ना और सिर को न झुकाना। तृतीय भंग का अर्थ है कि भीतर भी श्रद्धा हो और ऊपर से भी हाथ जोड़ना, सिर झुकाना आदि नमस्कार की क्रियाओं को सम्पन्न करे। चौथे भंग का अर्थ है कि भीतर भी श्रद्धा की कमी और ऊपर भी नमस्कार-सम्बन्धी क्रियाओं का अभाव रहे।

पदार्थद्वार का तात्पर्य यह है कि द्रव्यभावशुद्धिपूर्वक णमोकार मन्त्र का स्मरण, मनन और जप करना। श्रद्धापूर्वक पंचपरमेष्ठी की शरण में जाने तथा शरणसूचक शारीरिक क्रियाओं के सम्पन्न करने से ही आत्मा में शक्ति का जागरण होता है। कर्माविष्ट आत्मा शुद्धात्माओं को द्रव्यभाव की शुद्धिपूर्वक नमस्कार करने से उनके आदर्श से तद्रूप बनती है।

प्ररूपणाद्वार—वाच्य-वाचक प्रतिपाद्य-प्रतिपादक विषय-विषयी भाव की दृष्टि से णमोकार मन्त्र के पदों का व्याख्यान करना प्ररूपणाद्वार है। इसमें किं, कस्य, केन, क्व, कियत्कालं और कतिविधं—इन छह प्रश्नों का अर्थात् निर्देश, स्वामित्व, साधन, अधिकरण, स्थिति और विधान का समाधान किया जाता है। सबसे पहले यह प्रश्न उत्पन्न होता है कि णमोकार मन्त्र क्या वस्तु है? जीव है या अजीव? जीव-अजीव में भी द्रव्य है या गुण? नैगम आदि नयों की अपेक्षा जीव ही णमोकार है; क्योंकि ज्ञानमय जीव होता है और णमोकार श्रुतज्ञानमय है। अतएव पंचपरमेष्ठीवाचक णमोकार मन्त्र जीव है। इसकी रूपाकृति—शब्दों को अजीव कहा जा सकता है; पर भाव जो कि ज्ञानमय है, जीवस्वरूप है। द्रव्य और गुण के प्रश्नों में गुणों का समुदाय द्रव्य होता है तथा द्रव्य और गुण में कथंचित् भेदाभेदात्मक सम्बन्ध है; अतः णमोकार मन्त्र कथंचित् द्रव्यात्मक और कथंचित् गुणात्मक है।

यह नमस्कार किसको किया जाता है, इस प्रश्न का उत्तर यह है कि यह नमस्कार पूज्य—नमस्कार करने योग्यों को किया जाता है। पूज्य जीव और अजीव दोनों हो सकते हैं। जीव में अरिहन्त, सिद्ध, आचार्य, उपाध्याय और साधु तथा अजीव में इनकी प्रतिमाएँ नमस्कार्य होती हैं।

'केन' किस प्रकार णमोकार मन्त्र की उपलब्धि होती है, इस प्ररूपणा में निर्युक्तिकार ने बताया है कि जब तक अन्तरंग में क्षयोपशम की वृद्धि नहीं होती है, इस मन्त्र पर आस्था नहीं उत्पन्न हो सकती है। कहा है :

नाणावरणिज्जस्स य, दंसणमोहस्स जो खओवसमो।
जीवमजीवे अट्ठसु भंगेसु य होइ सव्वत्थ॥2893॥

अर्थात्—जीव को ज्ञानावरणादि आठों कर्मों में से—मतिज्ञानावरण, श्रुतज्ञानावरण कर्म के क्षयोपशम के साथ मोहनीयकर्म का क्षयोपशम होने पर णमोकार मन्त्र की प्राप्ति होती है। णमोकार मन्त्र श्रुतज्ञानरूप होता है और श्रुतज्ञान मतिज्ञानपूर्वक ही होता है, अतः मतिज्ञानावरण कर्म के क्षयोपशम के साथ, मोहनीय कर्म का क्षयोपशम भी होना आवश्यक है। क्योंकि आत्मस्वरूप के प्रति आस्था मिथ्यात्व कर्म के अभाव में ही होती है। अनन्तानुबन्धी क्रोध, मान, माया और लोभ के विसंयोजन के साथ मिथ्यात्व का क्षय उपशम या क्षयोपशम होना इस मन्त्र की उपलब्धि के लिए आवश्यक है। इस महामन्त्र की उपलब्धि में अन्तरायकर्म का

क्षयोपशम भी एक कारण है। यतः भीतरी योग्यता के प्रकट होने पर ही इस महामन्त्र की उपलब्धि होती है।

'क्व' यह नमस्कार कहाँ होता है? इसका आधार क्या है? इस प्रश्न का उत्तर यह है कि यह नमस्कार जीव में, अजीव में, जीव-अजीव में, जीव-अजीवों में, अजीव-जीवों में, जीवों-अजीवों में, जीवों में और अजीवों में कथंचिद् भेदात्मकता होने के कारण होता है। नयों की भिन्न-भिन्न दृष्टियाँ होने के कारण उपर्युक्त आठ भंगों में से कभी एक भंग आधार, कभी दो भंग आधार, कभी तीन भंग आधार और कभी इससे अधिक भंग आधार होते हैं।

'कियत्कालं'—नमस्कार कितने समय तक होता है, इस प्रश्न का समाधान करते हुए बताया गया है कि उपयोग की अपेक्षा से नमस्कार का उत्कृष्ट और जघन्य काल अन्तर्मुहूर्त है। कर्मावरण क्षयोपशमरूप लब्धि का जघन्यकाल अन्तर्मुहूर्त और उत्कृष्टकाल 66 सागर से अधिक होता है।

'कतिविधो नमस्कारः'—कितने प्रकार का नमस्कार होता है, इस प्ररूपणा में बताया गया है कि अरिहन्त, सिद्ध, आचार्य, उपाध्याय और साधु इन पाँचों पदों के पूर्व में णमो—नमः शब्द पाया जाता है। अतः पाँच प्रकार का नमस्कार होता है। इस प्रकार इस प्ररूपणा-द्वार में निर्देश, स्वामित्व, साधन, क्षेत्र, स्पर्शन, काल, अन्तर, भाव और अल्प-बहुत्व की अपेक्षा भी वर्णन किया गया है।

वस्तुद्वार—गुण-गुणी में कथंचिद् भेदाभेदात्मकता होने से अरिहन्त, सिद्ध, आचार्य, उपाध्याय और साधु ये पाँचों परमेष्ठी ही नमस्कार करने योग्य वस्तु हैं। व्यक्ति रत्नत्रयरूप गुणों को इसिलए नमस्कार करता है कि गुणों की प्राप्ति उसे अभीष्ट होती है। संसार-अटवी से पार होने का एकमात्र साधन रत्नत्रय है, अतः गुणगुणी में भेदात्मकता होने के कारण रत्नत्रय गुण को तथा उनके धारण करनेवाले पंचपरमेष्ठियों को नमस्कार किया गया है। यही इस णमोकारमन्त्र की वस्तु है।

आक्षेपद्वार—णमोकारमन्त्र के सम्बन्ध में कुछ शंकाएँ की गयी हैं। इन शंकाओं का निवारण ही इस द्वार में किया गया है। बताया गया है कि सिद्ध और साधु इन दोनों को नमस्कार करने से काम चल सकता है, फिर पाँच शुद्धात्माओं को नमस्कार क्यों किया गया है? क्योंकि जीवन्मुक्त अरिहन्त का सिद्ध में और न्यून रत्नत्रय गुणधारी आचार्य और उपाध्याय का साधु परमेष्ठी में अन्तर्भाव हो जाता है, अतः पंचपरमेष्ठी को नमस्कार करना उचित नहीं। यदि यह कहा जाए कि

विशेष दृष्टि से भिन्नत्व की सूचना देने के लिए नमस्कार किया है तो सिद्धों के अवगाहना, तीर्थ, लिंग, क्षेत्र आदि की अपेक्षा से अनेक भेद होते हैं तथा अरिहन्तों के तीर्थंकर अरिहन्त, सामान्य अरिहन्त आदि भी अनेक भेद हैं। इसी प्रकार आचार्य और उपाध्याय परमेष्ठी के भी अनेक भेद हो जाते हैं। इस प्रकार सब परमेष्ठी अनन्त हो जाएँगे, फिर इन्हें पाँच मानक नमस्कार करना कैसे उपयुक्त कहा जाएगा।

प्रसिद्धिद्वार—इस द्वार में पूर्वोक्त द्वार में आपादित शंकाओं का निराकरण किया गया है। द्विविध नमस्कार नहीं किया जा सकता है; क्योंकि अव्यापकपने का दोष आएगा। सिद्ध कहने से अरिहन्त के समस्त गुणों का बोध नहीं होता है, इसी प्रकार साधु कहने से आचार्य और उपाध्याय के गुणों का भी ग्रहण नहीं होता है। अतएव संक्षेप से द्विविध परमेष्ठी को नमस्कार करना अयुक्त है। निर्युक्तिकार ने भी बताया है :

अरिहंताई नियमा, साहूसाहू उ ते सू भइयव्वा।
तम्हा पंचविहो खलु हेउनिमित्तं हवइ सिद्धो ॥3202॥

साधुमात्रनमस्कारो विशिष्टोऽर्हदादिगुणनमस्कृतिफलप्रापणसमर्थो न भवति। तत्सामान्याभिधाननमस्कारकृतत्वात्, मनुष्यमात्रनमस्कारवत्, जीवमात्रनमस्कारवद्वेति। तस्मात्संक्षेपतोऽपि पञ्चविध एव नमस्कारो, न तु द्विविधः अव्यापकत्वात्; विस्तरतस्तु नमस्कारो न विधीयते अशक्यत्वात्।

अर्थात्—साधु मात्र का कथन करने से आचार्य और उपाध्याय के गुणों का स्मरण नहीं हो सकता है। क्योंकि सामान्य कथन से विशेष की उपलब्धि नहीं हो सकती है। जिस प्रकार मनुष्य सामान्य को नमस्कार करने से अरिहन्त, सिद्ध, आचार्य, उपाध्याय और साधु के गुणों का स्मरण नहीं हो सकता है और न तद्रूप बनने की प्रेरणा ही मिल सकती है। अतः पंचपरमेष्ठी को नमस्कार करना आवश्यक है, परमेष्ठियों के नमस्कार से कार्य नहीं चल सकता है। जो अनन्त परमेष्ठियों को नमस्कार करने की बात कही गयी है, उसका समाधान 'सव्व' पद के द्वारा हो जाता है। यह पद सभी परमेष्ठियों के साथ जोड़ा जा सकता है, जिससे अनन्त अर्हन्त, अनन्त सिद्ध, अनन्त आचार्य, अनन्त उपाध्याय और अनन्त साधुओं का ग्रहण हो ही जाता है। शक्ति सीमित होने के कारण पृथक् अनन्त परमेष्ठियों का निरूपण नहीं किया गया है। सामान्य के अन्तर्गत विशेष भेदों का

भी ग्रहण हो गया है।

क्रमद्वार[1]–किसी भी वस्तु का विवेचन क्रम से किया जाता है। णमोकार मन्त्र के विवेचन में पदों का क्रम ठीक नहीं रखा गया है। क्रम दो प्रकार का होता है– पूर्वानुपूर्वी और पश्चानुपूर्वी। णमोकार मन्त्र में पूर्वानुपूर्वी क्रम का निर्वाह नहीं किया गया है क्योंकि सिद्धों का आत्मा पूर्ण विशुद्ध है, समस्त आत्मिक गुणों का विकास सिद्धों में ही है। अतएव विशुद्धि की अपेक्षा पूज्य होने के कारण सिद्धों को सर्वप्रथम नमस्कार होना चाहिए था, पर णमोकार मन्त्र में ऐसा नहीं किया गया है। अतः पूर्वानुपूर्वी क्रम यहाँ पर नहीं है। पश्चानुपूर्वी क्रम का भी निर्वाह यहाँ पर नहीं किया गया है; क्योंकि इस क्रम में सबसे पहले साधु को नमस्कार और सबसे पीछे सिद्धों को नमस्कार होना चाहिए था। समाधान–उपर्युक्त शंका ठीक नहीं है। यहाँ पूर्वानुपूर्वी क्रम ही है। सिद्धों की अपेक्षा अरिहन्त अधिक उपकारी हैं; क्योंकि इन्हीं के उपदेश से हमें सिद्धों का ज्ञान प्राप्त होता है। इसके अनन्तर गुणों की न्यूनता और अधिकता की अपेक्षपा अन्य परमेष्ठियों को नमस्कार किया गया है। यों तो 'पादक्रम' प्रकरण में इसका विस्तृत विवेचन किया जा चुका है। अतः यहाँ पर उन सभी युक्तियों और प्रमाणों को उद्धृत करना असंगत होगा।

प्रयोजनफल द्वार–णमोकार मन्त्र की आराधना से लौकिक और पारलौकिक फलों की प्राप्ति किस प्रकार से होती है, इसका वर्णन इस द्वार में किया गया है।

इस प्रकार नय, निक्षेप एवं विभिन्न हेतुओं के द्वारा णमोकार मन्त्र का वर्णन जैनागम में मिलता है।

---

1. पुव्वाणुपुव्वि न कमो, नेव य पच्छाणुपुव्विए स भवे। सिद्धाईया पढमा। बिइयाए साहुणो आइ ॥3210॥ इह क्रमस्तावद् द्विविधः–पूर्वानुपूर्वी वा पश्चानुपूर्वी वेति। अत्रानुपूर्वी किल क्रम एव न भवति असञ्जसत्त्वात्। तत्रायमर्हदादिक्रमः पूर्वानुपूर्वी न भवति, सिद्धानामादावनभिधानादेकान्तकृतकृत्वेन। अर्हन्नमस्कार्यत्वेन सिद्धानां प्रधानत्वात्, प्रधानस्य चाभ्यर्हितत्वेन पूर्वाभिधानादिति भावार्थः। तथा नैव च पश्चानुपूर्वी, एष क्रमो भवेत् साधूनां प्रथममनभिधानात्, इहाप्रधानत्वात्सर्वपाश्चात्त्या हि साधवः। ततश्च तानादौ प्रतिपाद्य यदि पर्यन्ते सिद्धाभिधान स्यात् तदा भवेत्पश्चानुपूर्वी। तस्मात् प्रथमावाः सिद्धादित्वात्, द्वितीयायास्तु साध्वादित्वात् नेयं पूर्वानुपूर्वी, नापि पश्चानुपूर्वी। इति चेन्न–इह तावदयं पूर्वानुपूर्वी क्रम एव। यतोऽर्हदुपदेशेनैव सिद्धा अपि ज्ञायन्ते।–निर्युक्ति।

अन्तिम तीर्थंकर महावीर स्वामी के दिव्य उपदेश का संकलन द्वादशांग साहित्य के रूप में गणधर देव ने किया है। इस संकलन में कर्मप्रवाद नाम के पूर्व में कर्म विषय का वर्णन विस्तार से किया गया है। इसके सिवा द्वितीय पूर्व के एक विभाग का नाम कर्म-प्राभृत और पंचम पूर्व के एक विभाग का नाम कषाय-प्राभृत है। इनमें भी कर्मविषयक वर्णन है। इसी प्राचीन साहित्य के आधार पर रचे गये दिगम्बर और श्वेताम्बर सम्प्रदाय में कषाय-प्राभृत, महाबन्ध, गोम्मटसार कर्मकाण्ड, पंचसंग्रह, कर्मप्रकृति, कर्मस्तव, कर्मप्रकृति-प्राभृत, कर्मग्रन्थ, षडशीति एवं सप्ततिका आदि कई ग्रन्थ हैं, जिनमें इस विषय का वर्णन विस्तार के साथ किया गया है। ज्ञानावरणादि आठों कर्मों के स्वरूप, भेद-प्रभेद, उनके फल, कर्मों की अवस्थाएँ—बन्ध, उदय, उदीरणा, सत्त्व, उत्कर्षण, अपकर्षण, संक्रमण, निधत्ति और निकाचना का स्वरूप मार्गणा और गुणस्थानों के आश्रय से कर्मप्रकृतियों में बन्ध, उदय और सत्त्व के स्वामियों का विवेचन, मार्गणास्थानों में जीवस्थान, गुणस्थान, योग, उपयोग, लेश्या और अल्प-बहुत्व का विवेचन कर्म साहित्य का प्रधान विषय है। कर्मवाद का जैन अध्यात्मवाद के साथ घनिष्ठ सम्बन्ध है। आचार्यों ने चिन्तन और मनन को विपाकविचय नामक धर्मध्यान बताया है। मन को प्रारम्भ में एकाग्र करने के लिए कर्म-विषयक गहन साहित्य के निर्जन वनप्रदेश में प्रवेश करना आवश्यक-सा है। इस साहित्य के अध्ययन से मन को शान्ति मिलती है तथा इधर-उधर जाता हुआ मन एकाग्र होता है, जिससे ध्यान की सिद्धि प्राप्त होती है।

कर्म-साहित्य और महामन्त्र

णमोकार महामन्त्र और कर्मसाहित्य का निकटतम सम्बन्ध है; क्योंकि कर्म-साहित्य णमोकार मन्त्र के उपयोग की विधि का निरूपण करता है। इस महामन्त्र का उपयोग किस प्रकार किया जाए, जिससे आत्मा अनादिकालीन बन्धन को तोड़ सके। आत्मा के साथ अनादिकालीन कर्मप्रवाह के कारण सूक्ष्म शरीर रहता है, जिससे यह आत्मा शरीर में आबद्ध दिखलाई पड़ता है। मन, वचन और काय की क्रिया के कारण कषाय—राग, द्वेष, क्रोध, मान आदि भावों के निमित्त से कर्म-परमाणु आत्मा के साथ बँधते हैं। योग शक्ति जैसी तीव्र या मन्द होती है, वैसी ही संख्या में कम या अधिक परमाणु आत्मा की ओर खिंच आते हैं। जब योग उत्कट रहता है, उस समय कर्मपरमाणु अधिक तादाद में और जब योग जघन्य

होता है, उस समय कर्मपरमाणु कम तादाद में जीव की ओर आते हैं। इसी प्रकार तीव्र कषाय के होने पर कर्मपरमाणु अधिक समय तक आत्मा के साथ रहते हैं तथा तीव्र फल देते हैं। मन्द कषाय होने पर कम समय तक रहते हैं तथा मन्द ही फल देते हैं। आचार्य कुन्दकुन्द स्वामी ने बतलाया है कि णमोकार मन्त्रोक्त पंचपरमेष्ठियों की विशुद्ध आत्माओं का ध्यान या चिन्तन करने से आत्मा से चिपटा राग कम होता है। राग और द्वेष से युक्त आत्मा ही कर्मबन्धन करता है :

परिणमदि जदा अप्पा सुहम्मि असुहम्मि रागदोषजुदो।
तं पविसदि कम्मरयं णाणावरणादिभावेहिं॥

अर्थात्–जब राग-द्वेष से युक्त आत्मा अच्छे या बुरे कामों में लगता है, तब कर्मरूपी रज ज्ञानावरणादि रूप से आत्मा में प्रवेश करता है। यह कर्मचक्र जीव के साथ अनादिकाल से चला आ रहा है। पंचास्तिकाय में बताया है–"संसार में स्थित जीव के राग-द्वेषरूप परिणाम होते हैं, परिणामों से नये कर्म बँधते हैं। कर्मों से गतियों में जन्म लेना पड़ता है, जन्म लेने से शरीर होता है, शरीर में इन्द्रियाँ होती हैं, इन्द्रियों से विषय का ग्रहण होता है। विषयों के ज्ञान से राग-द्वेष परिणाम होते हैं। इस तरह संसार रूपी चक्र में पड़े जीवों के भावों से कर्म और कर्मों से भाव होते रहते हैं। यह प्रवाह अभव्य जीव की अपेक्षा अनादि अनन्त और भव्य जीव की अपेक्षा अनादि सान्त है। कर्मों के बीजभूत राग-द्वेष को इस महामन्त्र की साधना द्वारा नष्ट किया जा सकता है। जिस प्रकार बीज को जला देने के पश्चात् वृक्ष का उत्पन्न होना, बढ़ना, फल देना आदि नष्ट हो जाते हैं, इसी प्रकार णमोकार मन्त्र की आराधना से कर्म-जाल नष्ट हो जाता है।

जैन साहित्य में कर्मों के दो भेद माने गये हैं–द्रव्य और भाव। मोह के निमित्त से जीव के राग, द्वेष और क्रोधादिरूप जो परिणाम होते हैं, वे भावकर्म तथा इन भावों के निमित्त में जो कर्मरूप परिणमन न करने की शक्ति रखनेवाले पुद्गल परमाणु खिंचकर आत्मा से चिपट जाते हैं, वे द्रव्यकर्म कहलाते हैं। भावकर्म और द्रव्यकर्म इन दोनों में कारण-कार्य सम्बन्ध है। द्रव्यकर्मों के निमित्त से भावकर्म और भावकर्म निमित्त से द्रव्यकर्म होते हैं। द्रव्यकर्मों के मूल ज्ञानावरण, दर्शनावरण, वेदनीय, मोहनीय, आयु, नाम, गोत्र और अन्तराय–ये आठ भेद तथा अवान्तर 148 भेद होते हैं। जिन हेतुओं से कर्म आत्मा में आते हैं, वे हेतु आस्रव हैं।

मिथ्यात्व, अविरति, प्रमाद, कषाय और योग—ये पाँच आस्रव प्रत्यय—कारण हैं। जब यह जीव अपने आत्म-स्वरूप को भूलकर शरीरादि पर-द्रव्यों में आत्मबुद्धि करता है और उनके समस्त विचार और क्रियाएँ शरीराश्रित व्यवहारों में उलझी रहती हैं, मिथ्यादृष्टि कहा जाता है। मिथ्यात्व के कारण स्व-पर विवेक नहीं रहता, लक्ष्यभूत कल्याण-मार्ग में सम्यक् श्रद्धा नहीं होती। जीव अहंकार और ममकार की प्रवृत्ति के अधीन होकर अपने को भूल, बाह्य पदार्थों के रूप पर क्षुब्ध हो जाता है। मिथ्यात्व के समान आत्मा के स्वरूप को विकृत करनेवाला अन्य कोई नहीं है। यह कर्मबन्ध का प्रधान हेतु है।

अविरति—चारित्रमोह का उदय होने से चारित्र धारण करने के परिणाम नहीं हो पाते। पाँच इन्द्रियों और मन को अपने वश में न रखना तथा छह काय के प्राणियों की हिंसा करना अविरति है। अविरति के रहने पर जीव की प्रवृत्ति विवेकहीन होती है, जिससे नाना प्रकार के अशुभ कर्मों का बन्ध होता है।

प्रमाद—असावधानी रखना या कल्याणकारी कार्यों के प्रति आदर नहीं करना प्रमाद है। प्रमादी जीव पाँचों इन्द्रियों के विषयों में लीन रहता है, स्त्री-कथा, भोजनकथा, राजकथा और चोरकथा कहता-सुनता है; क्रोध, मान, माया और लोभ इन चारों कषायों में लीन रहता है एवं निद्रा और प्रणयासक्त होकर कर्तव्य मार्ग के प्रति आदरभाव नहीं रखता। प्रमादी जीव हिंसा करे या न करे, उसे असावधानी के कारण हिंसा अवश्य लगती है।

कषाय—आत्मा के शान्त और निर्विकारी रूप को जो अशान्त और विकार-ग्रस्त बनाये उसे कषाय कहते हैं। ये कषायें ही जीव में राग-द्वेष की उत्पत्ति करती हैं, जिससे जीव निरन्तर संसार परिभ्रमण करता रहता है। यतः समस्त अनर्थों का मूल राग-द्वेष का द्वन्द्व है।

योग—मन, वचन और काय की प्रवृत्ति को योग कहते हैं। योग के द्वारा ही कर्मों का आस्रव होता है। शुभ योग के रहने से पुण्यास्रव और अशुभ योग के रहने से पापास्रव होता है।

कर्मों के आने के साधन मिथ्यादर्शन, अविरति, प्रमाद, कषाय और योग हैं। इन पाँचों प्रत्ययों को जैसे-जैसे घटाते जाते हैं, वैसे-वैसे कर्मों का आस्रव कम होता जाता है। आस्रव को गुप्ति, समिति, धर्म, अनुप्रेक्षा, परीषहजय और चारित्र से रोका

जा सकता है। मन, वचन और काय की प्रवृत्ति को रोकना गुप्ति, प्रमाद का त्याग करना समिति, आत्मस्वरूप में स्थिर होना धर्म, वैराग्य उत्पन्न करने के साधन-संसार तथा आत्मा के स्वरूप और सम्बध का विचार करना अनुप्रेक्षा, आयी हुई विपत्तियों को धैर्यपूर्वक सहना परीषहजय एवं आत्मस्वरूप में विचरण करना चारित्र है। इस प्रकार कर्मों के आने के हेतुओं को रोकने, जिससे नवीन कर्मों का बन्ध न हो और पुरातन संचित कर्मों को निर्जरा-द्वारा क्षीण कर देने से सहज में निर्वाण प्राप्त किया जा सकता है, कर्म-सिद्धान्त आत्मा के विकास का उल्लेख करते हुए कहता है कि गुणस्थान क्रम से कर्मबन्ध जितना क्षीण होता जाता है उतनी ही आत्मा उत्तरोत्तर विकसित होती जाती है। आत्मा की उत्तरोत्तर विकसित होनेवाली विशुद्ध परिणति का नाम गुणस्थान है।

आगम में बताया गया है कि ज्ञान, दर्शन और चारित्र आदि गुणों की शुद्धि तथा अशुद्धि के तरतम भाव से होनेवाले जीव के भिन्न-भिन्न स्वरूपों को गुणस्थान कहा गया है। अथवा दर्शनमोहनीय और चारित्रमोहनीय के औदयिक आदि जिन भावों के द्वारा जीव पहचाना जाता है, वे भाव गुणस्थान हैं। असल बात यह है कि आत्मा का वास्तविक रूप शुद्ध चेतन और पूर्ण आनन्दमय है। जबतक आत्मा के ऊपर तीव्र कर्मावरण के घने बादलों की घटा छायी रहती है, तबतक उसका वास्तविक रूप दिखलाई नहीं देता, पर आवरण के क्रमशः शिथिल या नष्ट होते ही आत्मा का असली स्वरूप प्रकट हो जाता है। जब आवरण की तीव्रता अपनी चरम सीमा पर पहुँच जाती है, तब आत्मा अविकसित अवस्था में पड़ा रहता है और जब आवरण बिलकुल नष्ट हो जाते हैं तो आत्मा अपनी मूल शुद्ध अवस्था में आ जाता है। प्रथम अवस्था को अविकसित अवस्था या अधःपतन की अवस्था तथा अन्तिम अवस्था को निर्वाण कहा जाता है। इस तरह आध्यात्मिक विकास में प्रथम अवस्था—मिथ्यात्वभूमि से लेकर अन्तिम अवस्था—निर्वाणभूमि तक मध्य में अनेक आध्यात्मिक भूमियों का अनुभव करना पड़ता है; जैनागमोक्त ये ही आध्यात्मिक भूमियाँ गुणस्थान हैं। इन्हीं का क्रमशः जीव आरोहण करता है।

समस्त कर्मों में मोहनीय कर्म प्रधान है, जब तक यह बलवान् और तीव्र रहता है, तबतक अन्य कर्म सबल बने रहते हैं। मोह के निर्बल या शिथिल होते ही अन्य कर्मावरण भी निर्बल या शिथिल हो जाते हैं। अतएव आत्मा के विकास में

मोहनीय कर्म बाधक है। इसकी प्रधान दो शक्तियाँ हैं—दर्शन और चारित्र। प्रथम शक्ति आत्मस्वरूप का अनुभव नहीं होने देती है और दूसरी आत्मस्वरूप का अनुभव और विवेक हो जाने पर भी तदनुसार प्रवृत्ति नहीं होने देती है। आत्मिक विकास के लिए प्रधान दो कार्य करने होते हैं—प्रथम स्व-पर का यथार्थ दर्शन अर्थात् भेद-विज्ञान करना और दूसरा स्वरूप में स्थित होना। मोहनीय कर्म की दूसरी शक्ति प्रथम शक्ति की अनुगामिनी है अर्थात् प्रथम शक्ति के बलवान् होने पर द्वितीय शक्ति कभी निर्बल नहीं हो सकती है; किन्तु प्रथम शक्ति के मन्द, मन्दतर और मन्दतम होते ही, द्वितीय शक्ति भी मन्द, मन्दतर और मन्दतम होने लगती है। तात्पर्य यह है कि आत्मा का स्वरूप दर्शन हो जाने पर स्वरूप-लाभ हो ही जाता है। कर्म सिद्धान्त इस स्वरूप-दर्शन और स्वरूप-लाभ का विस्तृत विवेचन करता है। आत्मा किस प्रकार स्वरूप-लाभ करती है तथा इसका स्वरूप किस प्रकार विकृत होता है, यह तो कर्म-सिद्धान्त का प्रधान प्रतिपाद्य विषय है।

णमोकार महामन्त्र का भक्तिपूर्वक उच्चारण, मनन और चिन्तन करना आत्मा के स्वरूप-दर्शन में सहायक है। इस महामन्त्र के भावसहित उच्चारण करने मात्र से मोहनीय कर्म की प्रथम शक्ति क्षीण होने लगती है। एक बात यह भी है कि मोहनीय कर्म के मन्द हुए बिना इस महामन्त्र की प्राप्ति होना अशक्य है। आत्मा की प्रथमावस्था—मिथ्यात्व भूमि में इस मन्त्र के उच्चारण और मनन से जीव दूर रहता है, उसकी प्रवृत्ति इस महामन्त्र की ओर नहीं होती। परन्तु जब दर्शन-मोहनीय का उपशम, क्षय या क्षयोपशम हो जाता है, तब चतुर्थ गुणस्थान—स्वरूप—दर्शन में इस महामन्त्र की ओर श्रद्धा ही सम्यक्त्व है; क्योंकि इससे रत्नत्रयगुणविशिष्ट आत्मा के शुद्ध-स्वरूप को नमस्कार किया गया है। कर्म सिद्धान्त के आध्यात्मिक विकास के अनुसार अधःपतन की प्रथम अवस्था मिथ्यात्व में आत्मा की बिलकुल गिरी हुई अवस्था बतलायी है, आत्मा यहाँ आधिभौतिक उत्कर्ष कर सकता है, परन्तु अपने तात्त्विक लक्ष्य से दूर रहता है। णमोकार मन्त्र का भाव-सहित उच्चारण इस भूमि में सम्भव नहीं। बहिरात्मा बनकर आत्मा महा भ्रम में पड़ा रहता है। राग-द्वेष का पटल और अधिक सघन होता जाता है।

भावपूर्वक णमोकार मन्त्र के जाप, ध्यान और मनन से यह अधःपतन की अवस्था दूर हो जाती है, राग-द्वेष की दीवार जर्जरित हो टूटने लगती है, मोह की

प्रधान शक्ति दर्शनमोहनीय के शिथिल होते ही चारित्र मोह भी मन्द होने लगता है। यद्यपि कुछ समय तक दर्शनमोहनीय की मन्दता से उत्पन्न आत्मिक शक्ति को मानसिक विकारों के साथ युद्ध करना पड़ता है, परन्तु णमोकार मन्त्र अपनी अद्‌भुत शक्ति के द्वारा मानसिक विकारों को पराजित कर देता है। राग-द्वेष की तीव्रतम दुर्भेद्य दीवार को एक मात्र णमोकार मन्त्र ही तोड़ने में समर्थ है। विकासोन्मुखी आत्मा के लिए यह महामन्त्र अंगपरित्राण का कार्य करता है। इस मन्त्र की आराधना से वीर्योल्लास और आत्मशुद्धि इतनी बढ़ जाती है, जिससे मिथ्यात्व को पराजित करने में विलम्ब नहीं लगता तथा यह जीव चतुर्थगुणस्थान में पहुँच जाता है। अपने विशुद्ध परिणामों के कारण इस अवस्था में पहुँचने पर आत्मा को शान्ति मिलती है तथा अन्तर आत्मा बनकर व्यक्ति अपने भीतर स्थिर सूक्ष्म सहज परमात्मा-शुद्धात्मा का दर्शन करने लगता है। तात्पर्य यह है कि णमोकार मन्त्र की साधना मिथ्यात्व भूमि को दूर कर परमात्मभाव रूप देव का दर्शन कराता है। इस चतुर्थगुणस्थान से आगेवाले गुणस्थान–आध्यात्मिक विकास की भूमियाँ सम्यग्दृष्टि की हैं, इनमें उत्तरोत्तर विकास तथा दृष्टि की शुद्धि अधिकाधिक होती है। पाँचवें गुणस्थान में देश-संयम की प्राप्ति हो जाती है, णमोकार मन्त्र की आराधना के परिणामों में विरक्ति आती है, जिससे जीव चारित्रमोह को भी शिथिल करता है। इस गुणस्थान का व्यक्ति उक्त महामन्त्र की आराधना का अभ्यासी स्वभावतः हो जाता है।

छठे गुणस्थान में स्वरूपाभिव्यक्ति होती है और लोककल्याण की भावना का विकास होता है, जिससे महाव्रतों का पूर्ण पालन साधक करने लगता है। इस आध्यात्मिक भूमि में णमोकार मन्त्र ही आत्मा का एकमात्र आराध्य बन जाता है। विकासोन्मुखी आत्मा जब प्रमाद का भी त्याग करता है और स्वरूप-मनन, चिन्तन के सिवा अन्य सब व्यापारों का त्याग कर देता है तो व्यक्ति अप्रमत्तसंयत नामक सातवें गुणस्थान का धारी समझा जाता है, प्रमाद आत्मसाधना के मार्ग से विचलित करता है, किन्तु यह साधना णमोकार मन्त्र के सिवा अन्य कुछ भी नहीं है, क्योंकि णमोकार मन्त्र के प्रतिपाद्य आत्मा शुद्ध और निर्मल हैं। इस आध्यात्मिक भूमि में पहुँचकर साधक अपनी शक्ति का विकास करता है, आस्रव के कारणों को रोकता है और अवशेष मोहनीय की प्रकृतियों को नष्ट करने की तैयारी करता है। इससे

आगे अपूर्वकरण के परिणामों द्वारा आत्मा का विकास करता है और णमोकार मन्त्र की आराधना में आत्माराधना का दर्शन और तादात्म्यकरण करता है तथा मोह के संस्कारों के प्रभाव को क्रमशः दबाता हुआ आगे बढ़ता है और अन्त में उसे बिलकुल ही उपशान्त कर देता है। कोई-कोई साधक ऐसा भी होता है, जो मोहभाव को नाश करता है। आठवें गुणस्थान से आगे णमोकार मन्त्र की आराधना—आत्मस्वरूप के चिन्तन-द्वारा क्रोध, मान और माया को नष्ट कर साधक अनिवृत्तिकरण नामक नौवें गुणस्थान में पहुँचता है तथा इससे आगे लोभ कषाय का भी दमन कर, दसवें गुणस्थान में पहुँचता है। यहाँ से बारहवें गुणस्थान में स्थित होकर समस्त मोहभाव को नष्ट कर देता है। अनन्तर अपने स्वरूप के ध्यान द्वारा केवल ज्ञान को प्राप्त कर जिन बन जाता है। कुछ दिनों के पश्चात् शुक्लध्यान के बल से योगों का निरोध कर चौदहवें गुणस्थान में पहुँच क्षण-भर में निर्वाण लाभ करता है। यह आत्मा की चरम शुद्धावस्था है, इसी को प्राप्त कर आत्मा कर्मजाल से युक्त होने पर भी सम्यक्त्व को प्राप्त कर लेता है। आत्मा की सिद्धि का प्रधान कारण इस मन्त्र की आराधना ही है। इसी से कर्मजाल को नष्ट कर स्वातन्त्र्य की प्राप्ति का यह कारण बनता है।

उपर्युक्त गुणस्थान-विकास की परम्परा को देखने से प्रतीत होता है कि णमोकार मन्त्र द्वारा कर्मों के आस्रव को रोका जा सकता है तथा संचित कर्मों का निर्जरा द्वारा क्षय कर निर्वाणलाभ किया जा सकता है। इतना ही नहीं बल्कि णमोकार मन्त्र की आराधना से कर्मों की अवस्था में भी परिवर्तन किया जा सकता है। प्रकृति, प्रदेश, स्थिति और अनुभाग इन चारों बन्धों में इस मन्त्र की साधना से स्थिति और अनुभाग बन्ध को घटाया जा सकता है। शुभ कर्मों में उत्कर्षण और अशुभ कर्मों में अपकर्षण-करण किया जा सकता है। इस मन्त्र की पवित्र साधना से उत्पन्न हुई निर्मलता से किन्हीं विशेष कर्मों की उदीरणा भी की जा सकती है। अतएव कर्म-सिद्धान्त की अपेक्षा से भी इस महामन्त्र का बड़ा भारी महत्त्व है। आत्मविकास के लिए यह एक सबल साधन है।

अनादिनिधन इस णमोकार मन्त्र में आठ कर्म, कर्मों के आस्रव के प्रत्यय-मिथ्यात्व, अविरति, प्रमाद, कषाय और योग; बन्ध क्रिया और बन्ध के द्रव्य भाव भेद तथा उसके प्रभेद, कर्मों के करण, बन्ध के चार प्रधान भेद, सात तत्त्व,

कर्मसिद्धान्त के अनेक तत्त्वों की उत्पत्ति का स्थान—णमोकार मन्त्र

नौ पदार्थ, बन्ध, उदय, सत्त्व, चार गति, चार कषाय, चौदह मार्गणा, चौदह गुण-स्थान, पाँच अस्तिकाय, छह द्रव्य, त्रेसठ शलाका पुरुष आदि निहित हैं। स्वर, व्यंजन, पद आदि इस मन्त्र में निहित हैं। स्वर, व्यंजन, पद, अक्षर इनके संयोग, वियोग, गुणन आदि के द्वारा उक्त तथ्य सिद्ध किये जाते हैं। जिस प्रकार द्वादशांग जिनवाणी के समस्त अक्षर इस मन्त्र में निहित हैं, उसी प्रकार इसमें उक्त सिद्धान्त भी निहित हैं। यद्यपि द्वादशांग जिनवाणी के अन्तर्गत सभी तथ्य यों ही आ जाते हैं, फिर भी इनका पृथक् विचार कर लेना आवश्यक है।

इस मन्त्र में [1] णमो अरिहंताणं, [2] णमो सिद्धाणं, [3] णमो आइरियाणं, [4] णमो उवज्झायाणं, [5] णमो लोए सव्वसाहूणं—ये पाँच पद हैं। विशेषापेक्षया [1] णमो [2] अरिहंताणं [3] णमो [4] सिद्धाणं [5] णमो [6] आइरियाणं [7] णमो [8] उवज्झायाणं [9] णमो [10] लोए [11] सव्वसाहूणं ये ग्यारह पद हैं। अक्षर इसमें 35, स्वर 34, व्यंजन 30 हैं। इस आधार पर-से निम्न निष्कर्ष निकलते हैं। 34 स्वर संख्या में से इकाई, दहाई के अंकों को पृथक् किया तो 3 और 4 अंक हुए। व्यंजनों में 30 की संख्या को पृथक् किया तो, 3 और 0 हुए। कुल स्वर 34 और व्यंजन 30 की संख्या के योग को पृथक् किया तो 34 + 30 = 64; 6 और 4 हुए। इस मन्त्र के अक्षरों की संख्या को पृथक् किया तो 3 और 5 हुए। अतः—

3 × 5 = 15 योग, 3 + 5 = 8 कर्म, 5—3 = 2 जीव और अजीव तत्त्व, 5 ÷ 3 = 1 लब्ध और शेष 2, मूल दो तत्त्व, अजीव कर्म के हटने पर लब्ध रूप शुद्ध जीव एक।

स्वरों में—3 × 4 = 12 अविरति, 3 + 4 = 7 तत्त्व, 4—3 = 1 प्रधानता की अपेक्षा जीव। पाँच यह पंचास्तिकाय। स्वर + व्यंजन + अक्षर = 34 + 30 + 35 = 99, फल योग 9 + 9 = 18, इनसे योगान्तर 1 + 8 = 9 पदार्थ। 99 ÷ 34 = 2 लब्ध और 31 शेष, 3 + 1 = 4 गति, कषाय, विकथा विशेषापेक्षया 11 पद, सामान्यापेक्षया। 5, 34 स्वर, 30 व्यंजन, 35 अक्षर इन पर-से विस्तार किया तो 34 + 30 = 64 × 5 = 320 ÷ 30 = 9 लब्ध और 14 शेष। यह 14 संख्या गुणस्थान और मार्गणा की है। अथवा 64 × 11 = 704 ÷ 30 = 23 लब्ध, 14 शेष। यही शेष संख्या गुणस्थान और मार्गणा है। नियम यह है कि समस्त स्वर

और व्यंजनों की संख्या को सामान्य पद संख्या से गुणा कर स्वर की संख्या का भाग देने पर शेष तुल्य गुणस्थान और मार्गणा अथवा समस्त स्वर और व्यंजनों की संख्या को विशेष पद संख्या से गुणा कर व्यंजनों की संख्या का भाग देने पर शेष तुल्य गुणस्थान और मार्गणा की संख्या आती है। छह द्रव्य और छह काय के जीवों की संख्या निकालने के लिए यह नियम है कि समस्त स्वर और व्यंजनों की संख्या (64) को व्यंजनों की संख्या से गुणा कर विशेष पद संख्या का भाग देने पर शेष तुल्य द्रव्यों की तथा जीवों के काय की संख्या अथवा समस्त स्वर और व्यंजनों की संख्या को स्वर संख्या से गुणा कर सामान्य पद संख्या का भाग देने पर शेष तुल्य द्रव्यों की तथा जीवों के काय की संख्या आती है। यथा 64 × 30 = 1920 ÷ 11 = 174 लब्ध, 6 शेष, यही शेष तुल्य द्रव्य और काय की संख्या है। अथवा 64 × 34 = 2176 ÷ 5 = 434 लब्ध, 6 शेष। यही शेष प्रमाण द्रव्य और काय की संख्या है। इस महामन्त्र में कुल मात्राएँ 58 हैं। प्रथम पद के **'णमो अरिहंताणं'** में = 1 + 2 + 1 + 1 + 2 + 2 + 2 = 11, द्वितीय पद **'णमो सिद्धाणं'**[1] में = 1 + 2 + 1 + 2 + 2 = 8, तृतीय पद **'णमो आइरियाणं'** में = 1 + 2 + 2 + 1 + 1 + 2 + 2 = 11, चतुर्थ पद **'णमो उवज्झायाणं'** में = 1 + 2 + 1 + 2 + 2 + 2 + 2 = 12, पंचम पद **'णमो लोए सव्वसाहूणं'** में = 1 + 2 + 2 + 2 + 2 + 1 + 2 + 2 + 2 = 16, समस्त मात्राओं का योग = 11 + 8 + 11 + 12 + 16 = 58। इस विश्लेषण से समस्त कर्म-प्रकृतियों का योग निकलता है। यह जीव कुल 148 प्रकृतियों को बाँधता है। मात्राएँ + स्वर + व्यंजन + विशेषपद + सामान्यपद का गुणन = 58 + 34 + 30 + 11 + 15 = 148। इन 148 प्रकृतियों में 122 प्रकृतियाँ उदय योग्य हैं और बन्ध योग्य 120 प्रकृतियाँ हैं। उनका क्रम इस प्रकार है—58 + 64 = 122 ये ही उदय योग्य हैं। क्योंकि 148 में-से 26 निम्न प्रकृतियाँ कम हो जाती हैं। स्पर्शादि 20 की जगह 4 का ग्रहण किया जाता है, इस प्रकार 16 प्रकृतियाँ घट जाती हैं और पाँचों शरीरों के पाँच

1. संयुक्त के पूर्व वर्ण पर स्वराघात न हो तो छन्द-शास्त्र में उसे ह्रस्व मानते हैं।

बन्धन और पाँच संघातों का ग्रहण नहीं किया गया है। इस प्रकार 26 घटने से 122 उदय में तथा बन्ध में दर्शनमोहनीय की एक ही प्रकृति बँधती है और उदय में यही तीन रूप में परिवर्तित हो जाती है। कहा गया है :

जंतेण कोद्दवं वा पढमुवसम्मभावजंतेण।
मिच्छं दव्वं तु तिधा असंखगुणहीणदव्वकमा॥ –कर्मकाण्ड

अर्थात्–प्रथमोपशमसम्यक्त्वपरिणामरूप यन्त्र से मिथ्यात्वरूपी कर्मद्रव्य द्रव्य-प्रमाण में क्रम से असंख्यातगुणा-असंख्यातगुणा कम होकर तीन प्रकार का हो जाता है। अर्थात् बन्ध केवल मिथ्यात्व प्रकृति का होता है और उदय में वही मिथ्यात्व तीन रूप में बदल जाता है। जैसे धान के चावल, कण और भूसा ये तीन अंश हो जाते हैं अर्थात् केवल धान उत्पन्न होता है, पर उपयोगकाल में उसी धान के चावल, कण और भूसा ये तीन अंश हो जाते हैं। यही बात मिथ्यात्व के सम्बन्ध में भी है।

इस प्रकार णमोकार मन्त्र बन्ध, उदय और सत्त्व की प्रकृतियों की संख्या पर समुचित प्रकाश डालता है। कुल प्रकृति संख्या 148, बन्ध संख्या 120, उदय संख्या 122 और सत्त्व संख्या 148 इसी मन्त्र में निहित है। 120 संख्या निकालने का क्रम यह है–34 स्वर, 30 व्यंजन बताये गये हैं। $3 \times 4 = 12$, $3 \times 0 = 0$ गुणनशक्ति के अनुसार शून्य को दस मान लेने पर गुणनफल = 120।

30, $3 + 0 = 3$ रत्नत्रय संख्या; $3 \times 0 = 0$ कर्माभावरूप-मोक्ष। $30 + 34 = 64$, $6 \times 4 = 24$ तीर्थंकर, $3 \times 4 = 12$ चक्रवर्ती, $64 + 35 = 99$, $9 + 9 = 18$, $8 + 1 = 9$ नारायण, 9 प्रतिनारायण, 9 बलदेव, इस प्रकार कुल $24 + 12 + 9 + 9 + 9 = 63$, शलाका पुरुष। 58 मात्राएँ, इनके विश्लेषण-द्वारा $5 + 8 = 13$ चारित्र, $5 \times 8 = 40$, $4 + 0 = 4$ प्रकार के बन्ध–प्रकृति, प्रदेश, स्थिति और अनुभाग। प्रमाण के भेद-प्रभेद भी इसमें निहित हैं। प्रमाण के मूलभेद दो हैं–प्रत्यक्ष और परोक्ष। $5 \div 3 = 1$ ल. शेष 2, यही दो भेद वस्तु के व्यवस्थापक प्रमाण के भेद हैं। परोक्ष में पाँच भेद–स्मृति, प्रत्यभिज्ञान, तर्क, अनुमान और आगमरूप पाँच पद हैं। नय के द्रव्यार्थिक और पर्यायार्थिक भेदों के साथ नैगम, संग्रह, व्यवहार, ऋजुसूत्र, शब्द, समभिरूढ़ और एवंभूत। ये सात भी $3+4 = 7$ रूप में विद्यमान हैं। इस प्रकार इस महामन्त्र में कर्म बन्धक सामग्री–मिथ्यात्व 5, अविरति 12, प्रमाद 15, कषाय 25 और

योग 15 की संख्या भी विद्यमान है। साथ ही कर्म बन्धन से मुक्त करानेवाली सामग्री 5 समिति, 3 गुप्ति, 5 महाव्रत, 22 परीषहजय, 12 अनुप्रेक्षा और 10 धर्म की संख्या भी निहित है। 10 धर्म की संख्या तथा कर्मों के 10 करणों की संख्या निम्न प्रकार आती है। 35 अक्षरों का विश्लेषण सामान्य पदों के साथ किया तो 3 × 5 = 15 – 5 पद = 10। इस मन्त्र के अंकों में द्वादशांग के पृथक्-पृथक् पदों की संख्या भी निहित है, आचारांग, सूत्रकृतांग, स्थानांग, समवायांग, व्याख्याप्रज्ञप्ति, ज्ञातृधर्मकथांग, उपासकाध्ययनांग आदि अंगों की पदसंख्या क्रमशः अठारह हज़ार, छत्तीस हज़ार, बयालीस हज़ार, एक लाख चौसठ हज़ार, दो लाख अट्ठाईस हज़ार, पाँच लाख छप्पन हज़ार, ग्यारह लाख सत्तर हज़ार, तेईस लाख अट्ठाईस हज़ार, बानवे लाख चवालीस हज़ार, तिरानबे लाख सोलह हज़ार और एक करोड़ चौरासी लाख पद हैं। इन सब संख्याओं की उत्पत्ति इस महामन्त्र से हुई है। दृष्टिवाद के पदों की संख्या भी इस मन्त्र में विद्यमान है।

द्रव्यानुयोग और णमोकार मन्त्र

जिसमें जीव, पुद्गल, धर्म, अधर्म, आकाश और काल इन छह द्रव्यों का; जीव, अजीव, आस्रव, बन्ध, संवर, निर्जरा और मोक्ष इन सात तत्त्वों का एवं पुण्य-पाप का निरूपण किया जाए, उसे द्रव्यानुयोग कहते हैं। इस अनुयोग की दृष्टि से णमोकार महामन्त्र की विशेष महत्ता है। णमोकार स्वयं द्रव्य है, शब्दों की दृष्टि से पुद्गल द्रव्य है और अर्थ की दृष्टि से शुद्धात्माओं का वर्णन करने के कारण जीवद्रव्य है। सम्यक्त्व की प्राप्ति का यह बहुत बड़ा साधन है। द्रव्यों के विवेचन से प्रतीत होता है कि णमोकार मन्त्र का आत्मद्रव्य के साथ निकटतम सम्बन्ध है तथा इसके द्वारा कल्याण का मार्ग किस प्रकार प्राप्त किया जा सकता है। इस मन्त्र में द्रव्य, तत्त्व, अस्तिकाय आदि का निर्देश विद्यमान है।

जीव-आत्मा स्वतन्त्र द्रव्य है, अनन्त ज्ञानदर्शनवाला, अमूर्तिक, चैतन्य, ज्ञानादिपर्यायों का कर्ता, कर्मफलभोक्ता और स्वयं प्रभु है। कुन्दकुन्दाचार्य ने बतलाया है कि—"जिसमें रूप, रस, गन्ध न हो तथा इन गुणों के न रहने से जो अव्यक्त है, शब्दरूप भी नहीं है, किसी भौतिक चिह्न से भी जिसे कोई नहीं जान सकता, जिसका न कोई निर्दिष्ट आकार है, उस चैतन्य गुणविशिष्ट द्रव्य को जीव

कहते हैं।" व्यवहार-नय से जो इन्द्रिय, बल, आयु और श्वासोच्छ्वास इन चार प्राणों-द्वारा जीता है, पहले जिया था और आगे जीवित रहेगा, उसे जीवद्रव्य तथा निश्चय नय की अपेक्षा से जिसमें चेतना पायी जाए, उसे जीवद्रव्य कहते हैं। णमोकार मन्त्र में वर्णित आत्माओं में उपर्युक्त निश्चय और व्यवहार दोनों ही लक्षण पाये जाते हैं। निश्चय नय-द्वारा वर्णित शुद्धात्मा अरिहन्त और सिद्ध की है। वे दोनों चैतन्य रूप हैं। ज्ञानादि पर्यायों के कर्ता और उनके भोक्ता हैं। आचार्य, उपाध्याय और साधु परमेष्ठी की आत्माओं में व्यवहार-नय का लक्षण भी घटित होता है।

पुद्गल—जिसमें रूप, रस, गन्ध और स्पर्श पाये जाएँ उसे पुद्गल कहते हैं। इसके दो भेद हैं—अणु और स्कन्ध। अन्य प्रकार से पुद्गल के तेईस भेद माने गये हैं, जिनमें आहारवर्गणा, तैजसवर्गणा, भाषावर्गणा, मनोवर्गणा और कार्माणवर्गणा--ये पाँच ग्राह्य वर्गणाएँ होती हैं। शब्द भाषावर्गणा का व्यक्त रूप है। अतः णमोकार मन्त्र के शब्द भाषावर्गणा के अंग हैं। ये वर्गणाएँ द्रव्य दृष्टि से नित्य और पर्याय दृष्टि से अनित्य होती हैं। अतः णमोकार मन्त्र के शब्द पुद्गल द्रव्य हैं।

धर्म और अधर्म—ये दोनों द्रव्य क्रमशः जीव और पुद्गलों को चलने और ठहरने में सहायता करते हैं। णमोकार महामन्त्र का अनादि परम्परा से जो परिवर्तन होता आ रहा है तथा अनेक कल्पकाल के अनेक तीर्थंकरों ने इस महामन्त्र का प्रवचन किया है इसमें कारण ये दोनों द्रव्य हैं। इन द्रव्यों के कारण ही शब्द और अर्थ रूप परिणमन करने में स्वयं परिवर्तन करते हुए इस मन्त्र को ये दोनों द्रव्य सहायता प्रदान करते हैं।

आकाश—समस्त वस्तुओं को अवकाश—स्थान प्रदान करता है। णमोकार मन्त्र भी द्रव्य है, उसे भी इसके द्वारा अवकाश—स्थान मिलता है। यह मन्त्र शब्दरूप में लिखित किसी काग़ज़ पर उसमें निवास करनेवाले आकाशद्रव्य के कारण ही स्थित है। क्योंकि आकाश का अस्तित्व पुस्तक, ताम्रपत्र, ताडपत्र, भोजपत्र, काग़ज़ आदि सभी में है। अतः यह मन्त्र भी लिखित या अलिखित रूप में आकाश द्रव्य में ही वर्तमान है।

काल—इस द्रव्य के निमित्त से वस्तुओं की अवस्थाएँ बदलती हैं। पर्यायों का

होना तथा उत्पाद-व्ययरूप परिणति का होना कालद्रव्य पर निर्भर है। कालद्रव्य की सहायता के बिना इस मन्त्र का आविर्भाव और तिरोभाव सम्भव नहीं है।

णमोकार महामन्त्र द्रव्य है, इसमें गुण और पर्यायें पायी जाती हैं। इस मन्त्र में द्रव्य, द्रव्यांश, गुण, गुणांश रूप स्वचतुष्टय वर्तमान है जिसे दूसरे शब्दों में द्रव्य, क्षेत्र, काल और भाव कहा जाता है। इसका अपना चतुष्टय होने से ही यह द्रव्यापेक्षया अनादि माना जाता है। द्रव्यानुयोग की अपेक्षा से भी यह मन्त्र आत्म-कल्याण में सहायक है; क्योंकि इसके द्वारा आत्मिक गुणों का निश्चय होता है। स्वानुभूति की इसके साथ अन्वय और व्यतिरेक दोनों प्रकार की व्याप्तियाँ वर्तमान हैं। तात्पर्य यह है कि णमोकार मन्त्र से स्वानुभूति होती है, अतः णमोकार मन्त्र की उपयोगावस्था में स्वानुभव के साथ बिषमा व्याप्ति और लब्धि रूप णमोकार मन्त्र के साथ स्वानुभव की समा व्याप्ति होती है।

इस महामन्त्र से जीवादि तत्त्वों के विषय में श्रद्धा, रुचि, प्रतीति और आचरण उत्पन्न होते हैं। तत्त्वार्थ के जानने के लिए उद्यत बुद्धि का होना श्रद्धा; तत्त्वार्थ में आत्मिकभाव का होना रुचि, तत्त्वार्थ को ज्यों का त्यों स्वीकार करना प्रतीति एवं तत्त्वार्थ के अनुकूल क्रिया करना आचरण है। श्रद्धा, रुचि, प्रतीति ये तीनों णमोकार के द्रव्यांश और गुणांश हैं। अथवा यों समझना चाहिए कि ये तीनों ज्ञानात्मक हैं, णमोकार मन्त्र श्रुतज्ञान रूप है, अतः ये तीनों ज्ञान की पर्याय होने से णमोकार मन्त्र की भी पर्याय हैं। स्वानुभूति के साथ णमोकार मन्त्र की आराधना करने से सम्यग्दर्शन तो उत्पन्न ही होता है, पर विवेक और आचरण भी प्राप्त हो जाते हैं।

इस महामन्त्र की अनुभूति आत्मा में हो जाने पर प्रशम, संवेग, अनुकम्पा और आस्तिक्य गुणों का प्रादुर्भाव हो जाता है तथा आत्मानुभूति हो जाने से बाह्य विषयों से अरुचि भी हो जाती है। प्रथम गुण के उत्पन्न होने से पंचेन्द्रिय सम्बन्धी विषयों में और असंख्यात लोकप्रमाण क्रोधादि भावों में स्वभाव से ही मन की प्रवृत्ति नहीं होती है। क्योंकि अनन्तानुबन्धी क्रोध, मान, माया और लोभ का उदय उसके नहीं होता है तथा अप्रत्याख्यानावरण और प्रत्याख्यानावरण कषायों का मन्दोदय हो जाता है। संवेग गुण की उत्पत्ति होने से आत्मा का धर्म और धर्म के फल में पूरा उत्साह रहता है तथा साधर्मी भाइयों से वात्सल्यभाव रहने लगता है। समस्त प्रकार

की अभिलाषाएँ भी इस गुण के प्रादुर्भूत होने से दूर हो जाती हैं, क्योंकि सभी अभिलाषाएँ मिथ्यात्व कर्म के उदय से उत्पन्न होती हैं। णमोकार मन्त्र की अनुभूति न होना या इस महामन्त्र के प्रति हार्दिक श्रद्धा भावना का न होना मिथ्यात्व है। सम्यग्दृष्टि से णमोकार महामन्त्र की अनुभूति हो ही जाती है, अतः सभी सांसारिक अभिलाषाओं का अभाव हो जाता है। पंचाध्यायीकार ने संवेग गुण का वर्णन करते हुए कहा है :

त्यागः सर्वाभिलाषस्य निर्वेदो लक्षणात्तथा।
स संवेगोऽथवा धर्मः साभिलाषो न धर्मवान्॥443॥
नित्यं रागी कुदृष्टिः स्यान्न स्यात् क्वचिदरागवान्।
अस्तरागोऽस्ति सद्दृष्टिर्नित्यं वा स्यान्न रागवान्॥445॥

—प. अ. 2

अर्थ—सम्पूर्ण अभिलाषाओं का त्याग करना अथवा वैराग्य धारण करना संवेग है और उसी का नाम धर्म है। क्योंकि जिसके अभिलाषा पायी जाती है, वह धर्मात्मा कभी नहीं हो सकता। मिथ्यादृष्टि पुरुष सदा रागी भी है, वह कभी भी रागरहित नहीं होता। पर णमोकार मन्त्र की आराधना करनेवाले सम्यग्दृष्टि का राग नष्ट हो जाता है। अतः वह रागी नहीं, अपितु विरागी है। संवेग गुण आत्मा को आसक्ति से हटाता है और स्वरूप में लीन करता है।

णमोकार मन्त्र की अनुभूति होने से तीसरा आस्तिक्य गुण प्रकट होता है। इस गुण के प्रकट होते ही 'सत्त्वेषु मैत्री' की भावना आ जाती है। समस्त प्राणियों के ऊपर दयाभाव होने लगता है। 'सर्वभूतेषु समता' के आ जाने पर इस गुण का धारक जीव अपने हृदय में चुभनेवाले माया, मिथ्यात्व और निदान शल्य को भी दूर कर देता है तथा स्व-पर अनुकम्पा पालन करने लगता है। चौथे आस्तिक्य गुण के प्रकट होने में द्रव्य, गुण, पर्याय आदि में यथार्थ निश्चय बुद्धि उत्पन्न हो जाती है तथा निश्चय और व्यवहार के द्वारा सभी द्रव्यों की वास्तविकता का हृदयंगम भी होने लगता है। द्वादशांगवाणी का सार यह णमोकार मन्त्र सम्यक्त्व के उक्त चारों गुणों को उत्पन्न करता है।

आत्मा को सामान्य-विशेष स्वरूप माना गया है। ज्ञान की अपेक्षा आत्मा सामान्य है और उस ज्ञान में समय-समय पर जो पर्यायें होती हैं, वह विशेष है।

सामान्य स्वयं ध्रौव्यरूप रहकर विशेष रूप में परिणमन करता है; इस विशेष पर्याय में यदि स्वरूप की रुचि हो तो समय-समय पर विशेष में शुद्धता आती जाती है। यदि उस विशेष पर्याय में ऐसी विपरीत रुचि हो कि 'जो रागादि तथा देहादि हैं, वह मैं हूँ' तो विशेष में अशुद्धता होती है, स्वरूप में रुचि होने पर शुद्ध पर्याय क्रमबद्ध और विपरीत होने पर अशुद्ध पर्याय क्रमबद्ध प्रकट होती हैं। चैतन्य की क्रमबद्ध पर्याय में अन्तर नहीं पड़ता, किन्तु जीव जिधर रुचि करता है, उस ओर की क्रमबद्ध दशा प्रकट होती है। णमोकार मन्त्र आत्मा की ओर रुचि करता है तथा रागादि और देहादि से रुचि को दूर करता है, अतः आत्मा की शुद्ध क्रमबद्ध दशाओं को प्रकट करने में प्रधान कारण यही कहा जा सकता है। यह आत्मा की ओर वह पुरुषार्थ है जो क्रमबद्ध चैतन्य पर्यायों को उत्पन्न करने में समर्थ है। अतएव द्रव्यानुयोग की अपेक्षा णमोकार मन्त्र की अनुभूति विपरीत मान्यता और अनन्तानुबन्धी कषाय का नाश कर विशुद्ध चैतन्य पर्यायों की ओर जीव को प्रेरित करती है। आत्मा की शुद्धि के लिए इस महामन्त्र का उच्चारण, मनन और ध्यान करना आवश्यक है।

यों तो गणितशास्त्र का उपयोग लोक-व्यवहार चलाने के लिए होता है, पर आध्यात्मिक क्षेत्र में भी इस शास्त्र का व्यवहार प्राचीन काल से होता चला आ रहा है। मन को स्थिर करने के लिए गणित एक प्रधान साधन है। गणित की पेचीदी

गणितशास्त्र और णमोकार मन्त्र

गुत्थियों में उलझकर मन स्थिर हो जाता है तथा एक निश्चित केन्द्रबिन्दु पर आश्रित होकर आत्मिक विकास में सहायक होता है। णमोकार मन्त्र, षट्खण्डागम का गणित, गोम्मटसार और त्रिलोकसार के गणित मन की सांसारिक प्रवृत्तियों को रोकते हैं और उसे कल्याण के पथ पर अग्रसर करते हैं। वास्तव में गणितविज्ञान भी इसी प्रकार का है जिसे एक बार इसमें रस मिल जाता है, वह फिर इस विज्ञान को जीवन-भर छोड़ नहीं सकता है। जैनाचार्यों ने धार्मिक गणित का विधान कर मन को स्थिर करने का सुन्दर और व्यवस्थित मार्ग बतलाया है। क्योंकि निकम्मा मन प्रमाद करता है, जब तक यह किसी दायित्वपूर्ण कार्य में लगा रहता है, तब तक इसे व्यर्थ की अनावश्यक एवं न करने योग्य बातों के सोचने का अवसर ही नहीं मिलता है पर जहाँ इसे दायित्व से छुटकारा मिला–स्वच्छन्द हुआ कि यह उन विषयों को सोचेगा, जिनका स्मरण भी कभी कार्य करते समय नहीं होता था। मन की गति बड़ी विचित्र

है। एक ध्येय में केन्द्रित कर देने पर यह स्थिर हो जाता है।

नया साधक जब ध्यान का अभ्यास आरम्भ करता है, तब उसके सामने सबसे बड़ी कठिनाई यह आती है कि अन्य समय जिन सड़ी-गली, गन्दी एवं घिनौनी बातों की उसने कभी कल्पना नहीं की थी, वे ही उसे याद आती हैं और वह घबरा जाता है। इसका प्रधान कारण यही है कि जिसका वह ध्यान करना चाहता है, उसमें मन अभ्यस्त नहीं है और जिनमें मन अभ्यस्त है, उनसे उसे हटा दिया गया है; अतः इस प्रकार की परिस्थिति में मन निकम्मा हो जाता है। किन्तु मन को निकम्मा रहना आता नहीं, जिससे वह उन पुराने चित्रों को उधेड़ने लगता है, जिनका प्रथम संस्कार उसके ऊपर पड़ा है। वह पुरानी बातों के विचार में संलग्न हो जाता है।

आचार्य ने धार्मिक गणित की गुत्थियों को सुलझाने के मार्ग-द्वारा मन को स्थिर करने की प्रक्रिया बतलायी है क्योंकि नये विषय में लगने से मन ऊबता है, घबराता है, रुकता है और कभी-कभी विरोध भी करने लगता है। जिस प्रकार पशु किसी नवीन स्थान पर नये खूँटे से बाँधने पर विद्रोह करता है, चाहे नयी जगह उसके लिए कितनी ही सुखप्रद क्यों न हो, फिर भी अवसर पाते ही रस्सी तोड़कर अपने पुराने स्थान पर भाग जाना चाहता है। इसी प्रकार मन भी नये विचार में लगना नहीं चाहता। कारण स्पष्ट है, क्योंकि विषयचिन्तन का अभ्यस्त मन आत्मचिन्तन में लगने से घबराता है। यह बड़ा ही दुर्निग्रह और चंचल है। धार्मिक गणित के सतत अभ्यास से यह आत्मचिन्तन में लगता है और व्यर्थ की अनावश्यक बातें विचार-क्षेत्र में प्रविष्ट नहीं हो पातीं।

णमोकार महामन्त्र का गणित इसी प्रकार का है, जिससे इसके अभ्यास द्वारा मन विषय-चिन्तन से विमुख हो जाता है और णमोकार मन्त्र की साधना में लग जाता है। प्रारम्भ में साधक जब णमोकार मन्त्र का ध्यान करना शुरू करता है तो उसका मन स्थिर नहीं रहता है। किन्तु इस महामन्त्र के गणित-द्वारा मन को थोड़े ही दिन में अभ्यस्त कर लिया जाता है। इधर-उधर विषयों की ओर भटकनेवाला चंचल मन, जो कि घर-द्वार छोड़कर वन में रहने पर भी व्यक्ति को आन्दोलित रखता है, वह इस मन्त्र के गणित के सतत अभ्यास-द्वारा इस मन्त्र के अर्थचिन्तन में स्थिर हो जाता है तथा पंचपरमेष्ठी—शुद्धात्मा का ध्यान करने लगता है।

प्रस्तार, भंगसंख्या, नष्ट, उद्दिष्ट, आनुपूर्वी और अनानुपूर्वी इन गणित विधियों द्वारा णमोकार महामन्त्र का वर्णन किया गया है। इन छह प्रकार के गणित में चंचल मन एकाग्र हो जाता है। मन के एकाग्र होने से आत्मा की मलिनता दूर होने लगती है तथा स्वरूपाचरण की प्राप्ति हो जाती है। णमोकार मन्त्र में सामान्य की अपेक्षा, पाँच या विशेष की अपेक्षा ग्यारह पद, चौंतीस स्वर, तीस व्यंजन, अट्ठावन मात्राओं-द्वारा गणित-क्रिया सम्पन्न की जाती है। यहाँ संक्षेप में उक्त छहों प्रकार की विधियों का दिग्दर्शन कराया जाएगा।

भंगसंख्या—किसी भी अभीष्ट पद संख्या में एक, दो, तीन आदि संख्या को अन्तिम गच्छ संख्या एक रखकर परस्पर गुणा करने पर कुल भंगसंख्या आती है। आचार्य नेमिचन्द्र सिद्धान्तचक्रवर्ती ने भंगसंख्या निकालने के लिए निम्न कारण सूत्र बतलाया है—

सव्वेपि पुव्वभंगा उवरिमभंगेसु एक्कमेक्केसु।
मेलंतित्ति य कमतो गुणिदे उप्पज्जदे संख्या॥36॥

अर्थ—पूर्व के सभी भंग आगे के प्रत्येक भंग में मिलते हैं, इसलिए क्रम से गुणा करने पर संख्या उत्पन्न होती है।

उदाहरण के लिए णमोकार मन्त्र की सामान्य पद संख्या 5 तथा विशेष पदसंख्या 11 तथा मात्राओं की संख्या 58 को ही लिया जाता है। जिस संख्या के भंग निकालने हैं, वही संख्या गच्छ कहलाएगी। अतः यहाँ सर्वप्रथम 11 पदों की भंगसंख्या लानी है, इसलिए 11 गच्छ हुआ। इसको एक-दो-तीन आदि कर स्थापित किया—1 ।2 ।3 ।4 ।5 ।6 ।7 ।8 ।9 ।10 ।11 ।

इस पदसंख्या में एक संख्या का भंग एक ही हुआ; क्योंकि एक का पूर्ववर्ती कोई अंक नहीं है, अतः एक को किसी से भी गुणा नहीं किया जा सकता है। दो संख्या के भंग दो हुए; क्योंकि दो को एक भंगसंख्या से गुणा करने पर दो गुणनफल निकला। तीन संख्या के भंग छह हुए; क्योंकि तीन को दो की भंगसंख्या से गुणा करने पर छह हुए। चार संख्या के भंग चौबीस हुए, क्योंकि तीन की भंग संख्या छह को चार से गुणा करने पर चौबीस गुणनफल निष्पन्न हुआ। पाँच संख्या के भंग एक सौ बीस हैं, क्योंकि पूर्वोक्त संख्या के चौबीस भंगों को पाँच से गुणा किया, जिससे 120 फल आया। छह संख्या के भंग 720 आये; क्योंकि पूर्वोक्त संख्या 120

× 6 = 720 संख्या निष्पन्न हुई। सात संख्या के भंग 5040 हुए, क्योंकि पूर्वोक्त भंगसंख्या को सात से गुणा करने पर 720 × 7 = 5040 संख्या निष्पन्न हुई। आठ संख्या के भंग 40320 आये; क्योंकि पूर्वोक्त सात अंक की भंगसंख्या को आठ से गुणा किया तो 5040 × 8 = 40320 भंगों की संख्या निष्पन्न हुई। नौ संख्या के भंग 362880 हुए; क्योंकि पूर्वोक्त आठ अंक की भंगसंख्या को 9 से गुणा किया। अतः 40320 × 9 = 362880 भंगसंख्या हुई। दस संख्या की भंगसंख्या लाने के लिए पूर्वोक्त नौ अंक की भंगसंख्या को दस से गुणा कर देने पर अभीष्ट अंक दस की भंगसंख्या निकल आएगी। अतः 362880 × 10 = 3628800 भंगसंख्या दस के अंक की हुई। ग्यारहवें पद की भंगसंख्या लाने के लिए पूर्वोक्त दस की भंगसंख्या को ग्यारह से गुणा कर देने पर ग्यारहवें पद की भंगसंख्या निकल आएगी। अतः 3628800 × 11 = 39916800 ग्यारहवें पद की भंगसंख्या हुई।

प्रधान रूप से णमोकार मन्त्र में पाँच पद हैं। इनकी भंगसंख्या = 1 ।2 ।3 ।4 ।5; 1 × 1 = 1; 1 × 2 = 2; 2 × 3 = 6; 6 × 4 = 24; 24 × 5 = 120 हुई। 58 मात्राओं, 34 स्वरों और 30 व्यंजनों को भी गच्छ बनाकर पूर्वोक्त विधि से भंगसंख्या निकाल लेनी चाहिए। भंगसंख्या लाने का एक संस्कृत करणसूत्र निम्न है। इस करणसूत्र का आशय पूर्वोक्त गाथा करणसूत्र से भिन्न नहीं है। मात्र जानकारी की दृष्टि से इस करणसूत्र को दिया जा रहा है। इसमें गाथोक्त 'मेलंता' के स्थान पर 'परस्परहताः' पाठ है, जो सरलता की दृष्टि से अच्छा मालूम होता है। यद्यपि गाथा में भी 'गुणिदा' आगेवाला पद उसी अर्थ का द्योतक है। कहा गया है कि पदों को रखकर **"एकाद्या गच्छपर्यन्ताः परस्परहताः पदाः। राशयस्तद्धि विज्ञेयं विकल्पगणिते फलम्॥"** अर्थात् एकादि गच्छों का परस्पर गुणा कर देने से भंगसंख्या निकल आती है।

इस गणित का अभिप्राय णमोकार मन्त्र के पदों-द्वारा अंक-संख्या निकालना है। मन को अभ्यस्त और एकाग्र करने के लिए णमोकार मन्त्र के पदों का सीधा-सादा क्रमबद्ध स्मरण न कर व्यतिक्रम रूप से स्मरण करना है। जैसे पहले **'णमो सिद्धाणं'** कहने के अनन्तर **'णमो लोए सव्वसाहूणं'** पद का स्मरण करना। अर्थात् **'णमो सिद्धाणं, णमो लोए सव्वसाहूणं, णमो आइरियाणं, णमो**

अरिहंताणं, णमो उवज्झायाणं' इस प्रकार स्मरण करना अथवा **"णमो अरिहंताणं, णमो उवज्झायाणं, णमो लोए सव्वसाहूणं, णमो आइरियाणं, णमो सिद्धाणं"** इस रूप स्मरण करना या किन्हीं दो पद, तीन पद या चार पदों का स्मरण कर उस संख्या का निकालना। पदों के क्रम में किसी भी प्रकार का उलट-फेर किया जा सकता है।

यहाँ यह आशंका उठती है कि णमोकार मन्त्र के क्रम को बदलकर उच्चारण स्मरण या मनन करने पर पाप लगेगा; क्योंकि इस अनादि मन्त्र का क्रमभंग होने से विपरीत फल होगा। अतः यह पद-विपर्यय का सिद्धान्त ठीक नहीं जँचता। श्रद्धालु व्यक्ति जब साधारण मन्त्रों के पद-विपर्यय से डरता है तथा अनिष्ट फल प्राप्त होने के अनेक उदाहरण सामने प्रस्तुत हैं, तब इस महामन्त्र में इस प्रकार का परिवर्तन उचित नहीं लगता।

इस शंका का उत्तर यह है कि किसी फल की प्राप्ति करने के लिए गृहस्थ को भंगसंख्या-द्वारा णमोकार मन्त्र के ध्यान की आवश्यकता नहीं। जब तक गृहस्थ अपरिग्रही नहीं बना है, घर में रहकर ही साधना करना चाहता है, तब तक उसे उक्त क्रम से ध्यान नहीं करना चाहिए। अतः जिस गृहस्थ व्यक्ति का मन संसार के कार्यों में आसक्त है, वह इस भंगसंख्या-द्वादा मन को स्थिर नहीं कर सकता है। त्रिगुप्तियों का पालन करना जिसने आरम्भ कर दिया है, ऐसा दिगम्बर, अपरिग्रही साधु अपने मन को एकाग्र करने के लिए उक्त क्रम-द्वारा ध्यान करता है। मन को स्थिर करने के लिए क्रम-व्यतिक्रम रूप से ध्यान करने की आवश्यकता पड़ती है। अतः गृहस्थ को उक्त प्रयोग की प्रारम्भिक अवस्था में आवश्यकता नहीं है। हाँ, ऐसा व्रती श्रावक, जो प्रतिमा योग धारण करता है, वह इस विधि से णमोकार मन्त्र का ध्यान करने का अधिकारी है। अतएव ध्यान करते समय अपना पद, अपनी शक्ति और अपने परिणामों का विचार कर ही आगे बढ़ना चाहिए।

प्रस्तार—आनुपूर्वी और अनानुपूर्वी के अंगों का विस्तार करना प्रस्तार है। अथवा लोम-विलोम क्रम से आनुपूर्वी की संख्या को निकालना प्रस्तार है। णमोकार मन्त्र के पाँच पदों की भंगसंख्या 120 आयी है, इसकी प्रस्तार-पंक्तियाँ भी 120 होती हैं। इन प्रस्तार-पंक्तियों में मन को स्थिर किया जाता है। आचार्य नेमिचन्द्र सिद्धान्त-चक्रवर्ती ने गोम्मटसार जीवकाण्ड में प्रमाद का प्रस्तार निकाला है। इसी

क्रम से णमोकार मन्त्र के पदों का भी प्रस्तार निकालना है। गाथा सूत्र निम्न प्रकार है :

पढमं पमदपमाणं कमेण णिक्खिविय उवरिमाणं च।
पिंडं पडि एक्केक्कं णिक्खित्ते होदि पत्थारो॥37॥
णिक्खित्तु विदियमेत्तं पढमं तस्सुवरि विदियमेक्केक्कं।
पिंडं पडि णिक्खेओ एवं सव्वत्थ कायव्वो॥38॥

अर्थात्–गच्छ प्रमाण पद संख्या का विरलन करके उसके एक-एक रूप के प्रति उसके पिण्ड का निक्षेपण करने पर प्रस्तार होता है। अथवा आगेवाले गच्छ प्रमाण का विरलन कर, उससे पूर्ववाले भंगों को उस विरलन पर रख देने और योग कर देने से प्रस्तार की रचना होती है। जैसे यहाँ 3 पदसंख्या का 4 पदसंख्या के साथ प्रस्तार तैयार करना है। तीन पदसंख्या के अंग 6 आये हैं। अतः प्रथम रीति से प्रस्तार तैयार करने के लिए तीन पद की भंगसंख्या का विरलन किया तो 1 ।1 ।1 ।1 ।1 ।1 हुआ। इसके ऊपर आगे की पदसंख्या की स्थापना की तो–4 ׀4 ׀4 ׀4 ׀4 ׀4 = 24 हुए। इनका आगेवाली पदसंख्या के साथ प्रस्तार बनाना
1 ।1 ।1 ।1 ।1 ।1
हो तो इस 24 संख्या का विरलन किया 5 5 5 5 5 5 5 5 5 5 5 5 5 5 5 5 5 5
1|1|1|1|1|1|1|1|1|1|1|1|1|1|1|1|1|1|
5 5 5 5 5 5 और इसके ऊपर आगेवाली संख्या स्थापित कर दी तो सबको
1|1|1|1|1|1
जोड़ देने पर प्रस्तार बन जाता है। यह प्रस्तार संख्या 120 हुई। द्वितीय विधि से प्रस्तार निकालने के लिए जिस गच्छ प्रमाण का प्रस्तार बनाना हो, उसी का विरलन कर, पूर्व की भंगसंख्या को उसके नीचे स्थापित कर दिया जाता है और सबको जोड़ देने पर प्रस्तार हो जाता है। जैसे यह 4 पद-संख्या का प्रस्तार निकालना है तो इस चार का विरलन कर दिया– 1׀1׀1׀1 और इस विरलन के नीचे पूर्व की भंगसंख्या
6|6|6|6
को स्थापित कर दिया और सबको जोड़ किया तो 24 संख्या चौथे पद की आयी। यदि पाँचवें पद का प्रस्तार बनाना हो तो इस पाँच का विरलन कर चौथे पद की संख्या को इसके नीचे स्थापित कर देने से द्वितीय विधि के अनुसार प्रस्तार आएगा। अतः 1׀ 1׀ 1׀ 1׀ 1 इसका योग किया तो 120 प्रस्तार आया। इस
24|24|24|24|24

प्रकार णमोकार मन्त्र के 5 पदों की पंक्तियाँ 120 होती हैं। यहाँ पर छह-छह पंक्तियों के दस वर्ग बनाकर लिखे जाते हैं। इन वर्गों से इस मन्त्र की ध्यान विधि पर पर्याप्त प्रकाश पड़ता है।

प्रथम वर्ग

1	2	3	4	5
2	1	3	4	5
1	3	2	4	5
3	1	2	4	5
2	3	1	4	5
3	2	1	4	5

द्वितीय वर्ग

1	2	3	5	4
2	1	3	5	4
1	3	2	5	4
3	1	2	5	4
2	3	1	5	4
3	2	1	5	4

तृतीय वर्ग

1	2	4	5	3
2	1	4	5	3
1	4	2	5	3
4	1	2	5	3
2	4	1	5	3
4	2	1	5	3

चतुर्थ वर्ग

1	3	4	5	2
3	1	4	5	2
1	4	3	5	2
4	1	3	5	2
3	4	1	5	2
4	3	1	5	2

पंचम वर्ग

2	3	4	5	1
3	2	4	5	1
2	4	3	5	1
4	2	3	5	1
3	4	2	5	1
4	3	2	5	1

षष्ठ वर्ग

1	2	4	3	5
2	1	4	3	5
1	4	2	3	5
2	4	1	3	5
4	2	1	3	5
4	1	2	3	5

सप्तम वर्ग

1	2	5	3	4
2	1	5	3	4
1	5	2	3	4
5	1	2	3	4
2	5	1	3	4
5	2	1	3	4

अष्टम वर्ग				
1	2	5	3	4
2	1	5	3	4
1	5	2	3	4
5	1	2	3	4
2	5	1	3	4
5	2	1	3	4

नवम वर्ग				
1	3	5	4	2
3	1	5	4	2
1	5	3	4	2
5	1	3	4	2
3	5	1	4	2
5	3	1	4	2

दशम वर्ग				
2	3	5	4	1
3	2	5	4	1
2	5	3	4	1
5	2	3	4	1
3	5	2	4	1
5	3	2	4	1

इस प्रकार क्रम-व्यतिक्रम-स्थापन-द्वारा एक सौ बीस पंक्तियाँ भी बनायी जाती हैं। इसका अभिप्राय यह है कि प्रथम वर्ग की प्रथम पंक्ति में णमोकार मन्त्र ज्यों का त्यों है; द्वितीय पंक्ति में प्रथम दो अंक संख्या रहने से इस मन्त्र का प्रथम द्वितीय पद, अनन्तर एक संख्या होने से प्रथम पद, पश्चात् तीन संख्या होने से तृतीय पद, अनन्तर चार अंक संख्या होने से चतुर्थ पद और अन्त में पाँच अंक संख्या होने से पंचम पद का इस मन्त्र में उच्चारण किया जाएगा अर्थात् प्रथम वर्ग की द्वितीय पंक्ति का मन्त्र इस प्रकार रहेगा–"**णमो सिद्धाणं णमो अरिहंताणं णमो आइरियाणं णमो उवज्झायाणं णमो लोए सव्वसाहूणं।**" प्रथम वर्ग की तृतीय पंक्ति में पहला एक का अंक है, अतः इस मन्त्र का प्रथम पद; दूसरा तीन का अंक है, अतः इस मन्त्र का तृतीय पद; तीसरा दो का अंक है, अतः इस मन्त्र का द्वितीय पद; चौथा चार का अंक है, अतः इस मन्त्र का चतुर्थ पद एवं पाँचवाँ पाँच का अंक है, अतः इस मन्त्र का पंचम पद का उच्चारण किया जाएगा। अर्थात् मन्त्र का रूप "**णमो अरिहंताणं णमो आइरियाणं णमो सिद्धाणं णमो उवज्झायाणं णमो लोए सव्वसाहूणं**" होगा। इसी प्रकार चौथी पंक्ति में प्रथम स्थान में तृतीय पद, द्वितीय में प्रथम पद, तृतीय में द्वितीय पद, चतुर्थ स्थान में चतुर्थ पद और पंचम

स्थान में पंचम पद होने से—"**णमो आइरियाणं णमो अरिहंताणं णमो सिद्धाणं णमो उवज्झायाणं णमो लोए सव्वसाहूणं**" यह मन्त्र का रूप होगा। प्रथम वर्ग की पाँचवीं पंक्ति के प्रथम स्थान में द्वितीय पद, द्वितीय स्थान में तृतीय पद, चतुर्थ स्थान में चतुर्थ पद और पंचम स्थान में पंचम पद होने से "**णमो सिद्धाणं णमो आइरियाणं णमो अरिहंताणं णमो उवज्झायाणं णमो लोए सव्वसाहूणं**" यह मन्त्र का रूप हुआ। छठी पंक्ति में प्रथम स्थान में तृतीय पद, द्वितीय स्थान में द्वितीय पद, तृतीय स्थान में प्रथम पद, चतुर्थ स्थान में चतुर्थ पद और पंचम स्थान में पंचम पद के होने से "**णमो आइरियाणं णमो सिद्धाणं णमो अरिहंताणं णमो उवज्झायाणं णमो लोए सव्वसाहूणं।**" मन्त्र का रूप होगा।

इसी प्रकार द्वितीय वर्ग की प्रथम पंक्ति में "**णमो अरिहंताणं णमो सिद्धाणं णमो आइरियाणं णमो लोए सव्वसाहूणं णमो उवज्झायाणं**" यह मन्त्र का रूप होगा। द्वितीय पंक्ति में "**णमो सिद्धाणं णमो अरिहंताणं णमो आइरियाणं णमो लोए सव्वसाहूणं णमो उवज्झायाणं**" यह मन्त्र; तृतीय पंक्ति में "**णमो अरिहंताणं णमो आइरियाणं णमो सिद्धाणं णमो लोए सव्वसाहूणं णमो उवज्झायाणं**" यह मन्त्र; चतुर्थ पंक्ति में "**णमो आइरियाणं णमो अरिहंताणं णमो सिद्धाणं णमो लोए सव्वसाहूणं णमो उवज्झायाणं**" यह मन्त्र; पंचम पंक्ति में "**णमो सिद्धाणं णमो आइरियाणं णमो अरिहंताणं णमो लोए सव्वसाहूणं णमो उवज्झायाणं**" यह मन्त्र और षष्ठ पंक्ति में "**णमो आइरियाणं णमो सिद्धाणं णमो अरिहंताणं णमो लोए सव्वसाहूणं णमो उवज्झायाणं**" यह मन्त्र का रूप होगा।

तृतीय वर्ग की प्रथम पंक्ति में "**णमो अरिहंताणं णमो सिद्धाणं णमो उवज्झायाणं णमो लोए सव्वसाहूणं णमो आइरियाणं**", द्वितीय पंक्ति में "**णमो सिद्धाणं णमो अरिहंताणं णमो उवज्झायाणं णमो लोए सव्वसाहूणं णमो आइरियाणं**", यह मन्त्र; तृतीय पंक्ति में "**णमो अरिहंताणं णमो उवज्झायाणं णमो सिद्धाणं णमो लोए सव्वसाहूणं णमो आइरियाणं**", यह मन्त्र; चतुर्थ पंक्ति में "**णमो उवज्झायाणं णमो अरिहंताणं णमो सिद्धाणं णमो लोए सव्वसाहूणं णमो आइरियाणं**", यह मन्त्र; पंचम पंक्ति में "**णमो सिद्धाणं णमो उवज्झायाणं णमो अरिहताणं णमो लोए सव्वसाहूणं णमो आइरियाणं**", यह मन्त्र और छठी

पंक्ति में "णमो उवज्झायाणं णमो सिद्धाणं णमो अरिहंताणं णमो लोए सव्वसाहूणं णमो आइरियाणं", यह मन्त्र का रूप होगा।

चतुर्थ वर्ग की प्रथम पंक्ति में "णमो अरिहंताणं णमो आइरियाणं णमो उवज्झायाणं णमो लोए सव्वसाहूणं णमो सिद्धाणं", यह मन्त्र; द्वितीय पंक्ति में "णमो अरिहंताणं णमो आइरियाणं णमो उवज्झायाणं णमो लोए सव्वसाहूणं णमो सिद्धाणं", यह मन्त्र; तृतीय पंक्ति में "णमो अरिहंताणं णमो उवज्झायाणं णमो आइरियाणं णमो लोए सव्वसाहूणं णमो सिद्धाणं", यह मन्त्र; चतुर्थ पंक्ति में "णमो उवज्झायाणं णमो अरिहंताणं णमो आइरियाणं णमो लोए सव्वसाहूणं णमो सिद्धाणं", यह मन्त्र; पंचम पंक्ति में "णमो आइरियाणं णमो उवज्झायाणं णमो अरिहंताणं णमो लोए सव्वसाहूणं णमो सिद्धाणं", यह मन्त्र और छठी पंक्ति में "णमो उवज्झायाणं णमो आइरियाणं णमो अरिहंताणं णमो लोए सव्वसाहूणं णमो सिद्धाणं", यह मन्त्र का रूप होगा।

पंचम वर्ग की प्रथम पंक्ति में "णमो सिद्धाणं णमो आइरियाणं णमो उवज्झायाणं णमो लोए सव्वसाहूणं णमो अरिहंताणं", यह मन्त्र; द्वितीय पंक्ति में "णमो आइरियाणं णमो सिद्धाणं णमो उवज्झायाणं णमो लोए सव्वसाहूणं णमो अरिहंताणं", यह मन्त्र; तृतीय पंक्ति में "णमो सिद्धाणं णमो उवज्झायाणं णमो आइरियाणं णमो लोए सव्वसाहूणं णमो अरिहंताणं", यह मन्त्र; चतुर्थ पंक्ति में "णमो उवज्झायाणं णमो सिद्धाणं णमो आइरियाणं णमो लोए सव्वसाहूणं णमो अरिहंताणं", यह मन्त्र; पंचम पंक्ति में "णमो आइरियाणं णमो उवज्झायाणं णमो सिद्धाणं णमो लोए सव्वसाहूणं णमो अरिहंताणं", यह मन्त्र और षष्ठ पंक्ति में "णमो उवज्झायाणं णमो आइरियाणं णमो सिद्धाणं णमो लोए सव्वसाहूणं णमो अरिहंताणं" यह मन्त्र का रूप होगा।

षष्ठ वर्ग की प्रथम पंक्ति में "णमो अरिहंताणं णमो सिद्धाणं णमो उवज्झायाणं णमो आइरियाणं णमो लोए सव्वसाहूणं," यह मन्त्र; द्वितीय पंक्ति में "णमो सिद्धाणं णमो अरिहंताणं णमो उवज्झायाणं णमो आइरियाणं णमो लोए सव्वसाहूणं," यह मन्त्र; तृतीय पंक्ति में "णमो अरिहंताणं णमो उवज्झायाणं णमो सिद्धाणं णमो आइरियाणं णमो लोए सव्वसाहूणं," यह मन्त्र; चतुर्थ पंक्ति में "णमो सिद्धाणं णमो उवज्झायाणं णमो अरिहंताणं णमो आइरियाणं णमो

लोए सव्वसाहूणं," यह मन्त्र; पंचम पंक्ति में **"णमो उवज्झायाणं णमो सिद्धाणं णमो अरिहंताणं णमो आइरियाणं णमो लोए सव्वसाहूणं,"**, यह मन्त्र और षष्ठ पंक्ति में **"णमो उवज्झायाणं णमो अरिहंताणं णमो सिद्धाणं णमो आइरियाणं णमो लोए सव्वसाहूणं,"** यह मन्त्र का रूप होगा।

सप्तम वर्ग की प्रथम पंक्ति में **"णमो अरिहंताणं णमो सिद्धाणं णमो लोए सव्वसाहूणं णमो आइरियाणं णमो उवज्झायाणं,"** यह मन्त्र; द्वितीय पंक्ति में **"णमो सिद्धाणं णमो अरिहंताणं णमो लोए सव्वसाहूणं णमो आइरियाणं णमो उवज्झायाणं,"** यह मन्त्र; तृतीय पंक्ति में **"णमो अरिहंताणं णमो लोए सव्वसाहूणं णमो सिद्धाणं णमो आइरियाणं णमो उवज्झायाणं,"** यह मन्त्र; चतुर्थ पंक्ति में **"णमो लोए सव्वसाहूणं णमो अरिहंताणं णमो सिद्धाणं णमो आइरियाणं णमो उवज्झायाणं,"** यह मन्त्र और पंचम पंक्ति में **"णमो सिद्धाणं णमो लोए सव्वसाहूणं णमो अरिहंताणं णमो आइरियाणं णमो उवज्झायाणं,"** यह मन्त्र और षष्ठ पंक्ति में **"णमो लोए सव्वसाहूणं णमो सिद्धाणं णमो अरिहंताणं णमो आइरियाणं णमो उवज्झायाणं,"** यह मन्त्र का रूप होता है।

अष्टम वर्ग की प्रथम पंक्ति में **"णमो अरिहंताणं णमो सिद्धाणं णमो लोए सव्वसाहूणं णमो उवज्झायाणं णमो आइरियाणं,"** यह मन्त्र, द्वितीय पंक्ति में **"णमो सिद्धाणं णमो अरिहंताणं णमो लोए सव्वसाहूणं णमो उवज्झायाणं णमो आइरियाणं,"** यह मन्त्र; तृतीय पंक्ति में **"णमो अरिहंताणं णमो लोए सव्वसाहूणं णमो सिद्धाणं णमो उवज्झायाणं णमो आइरियाणं,"** यह मन्त्र; चतुर्थ पंक्ति में **"णमो लोए सव्वसाहूणं णमो अरिहंताणं णमो सिद्धाणं णमो उवज्झायाणं णमो आइरियाणं,"** यह मन्त्र; पंचम पंक्ति में **"णमो सिद्धाणं णमो लोए सव्वसाहूणं णमो अरिहंताणं णमो उवज्झायाणं णमो आइरियाणं,"** यह मन्त्र और षष्ठ पंक्ति में **"णमो लोए सव्वसाहूणं णमो सिद्धाणं णमो अरिहंताणं णमो उवज्झायाणं णमो आइरियाणं,"** यह मन्त्र का रूप होता है।

नवम वर्ग की प्रथम पंक्ति में, **"णमो अरिहंताणं णमो आइरियाणं णमो लोए सव्वसाहूणं णमो उवज्झायाणं णमो सिद्धाणं,"** यह मन्त्र; द्वितीय पंक्ति में **"णमो आइरियाणं णमो अरिहंताणं णमो लोए सव्वसाहूणं णमो उवज्झायाणं णमो सिद्धाणं,"** यह मन्त्र; तृतीय पंक्ति में **"णमो अरिहंताणं णमो लोए**

सव्वसाहूणं णमो आइरियाणं णमो उवज्झायाणं णमो सिद्धाणं," यह मन्त्र; चतुर्थ पंक्ति में **"णमो लोए सव्वसाहूणं णमो अरिहंताणं णमो आइरियाणं णमो उवज्झायाणं णमो सिद्धाणं,"** यह मन्त्र; पंचम पंक्ति में **"णमो आइरियाणं णमो लोए सव्वसाहूणं णमो अरिहंताणं णमो उवज्झायाणं णमो सिद्धाणं,"** यह मन्त्र और षष्ठ पंक्ति में **"णमो लोए सव्वसाहूणं णमो आइरियाणं णमो अरिहंताणं णमो उवज्झायाणं णमो सिद्धाणं,"** यह मन्त्र का रूप होता है।

दशम वर्ग की प्रथम पंक्ति में **"णमो सिद्धाणं णमो आइरियाणं णमो लोए सव्वसाहूणं णमो उवज्झायाणं णमो अरिहंताणं"** यह मन्त्र; द्वितीय पंक्ति में **"णमो आइरियाणं णमो सिद्धाणं णमो लोए सव्वसाहूणं णमो उवज्झायाणं णमो अरिहंताणं"** यह मन्त्र; तृतीय पंक्ति में **"णमो सिद्धाणं णमो लोए सव्वसाहूणं णमो आइरियाणं णमो उवज्झायाणं णमो अरिहंताणं"** यह मन्त्र; चतुर्थ पंक्ति में **"णमो लोए सव्वसाहूणं णमो सिद्धाणं णमो आइरियाणं णमो उवज्झायाणं णमो अरिहंताणं"** यह मन्त्र; पंचम पंक्ति में **"णमो आइरियाणं णमो लोए सव्वसाहूणं णमो सिद्धाणं णमो उवज्झायाणं णमो अरिहंताणं"** यह मन्त्र; और षष्ठ पंक्ति में **"णमो लोए सव्वसाहूणं णमो आइरियाणं णमो सिद्धाणं णमो उवज्झायाणं णमो अरिहंताणं"** यह मन्त्र का रूप होता है। इस प्रकार 120 रूपान्तर णमोकार मन्त्र के होते हैं।

णमोकार मन्त्र का उपर्युक्त विधि के उच्चारण तथा ध्यान करने पर लक्ष्य की दृढ़ता होती है तथा मन एकाग्र होता है, जिससे कर्मों की असंख्यातगुणी निर्जरा होती है। इन अंकों को क्रमबद्ध इसलिए नहीं रखा गया है कि क्रमबद्ध होने से मन को विचार करने का अवसर कम मिलता है, फलतः मन संसार तन्त्र में पड़कर धर्म की जगह मार-धाड़ कर बैठता है। आनुपूर्वी क्रम से मन्त्र का स्मरण और मनन करने से आत्मिक शान्ति मिलती है। जो गृहस्थ व्रतोपवास करके धर्मध्यानपूर्वक अपना दिन व्यतीत करना चाहता है, वह दिन-भर पूजा तो कर नहीं सकता। हाँ, स्वाध्याय अवश्य अधिक देर तक कर सकता है। अतः व्रती श्रावक को उपर्युक्त विधि से इस मन्त्र का जाप कर मन पवित्र करना चाहिए। जिसे केवल एक माला फेरनी हो, उसे तो सीधे रूप में ही णमोकार मन्त्र का जाप करना चाहिए। पर जिस गृहस्थ को मन को एकाग्र करना हो, उसे उपर्युक्त क्रम से जाप करने से

अधिक शान्ति मिलती है। जो व्यक्ति स्नानादि क्रियाओं से पवित्र होकर श्वेत यस्त्र पहनकर कुशासन पर बैठ उपर्युक्त विधि से इस मन्त्र का 108 बार स्मरण करता है अर्थात् 120 × 108 बार उपांशु जाप–बाहरी-भीतरी प्रयास तो दिखलाई पड़े, पर कण्ठ से शब्दोच्चारण न हो, कण्ठ में ही शब्द अन्तर्जल्प करते रहें–करे तो वह कठिन कार्य को सरलतापूर्वक सिद्ध कर लेता है। लौकिक सभी प्रकार की मनःकामनाएँ उक्त प्रकार से जाप करने पर सिद्ध होती हैं। दिगम्बर मुनि कर्मक्षय करने के लिए उक्त प्रकार का जाप करते हैं। जब तक रूपातीत ध्यान की प्राप्ति नहीं होती, तब तक इस मन्त्र-द्वारा क्रिया पदस्थ ध्यान असंख्यातगुणी निर्जरा का कारण है।

परिवर्तन–भंग संख्या में अन्त्य गच्छ का भाग देने से जो लब्ध आवे, वह उस अन्त्य गच्छ का परिवर्तनांक होता है, इसी प्रकार उत्तरोत्तर गच्छों का भाग देने पर जो लब्ध आवे वह उत्तरोत्तर गच्छसम्बन्धी परिवर्तनांक संख्या होती है। उदाहरणार्थ–पूर्वोक्त भंगसंख्या 39916800 में अन्त्यगच्छ 11 का भाग दिया तो 39916800 ÷ 11 = 3628800 परिवर्तनांक अन्त्यगच्छ का हुआ। इसी तरह 3628800 ÷ 10 = 362880 यह परिवर्तनांक दस गच्छ का आया। 362880 ÷ 9 = 40320 यह परिवर्तनांक नौ गच्छ का आया। 40320 ÷ 8 = 5040 यह परिवर्तनांक आठ गच्छ का हुआ। 5040 ÷ 7 = 720 परिवर्तनांक सात गच्छ का आया। 720 ÷ 6 = 120 यह परिवर्तनांक छह गच्छ का; 120 ÷ 5 = 24 परिवर्तनांक पाँच गच्छ का; 24 ÷ 4 = 6 परिवर्तनांक चार गच्छ का; 6 ÷ 3 = 2 परिवर्तनांक तीन गच्छ का; 2 ÷ 2 = 1 परिवर्तनांक दो गच्छ का एवं 1 ÷ 1 = 1 परिवर्तनांक एक गच्छ का हुआ। परिवर्तनांक चक्र निम्न प्रकार बनाया जाएगा।

परिवर्तन चक्र

1	2	3	4	5	6	7	8	9	10	11
1	1	2	6	24	120	720	5040	40320	362880	3628800

नष्ट और उद्दिष्ट–"रूपं धृत्वा पदानयनं नष्टः"–संख्या को रखकर पद

का प्रमाण निकालना नष्ट है। इसकी विधि है कि भंगसंख्या का भाग देने पर जो शेष रहे, उस शेष संख्यावाला भंग ही पद का मान होगा। पूर्व में 24-24 भंगों के कोठे बनाये गये हैं। अतः शेष तुल्य पद समझ लेना चाहिए। एक शेष में **'णमो अरिहंताणं'** दो शेष में **'णमो सिद्धाणं'** तीन शेष में **'णमो आइरियाणं'** चार शेष में **'णमो उवज्झायाणं'** और पाँच शेष में **'णमो लोए सव्वसाहूणं'** पद समझना चाहिए। उदाहरणार्थ–42 संख्या का पद लाना है। यहाँ सामान्य पदसंख्या 5 से भाग दिया तो–42 ÷ 5 = 8, शेष 2। यहाँ शेष पद **'णमो सिद्धाणं'** हुआ। 42वाँ भंग पूर्वोक्त वर्गों में देखा तो **'णमो सिद्धाणं'** का आया।

"पदं धृत्वा रूपानयनमुद्दिष्टः"–पद को रखकर संख्या का प्रमाण निकालना उद्दिष्ट होता है। इसकी विधि यह है कि णमोकार मन्त्र के पद को रखकर संख्या निकालने के लिए **"संठाविदूण रूवं उवरीयो संगुणित्तु सगमाणे। अवणिज्ज अणंकदियं कुज्जा एमेव सव्वत्थ"**। अर्थात् एक का अंक स्थापन कर उसे सामान्य पदसंख्या से गुणा कर दें। गुणनफल में-से अनंकित पद को घटा दें, जो शेष आवे, उसमें 5, 10, 15, 20, 25, 30, 35, 40, 45, 50, 55, 60, 65, 70, 75, 80, 85, 90, 95, 100, 105, 110, 115 जोड़ देने पर भंगसंख्या आती है। अपुनरुक्त भंगसंख्या 120 है, अतः 115 ही उसमें जोड़ना चाहिए। उदाहरण **'णमो सिद्धाणं'** पद की भंगसंख्या निकालनी है। अतः यहाँ 1 संख्या स्थापित कर गच्छ प्रमाण से गुणा किया। 1 × 5 = 5, इसमें से अनंकित पद संख्या को घटाया तो यहाँ यह अनंकित संख्या 3 है। अतः 5 – 3 = 2 संख्या हुई। 2 + 5 = 7वाँ भंग, 2 + 10 = 12वाँ भंग, 15 + 2 = 17वाँ भंग, 20 + 2 = 22वाँ भंग, 25 + 2 = 27वाँ भग, 30 + 2 = 32वाँ भंग, 35 + 2 = 37वाँ भंग, 40 + 2 = 42वाँ भंग, 45 + 2 = 47वाँ भंग, 50 + 2 = 52वाँ भंग, 55 + 2 = 57वाँ भंग, 60 + 2 = 62वाँ भंग, 65 + 2 = 67वाँ भंग, 70 + 2 = 72वाँ भंग, 75 + 2 = 77वाँ भंग, 80 + 2 = 82वाँ भंग, 85 + 2 = 87वाँ भंग, 90 + 2 = 92वाँ भंग, 95 + 2 = 97वाँ भंग, 100 + 2 = 102वाँ भंग, 105 + 2 = 107वाँ भंग, 110 + 2 = 112वाँ भंग, 115 + 2 = 117वाँ भंग हुआ। अर्थात् **'णमो सिद्धाणं'** यह पद 2रा 7वाँ, 12वाँ, 17वाँ,...117वाँ भंग है। इसी प्रकार नष्टोद्दिष्ट के गणित किये

जाते हैं। इन गणितों के द्वारा भी मन को एकाग्र किया जाता है तथा विभिन्न कर्मों-द्वारा णमोकार मन्त्र के जाप-द्वारा ध्यान की सिद्धि की जाती है। यह पदस्थ ध्यान के अन्तर्गत है तथा पदस्थ ध्यान की पूर्णता इस महामन्त्र की उपर्युक्त जाप विधि के द्वारा सम्पन्न होती है। साधक इस महामन्त्र के उक्त क्रम से जाप करने पर सहस्रों पापों का नाश करता है। आत्मा के मोह और क्षोभ को उक्त भंगजाल-द्वारा णमोकार मन्त्र के जाप से दूर किया जाता है।

मानव-जीवन को सुव्यवस्थित रूप से यापन करने तथा इस अमूल्य मानव-शरीर द्वारा चिरसंचित कर्मकालिमा को दूर करने का मार्ग बतलाना आचारशास्त्र का विषय है। आचारशास्त्र जीवन के विकास के लिए विधान का प्रतिपादन करता है;

आचार शास्त्र और णमोकार मन्त्र

यह आबालवृद्ध सभी के जीवन को सुखी बनानेवाले नियमों का निर्धारण कर वैयक्तिक और सामाजिक जीवन को व्यवस्थित बनाता है। यों तो आचार शब्द का अर्थ इतना व्यापक है कि मनुष्य का सोचना, बोलना, करना आदि सभी क्रियाएँ इसमें परिगणित हो जाती हैं। अभिप्राय यह है कि मनुष्य की प्रत्येक प्रवृत्ति और निवृत्ति को आचार कहा जाता है। प्रवृत्ति का अर्थ है, इच्छापूर्वक किसी काम में लगना और निवृत्ति का अर्थ है, प्रवृत्ति को रोकना। प्रवृत्ति अच्छी और बुरी दोनों प्रकार की होती है। मन, वचन और काय के द्वारा प्रवृत्ति सम्पन्न की जाती है। अच्छा सोचना, अच्छे वचन बोलना, अच्छे कार्य करना, मन, वचन, काय की सत्प्रवृत्ति और बुरा सोचना, बुरे वचन बोलना, बुरे कार्य करना असत्प्रवृत्ति है।

अनादिकालीन कर्म संस्कारों के कारण जीव वास्तविक स्वभाव को भूले हुए हैं, अतः यह विषय वासनाजन्य सुख को ही वास्तविक सुख समझ रहा है। ये विषय-सुख भी आरम्भ में बड़े सुन्दर मालूम होते हैं, इनका रूप बड़ा ही लुभावना है, जिसकी भी दृष्टि इन पर पड़ती है, वही इनकी ओर आकृष्ट हो जाता है, पर इनका परिणाम हलाहल विष के समान होता है। कहा भी है—**"आपातरम्ये परिणामदुःखे सुखे कथं वैषयिके रतोऽसि"** अर्थात्—वैषयिक सुख परिणाम में दुःखकारक होते हैं, इनसे जीवन को क्षणिक शान्ति मिल सकती है; किन्तु अन्त में दुःखदायक ही होते हैं। आचारशास्त्र जीव को सचेत करता है तथा उसे विषय-सुखों में रत होने से रोकता है। मोह और तृष्णा के दूर होने पर प्रवृत्ति सत्

हो जाती है; परन्तु यह सत्प्रवृत्ति भी जब-तब अपनी मर्यादा का उल्लंघन कर देती है। अतएव प्रवृत्ति की अपेक्षा निवृत्ति पर ही आचारशास्त्र ज़ोर देता है। निवृत्तिमार्ग ही व्यक्ति की आध्यात्मिक, मानसिक और शारीरिक शक्ति का विकास करता है, प्रवृत्तिमार्ग नहीं। प्रवृत्तिमार्ग में सँभलकर चलने पर भी जोखिम उठानी पड़ती है, भोग-विलास जब-तब जीवन को अशान्त बना देते हैं, किन्तु निवृत्ति मार्ग में किसी प्रकार का भय नहीं रहता। इसमें आत्मा रत्नत्रय रूप आचरण की ओर बढ़ता है तथा अनुभव होने लगता है कि जो आत्मा ज्ञाता, द्रष्टा है, जिसमें अपरिमित बल है, वह मैं हूँ। मेरा सांसारिक विषयों से कुछ भी सम्बन्ध नहीं है। मेरा आत्मा शुद्ध है, इसमें परमात्मा के सभी गुण वर्तमान हैं। शुद्ध आत्मा को ही परमात्मा कहा जाता है। अतः शक्ति की अपेक्षा प्रत्येक जीवात्मा परमात्मा है। इस प्रकार जैसे-जैसे आत्मतत्त्व का अनुभव होता है, वैसे-वैसे ऐन्द्रियिक सुख सुलभ होते हुए भी नहीं रुचते हैं।

निवृत्ति मार्ग की ओर अथवा सत्प्रवृत्तिमार्ग की ओर जीव की प्रवृत्ति तभी होती है, तब वह रत्नत्रय रूप आत्मतत्त्व की आराधना करता है। णमोकार मन्त्र में आराधना ही है। इस मन्त्र का चिन्तन, मनन और स्मरण करने से रत्नत्रयरूप आत्मा का अनुभव होता है, जिससे मन, वचन और काय की सत्प्रवृत्ति होती है तथा कुछ दिनों के पश्चात् निवृत्तिमार्ग की ओर भी व्यक्ति अपने-आप झुक जाता है। विषय कषायों से इसे अरुचि हो जाती है। इस महामन्त्र के जप और मनन में ऐसी शक्ति है कि व्यक्ति जिन बाह्य पदार्थों में सुख समझता था, जिनके प्राप्त होने से प्रसन्न होता था, जिनके पृथक् होने से इसे दुःख का अनुभव होता था, उन सबको क्षण-भर में छोड़ देता है। आत्मा के अहितकारक विषय और कषायों से भी इसकी प्रवृत्ति हट जाती है। इन्द्रियों की पराधीनता, जो कि कुगति की ओर जीव को ले जानेवाली है, समाप्त हो जाती है। मंगल वाक्य का चिन्तन समस्त पाप को गलाने—नष्ट करनेवाला होता है और अनेक प्रकार के सुखों को उत्पन्न करनेवाला है। अतः सुखाकांक्षी को णमोकार मन्त्र-जैसे महा पावन मंगल वाक्यों का चिन्तन, मनन और स्मरण करना आवश्यक है; जिससे उसकी राग-द्वेष निवृत्ति हो जाती है। करणलब्धि की प्राप्ति में सहायक णमोकार मन्त्र है, इससे अनन्तानुबन्धी और मिथ्यात्व का अभाव होते ही आत्मा में पुण्यास्रव होने से बद्ध

कर्मजाल विशृंखलित होने लगता है।

णमोकार मन्त्र में पंचपरमेष्ठी का ही स्मरण किया गया है। पंचपरमेष्ठी की शरण जाने, उनकी स्मृति और चिन्तन से राग-द्वेष रूप प्रवृत्ति रुक जाती है, पुरुषार्थ की वृद्धि होने लगती है तथा रत्नत्रय गुण आत्मा में आविर्भूत होने लगता है। आत्मा के गुणों को आच्छादित करनेवाला मोह ही सबसे प्रधान है, इसको दूर करने के लिए एकमात्र रामबाण पंचपरमेष्ठी के स्वरूप का मनन, चिन्तन और स्मरण ही है। णमोकार मन्त्र के उच्चारण मात्र से आत्मा में एक प्रकार की विद्युत् उत्पन्न हो जाती है, जिससे सम्यक्त्व की निर्मलता के साथ सम्यग्ज्ञान और सम्यक्चारित्र की भी वृद्धि होती है। क्योंकि इस महामन्त्र की आराधना किसी अन्य परमात्मा या शक्ति-विशेष की आराधना नहीं है, प्रत्युत अपनी आत्मा की ही उपासना है। ज्ञान, दर्शनमय अखण्ड चैतन्य आत्मा के स्वरूप का अनुभव कर अपने अखण्ड साधक स्वभाव की उपलब्धि के लिए इस महामन्त्र-द्वारा ही प्रयत्न किया जाता है।

णमोकार मन्त्र या इस मन्त्र के अंगभूत प्रभाव आदि बीज मन्त्रों के ध्यान से आत्मा में केवल ज्ञान पर्याय को उत्पन्न किया जा सकता है। साधक बाह्य-जगत् से अपनी प्रवृत्ति को रोककर जब आत्ममय कर देता है, तो उक्त पर्याय की प्राप्ति में विलम्ब नहीं होता। णमोकार मन्त्र में इतनी बड़ी शक्ति है जिससे यह मन्त्र श्रद्धापूर्वक साधना करनेवालों को आत्मानुभूति उत्पन्न कर देता है तथा इस मन्त्र के साधक में प्रथम गुण आ जाता है। अतः णमोकार मन्त्र के द्वारा सम्यक्त्व और केवल ज्ञान पर्यायें उत्पन्न हो सकती हैं। यद्यपि निश्चय नय की अपेक्षा सम्यक्त्व और केवलज्ञान आत्मा में सर्वदा विद्यमान हैं; क्योंकि ये आत्मा के स्वभाव हैं, इनमें पर के अवलम्बन की आवश्यकता नहीं। णमोकार मन्त्र आत्मा से पर नहीं है, यह आत्मस्वरूप है। अतएव निष्काम की अपेक्षा यह महामन्त्र आत्मोत्थान के लिए आलम्बन नहीं है; किन्तु आत्मा ही स्वयं उपादान और निमित्त है यथा आत्मा की शुद्धि के लिए शुद्धात्मा को अवलम्बन बनाया जाता है, इसका अर्थ है कि शुद्धात्मा को देखकर उनके ध्यान-द्वारा अपनी अशुद्धता को दूर किया जाता है अर्थात् आत्मा स्वयं ही अपनी शुद्धि के लिए प्रयत्नशील होता है। णमोकार मन्त्र भाव और द्रव्य रूप से आत्मा में इतनी शुद्धि उत्पन्न करता है जिससे श्रद्धागुण के साथ श्रावक

गुण भी उत्पन्न हो जाता है। यद्यपि यह आनन्द आत्मा के भीतर ही वर्तमान है, कहीं बाहर से प्राप्त नहीं किया जाता है, किन्तु णमोकार मन्त्र के निमित्त के मिलते ही उद्‌बुद्ध हो जाता है। चरित्र और वीर्य आदि गुण भी इस महामन्त्र के निमित्त से उपलब्ध किये जा सकते हैं। अतएव आत्मा के प्रधान कार्य रत्नत्रय या उत्तम क्षमादि पक्ष धर्म की उपलब्धि में यह मन्त्र परम सहायक है।

मुनि पंच महाव्रत, पाँच समिति, पाँच इन्द्रियजय, षट् आवश्यक, स्नानत्याग, दन्तधावन का त्याग, पृथ्वी पर शयन, खड़े होकर भोजन लेना, दिन में एक बार शुद्ध निर्दोष आहार लेना, नग्न रहना, और केशलुंच करना इन अट्ठाईस मूल गुणों का पालन करते हैं। ये मध्य रात्रि में चार घड़ी निद्रा लेते हैं, पश्चात् स्वाध्याय करते हैं। दो घड़ी रात शेष रह जाने पर स्वाध्याय समाप्त कर प्रतिक्रमण करते हैं। तीनों सन्ध्याओं में जिन देव की वन्दना तथा उनके पवित्र गुणों का स्मरण करते हैं। कायोत्सर्ग करते समय हृदयकमल में प्राणवायु के साथ मन का नियमन करके **"णमो अरिहंताणं णमो सिद्धाणं णमो आइरियाणं णमो उवज्झायाणं णमो लोए सव्वसाहूणं"** मन्त्र का प्राणायाम की विधि से नौ बार जप करते हैं। कायोत्सर्ग के पश्चात् स्तुति, वन्दना आदि क्रियाएँ करते हैं। इन क्रियाओं में भी णमोकार मन्त्र के ध्यान की उन्हें आवश्यकता होती है। दैवसिक प्रतिक्रमण के अन्त में मुनि कहता है—**"पञ्चमहाव्रत-पञ्चसमिति-पञ्चेन्द्रियरोध-लोचादिषडावश्यकक्रिया अष्टाविंशति-मूलगुणाः उत्तमक्षमामार्दवार्जव-शौच-सत्य-संयम-तपस्त्यागाकिंचन्यब्रह्मचर्याणि दशलाक्षणिको धर्मः, अष्टादशशीलसहस्राणि, चतुरशीतिलक्षगुणाः, त्रयोदशविधं चारित्रं, द्वादशविधं तपश्चेति सकलम् अर्हत्सिद्धाचार्योपाध्यायसर्वसाधुसाक्षिकं सम्यक्त्वपूर्वकं दृढव्रतं समारूढं ते मे भवतु।**

अथ सर्वातिचारविशुद्ध्यर्थं दैवसिक-प्रतिक्रमणक्रियायां कृतदोष-निराकरणार्थं पूर्वाचार्यानुक्रमेण सकलकर्मक्षयार्थं भावपूजावन्दनास्तवसमेतम् आलोचनासिद्ध-भक्तिकायोत्सर्गं करोम्यहं—इति प्रतिज्ञाप्य णमो अरिहंताणं इत्यादि सामायिक-दण्डकं पठित्वा कायोत्सर्गं कुर्यात्।"

मुनि का आचार और णमोकार मन्त्र

इस उद्धरण से स्पष्ट है कि मुनिराज सर्व अतिचार की शुद्धि के लिए दैवसिक प्रतिक्रमण करते हैं, उस समय सकल कर्मों के विनाश के लिए भावपूजा,

वन्दना और स्तवन करते हुए कायोत्सर्ग क्रिया करते हैं तथा इस क्रिया में णमोकार मन्त्र का उच्चारण करना परमावश्यक होता है। नैशिक प्रतिक्रमण के समय भी **"सर्वातिचारविशुद्ध्यर्थं नैशिकप्रतिक्रमणक्रियायां पूर्वाचार्यानुक्रमेण भावपूजा-वन्दनास्तवसमेतं प्रतिक्रमणभक्तिकायोत्सर्गं करोम्यहम्"** पढ़कर णमोकार मन्त्ररूप दण्डक को पढ़कर कायोत्सर्ग की क्रिया सम्पन्न करता है। पाक्षिक प्रतिक्रमण के समय तो अढ़ाई द्वीप, पन्द्रह कर्मभूमियों में जितने अरिहन्त, केवलीजिन, तीर्थंकर, सिद्ध, धर्माचार्य, धर्मोपदेशक, धर्मनायक, उपाध्याय, साधु की भक्ति करते हुए इस मन्त्र के 27 श्वासोच्छ्वासों में 9 जाप करने चाहिए। प्रतिक्रमण दण्डक आरम्भ में ही **"णमो अरिहंताणं"** आदि णमोकार मन्त्र के साथ **"णमो जिणाणं, णमो ओहिजिणाणं, णमो परमोहिजिणाणं, णमो सव्वोहिजिणाणं, णमो अणंतोहिजिणाणं, णमो मोहबुद्धीणं, णमो बीजबुद्धीणं, णमो पादाणुसारीणं, णमो संभिण्णसोदाराणं, णमो सयंबुद्धाणं, णमो पत्तेयबुद्धाणं, णमो बोहियबुद्धाणं"** आदि जिनेन्द्रों को नमस्कार करते हुए प्रतिक्रमण के मध्य में अनेक बार णमोकार मन्त्र का ध्यान किया गया है। प्रत्येक महाव्रत की भावना को दृढ़ करने के लिए भी णमोकार मन्त्र का जाप करना आवश्यक समझा जाता है। अतः **"प्रथमं महाव्रतं सर्वेषां व्रतधारिणां सम्यक्त्वपूर्वकं दृढव्रतं सुव्रतं समारूढं ते मे भवतु"** कहकर **"णमो अरिहंताणं णमो सिद्धाणं"** आदि मन्त्र का 27 श्वासोच्छ्वासों में नौ बार ज़ाप किया जाता है। प्रत्येक महाव्रत की भावना के पश्चात् यह क्रिया करनी पड़ती है। अतिक्रमण में आगे बढ़ने पर **"अइचारं पड्डिक्कमामि णिंदामि गरहांदि अप्पाणं वोस्सरामि जाव अरहंताणं भयवंताणं णमोक्कारं करेमि पज्जुवासं करेमि ताव कायं पावकम्मं दुच्चरिणं वोस्सरामि। णमो अरिहंताणं णमो सिद्धाणं णमो आइरियाणं णमो उवज्झायाणं णमो लोए सव्वसाहूणं"** रूप से कायोत्सर्ग करता है। वार्षिक प्रतिक्रमण क्रिया में तो णमोकार मन्त्र के जाप की अनेक बार आवश्यकता होती है। मुनिराज की कोई भी प्रतिक्रमण क्रिया इस णमोकार मन्त्र के स्मरण के बिना सम्भव नहीं है। 27 श्वासोच्छ्वासों में इस महामन्त्र का 9 बार उच्चारण किया जाता है।

इसी प्रकार प्रातःकालीन देववन्दना के अनन्तर मुनिराज सिद्ध, शास्त्र, तीर्थंकर, निर्वाण, चैत्य और आचार्य आदि भक्तियों का पाठ करते हैं। प्रत्येक

भक्ति के अन्त में दण्डक–णमोकार मन्त्र का नौ बार जाप करते हैं। यह भक्तिपाठ 48 मिनिट तक प्रातःकाल में किया जाता है। पश्चात् स्वाध्याय आरम्भ करते हैं। मुनिराज शास्त्र पढ़ने के पूर्व नौ बार णमोकार मन्त्र तथा शास्त्र समाप्त करने के पश्चात् नौ बार णमोकार मन्त्र का ध्यान करते हैं। इतना ही नहीं, गमन करने, बैठने, आहार करने, शुद्धि करने, उपदेश देने, शयन करने आदि समस्त क्रियाओं के आरम्भ करने के पूर्व और समस्त क्रियाओं की समाप्ति के पश्चात् नौ बार णमोकार मन्त्र का जाप करना परम आवश्यक माना गया है। षट् आवश्यकों के पालने में तो पद-पद पर इस महामन्त्र की आवश्यकता है। मुनिधर्म की ऐसी एक भी क्रिया नहीं है, जो इस महामन्त्र के जाप बिना सम्पन्न की जा सके। जितनी भी सामान्य या विशेष क्रियाएँ हैं, वे सब इस महामन्त्र की आराधनापूर्वक ही सम्पन्न की जाती हैं। द्रव्यलिंगी मुनि को भी इन क्रियाओं की समाप्ति इस मन्त्र के ध्यान के साथ ही सम्पन्न करनी होती है। किन्तु भावलिंगी मुनि अपनी भावनाओं को निर्मल करता हुआ इस मन्त्र की आराधना करता है तथा सामायिक काल में इस मन्त्र का ध्यान करता हुआ अपने कर्मों की निर्जरा करता है। पूज्यपाद स्वामी ने पंचगुरु भक्ति में बताया है कि मुनिराज भक्तिपाठ करते णमोकार मन्त्र का आदर्श सामने रखते हैं, जिससे उन्हें परम शान्ति मिलती है। मन एकाग्र होता है और आत्मा धर्ममय हो जाती है। बतलाया गया है :

जिनसिद्धसूरिदेशकसाधुवरानमलगुणगणोपेतान्।
पञ्चनमस्कारपदैस्त्रिसन्ध्यमभिनौमि मोक्षलाभाय॥6॥
अर्हत्सिद्धाचार्योपाध्यायाः सर्वसाधवः।
कुर्वन्तु मङ्गलाः सर्वे निर्वाणपरमश्रियम्॥8॥
पान्तु श्रीपादपद्मानि पञ्चानां परमेष्ठिनाम्।
ललितानि सुराधीशचूडामणिमरीचिभिः॥10॥
असहा सिद्धाइरिया उवज्झाया साहु पंचपरमेट्ठी।
एयाण णमुक्कारा भवे भवे मम सुहं दिंतु॥

अर्थात्–निर्मल पवित्र गुणों से युक्त अरिहन्त, सिद्ध, आचार्य, उपाध्याय, और साधु को मैं मोक्ष-प्राप्ति के लिए तीनों सन्ध्याओं में नमस्कार करता हूँ। अरिहन्त, सिद्ध, आचार्य, उपाध्याय और साधु ये पंचपरमेष्ठी हमारा मंगल करें,

निर्वाण पद की प्राप्ति हो। पंचपरमेष्ठियों के वे चरण कमल रक्षा करें, जो इन्द्र के नमस्कार करने के कारण मुकुटमणियों से निरन्तर उद्भासित होते रहते हैं। पंचपरमेष्ठी को नमस्कार करने से भव-भव में सुख की प्राप्ति होती है। जन्म-जन्मान्तर का संचित पाप नष्ट हो जाता है और आत्मा निर्मल निकल आता है। अतः मुनिराज अपनी प्रत्येक क्रिया के आरम्भ और अन्त में इस महामन्त्र का स्मरण करते हैं।

प्रवचनसार में कुन्दकुन्द स्वामी ने बताया है कि जो अरिहन्त के आत्मा को ठीक तरह से समझ लेता है, वह निज आत्मा को भी द्रव्य-गुण पर्याय से युक्त अवगत कर सकता है। णमोकार मन्त्र की आराधना स्थिर संचित पाप को भस्म करनेवाली है। इस मन्त्र के ध्यान से अरिहन्त और सिद्ध की आत्मा का ध्यान किया जाता है, आत्मा कर्मकलंक से रहित निज स्वरूप को अवगत करने लगता है। कहा गया है :

जो जाणदि अरिहंतं दव्वत्त गुणत्त पज्जयत्तेहिं।
सो जाणदि अप्पाणं मोहो खलु जादु तस्स लयं॥80॥

— अ. 1

"यो हि नामार्हन्तं द्रव्यत्वगुणत्वपर्यायत्वैः परिच्छिनत्ति स खल्वात्मानं परिच्छिनत्ति, उभयोरादिनिश्चयेनाविशेषात्। अर्हतोऽपि पाककाष्ठागतकार्त-स्वरस्येव परिस्पष्टमात्मरूपं ततस्तत्परिच्छेदे सर्वात्मपरिच्छेदः। तत्रान्वयो द्रव्यं, अन्वयं विशेषणं गुणः, अन्वयव्यतिरेकाः पर्यायाः।" अर्थात् जो अरिहन्त को द्रव्य, गुण और पर्याय रूप से जानता है, वह अपने आत्मा को जानता है, और उसका मोह नष्ट हो जाता है। क्योंकि जो अरिहन्त का स्वरूप है, वही स्वभाव दृष्टि से आत्मा का भी यथार्थ स्वरूप है। अतएव मुनिराज सर्वदा इस महामन्त्र के स्मरण-द्वारा अपने आत्मा में पवित्रता लाते हैं।

समाधि की प्राप्ति के लिए प्रयत्नवाले साधक मुनि तो इसी महामन्त्र की आराधना करते हैं। अतः मुनि के आचार के साथ इस महामन्त्र का विशेष सम्बन्ध है। जब मुनिदीक्षा ग्रहण की जाती है, उस समय इसी महामन्त्र के अनुष्ठान-द्वारा दीक्षाविधि सम्पन्न की जाती है।

श्रावकाचार की प्रत्येक क्रिया के साथ इस महामन्त्र का घनिष्ठ सम्बन्ध है।

धार्मिक एवं लौकिक सभी कृत्यों के प्रारम्भ में श्रावक इस महामन्त्र का स्मरण करता है। श्रावक की दिनचर्या का वर्णन करते हुए बताया गया है कि प्रातःकाल ब्राह्म मुहूर्त में शैया त्याग करने के अनन्तर णमोकार मन्त्र का स्मरण कर अपने कर्तव्य का विचार करना चाहिए। जो श्रावक प्रातःकालीन नित्य क्रियाओं के अनन्तर देवपूजा, गुरुभक्ति, स्वाध्याय, संयम, तप और दान इन षट्कर्मों को सम्पन्न करता है, विधिपूर्वक अहिंसात्मक ढंग से अपनी आजीविका अर्जन कर आसक्ति-रहित हो अपने कार्यों को सम्पन्न करता है, वह धन्य है। श्रावक के इन षट्कर्मों में णमोकार महामन्त्र पूर्णतया व्याप्त है। देवपूजा के प्रारम्भ में भी णमोकार मन्त्र पढ़कर **"ॐ ह्रीं अनादि मूलमन्त्रेभ्यो नमः पुष्पाञ्जलिम्"** कहकर पुष्पांजलि अर्पित किया जाता है। पूजन के बीच-बीच में भी णमोकार महामन्त्र आता है। यह बार-बार व्यक्ति को आत्मस्वरूप का बोध कराता है तथा आत्मिक गुणों की चर्चा करने के लिए प्रेरित करता है।

श्रावकाचार और णमोकार महामन्त्र

गुरुभक्ति में भी णमोकार महामन्त्र का उच्चारण करना आवश्यक है। गुरुपूजा के आरम्भ में भी णमोकार मन्त्र को पढ़कर पुष्प चढ़ाये जाते हैं। पश्चात् जल, चन्दन आदि द्रव्यों से पूजा की जाती है। यों तो णमोकार मन्त्र में प्रतिपादित आत्मा ही गुरु हो सकते हैं। अतः गुरु अर्पण रूप भी यही मन्त्र है। स्वाध्याय करने में तो णमोकार मन्त्र के स्वरूप का ही मनन किया जाता है। श्रावक इस महामन्त्र के अर्थ को अवगत करने के लिए द्वादशांग जिनवाणी का अध्ययन करता है। यद्यपि यह महामन्त्र समस्त द्वादशांग का सार है, अथवा द्वादशांग रूप ही है। संसार की समस्त बाधाओं को दूर करनेवाला है। शास्त्र प्रवचन आरम्भ करने के पूर्व जो मंगलाचरण पढ़ा जाता है, उसमें णमोकार मन्त्र व्याप्त है। कर्तव्यमार्ग का परिज्ञान कराने के लिए इसके सामने कोई भी अन्य साधन नहीं हो सकता है। जीवन के अज्ञानभाव और अनात्मिक विश्वास इस मन्त्र के स्वाध्याय द्वारा दूर हो जाते हैं। लोकैषणा, पुत्रैषणा और वित्तैषणाएँ इस महामन्त्र के प्रभाव से नष्ट हो जाती हैं। तथा आत्मा के विकार नष्ट होकर आत्मा शुद्ध निकल आता है। स्वाध्याय के साथ तो इस महामन्त्र का सम्बन्ध वर्णनातीत है। अतः गुरुभक्ति और स्वाध्याय इन दोनों आवश्यक कर्तव्यों के साथ इस महामन्त्र का अपूर्व सम्बन्ध है। श्रावक

की ये क्रियाएँ इन मन्त्र के सहयोग के बिना सम्भव ही नहीं हैं। ज्ञान, विवेक और आत्मजागरण की उपलब्धि के लिए णमोकार मन्त्र के भावध्यान की आवश्यकता है।

इच्छाओं, वासनाओं और कषायों पर नियन्त्रण करना संयम है। शक्ति के अनुसार सर्वदा संयम का धारण करना प्रत्येक श्रावक के लिए आवश्यक है। पंचेन्द्रियों का जप, मन-वचन-काय की अशुभ प्रवृत्ति का त्याग तथा प्राणीमात्र की रक्षा करना प्रत्येक व्यक्ति के लिए आवश्यक है। यह संयम ही कल्याण का मार्ग है। संयम के दो भेद हैं—प्राणीसंयम और शक्तिसंयम। अन्य प्राणियों को किंचित् भी दुःख नहीं देना, समस्त प्राणियों के साथ भ्रातृत्व भावना का निर्वाह करना और अपने समान सभी को सुख-आनन्द भोगने का अधिकारी समझना प्राणीसंयम है। इन्द्रियों को जीतना तथा उनकी उद्दाम प्रवृत्ति को रोकना इन्द्रिय-संयम है। णमोकार मन्त्र की आराधना के बिना श्रावक संयम का पालन नहीं कर सकता है, क्योंकि इसी मन्त्र का पवित्र स्मरण संयम की ओर जीव को झुकाता है। इच्छाओं का निरोध करना तप है; णमोकार महामन्त्र का मनन, ध्यान और उच्चारण इच्छाओं को रोकता है। व्यर्थ की अनावश्यक इच्छाएँ, जो व्यक्ति को दिन-रात परेशान करती रहती हैं, इस महामन्त्र के कारण से रुक जाती हैं, इच्छाओं पर नियन्त्रण हो जाता है तथा सारे अनर्थों की जड़ चित्त की चंचलता और उसका सतत संस्कार युक्त रहना, इस महामन्त्र के ध्यान से रुक जाता है। अहंकारवेष्टित बुद्धि के ऊपर अधिकार प्राप्त करने में इससे बढ़कर अन्य कोई साधन नहीं है। अतएव संयम और तप की सिद्धि इस मन्त्र की आराधना-द्वारा ही सम्भव है।

दान देना गृहस्थ का नित्य प्रति का कर्तव्य है। दान देने के प्रारम्भ में भी णमोकार मन्त्र का स्मरण किया जाता है। इस मन्त्र का उच्चारण किये बिना कोई भी श्रावक दान की क्रिया सम्पन्न कर ही नहीं सकता है। दान देने का ध्येय भी त्यागवृत्ति द्वारा अपनी आत्मा को निर्मल करना और मोह को दूर करना है। इस मन्त्र की आराधना द्वारा राग-मोह दूर होते हैं और आत्मा में रत्नत्रय का विकास होता है। अतएव दैनिक षट्कर्मों में णमोकार मन्त्र अधिक सहायक है।

श्रावक की दैनिक क्रियाओं का दर्शन करते हुए बताया गया है कि प्रातःकाल नित्यक्रियाओं से निवृत्त होकर जिन मन्दिर में जाकर भगवान् के सामने

णमोकार मन्त्र का स्मरण करना चाहिए। दर्शन-स्तोत्रादि पढ़ने के अनन्तर ईर्यापथशुद्धि करना आवश्यक है। इसके पश्चात् प्रतिक्रमण करते हुए कहना चाहिए कि 'हे प्रभो! मैंने चलने में जो कुछ जीवों की हिंसा की हो, उसके लिए मैं प्रतिक्रमण करता हूँ। मन, वचन, काय को वश में न रखने से, बहुत चलने से, इधर-उधर फिरने से, आने-जाने से, द्वीन्द्रियादिक प्राणियों एवं हरित काय पर पैर रखने से, मल-मूत्र, थूक आदि का उत्क्षेपण करने से, एकेन्द्रिय, द्वीन्द्रिय, त्रीन्द्रिय, चतुरिन्द्रिय या पचेन्द्रिय अपने स्थान पर रोके गये हों, तो मैं उसका प्रायश्चित्त करता हूँ। उन दोषों की शुद्धि के लिए अरहन्तों को नमस्कार करता हूँ और ऐसे पाप कर्म तथा दुष्टाचार का त्याग करता हूँ।' **"णमो अरिहंताणं णमो सिद्धाणं णमो आइरियाणं णमो उवज्झायाणं णमो लोए सव्वसाहूणं"** इस मन्त्र का नौ बार जाप कर प्रायश्चित्त विधिपूर्वक किया जाता है। प्रायश्चित्तविधि में इस मन्त्र की उपयोगिता अत्यधिक है। इसके बिना यह विधि सम्पन्न नहीं की जाती है। 27 श्वासोच्छ्वास में 9 बार इसे पढ़ा जाता है।

आलोचना के समय सोचे कि पूर्व, उत्तर, दक्षिण और पश्चिम चारों दिशाओं और ईशान आदि विदिशाओं में इधर-उधर घूमने या ऊपर की ओर मुँह कर चलने में प्रमादवश एकेन्द्रियादि जीवों की हिंसा की हो, करायी हो, अनुमति दी हो, वे सब पाप मेरे मिथ्या हों। मैं दुष्टकर्मों की शान्ति के लिए पंचपरमेष्ठी को नमस्कार करता हूँ। इस प्रकार मन में सोचकर अथवा वचनों से उच्चारण कर नौ बार णमोकार मन्त्र का पाठ करना चाहिए।

सन्ध्या-वन्दन के समय—"ॐ ह्रीं ज्वीं क्ष्वीं वं मं हं सं तं पं द्रां द्रीं हं सः स्वाहा।" इस मन्त्र द्वारा द्वादशांगों का स्पर्श कर प्राणायाम करना चाहिए। प्राणायाम में दायें हाथ की पाँचों अँगुलियों से नाक पकड़कर अँगूठे से दायें छिद्र को दबाकर बायें छिद्र से वायु को खींचें। खींचते समय **'णमो अरिहंताणं'** और **'णमो सिद्धाणं'** इन दोनों पदों का जाप करें। पूरी वायु खींच लेने पर अँगुलियों से बायें छिद्र को दबाकर वायु को रोक लें। इस समय **'णमो आइरियाणं'** और **'णमो उवज्झायाणं'** इन पदों का जाप करें। अन्त में अँगूठे को ढीला कर धीरे-धीरे दाहिने छिद्र से वायु को निकालना चाहिए तथा **'णमो लोए सव्वसाहूणं'** पद का जाप करना चाहिए। इस तरह सन्ध्या-वन्दन के अन्त में नौ बार णमोकार मन्त्र पढ़कर

चारों दिशाओं को नमस्कार कर विधि समाप्त करना चाहिए। हरिवंशपुराण में बताया गया है कि णमोकार मन्त्र और चतुरुत्तममंगल श्रावक की प्रत्येक क्रिया के साथ सम्बद्ध हैं, श्रावक की कोई भी क्रिया इस मन्त्र के बिना सम्पन्न नहीं की जाती है। दैनिक पूजन आरम्भ करने के पहले ही सर्वपाप और विघ्न का नाशक होने के कारण इसका स्मरण कर पुष्पांजलि क्षेपण की जाती है। श्रावक स्वस्तिवाचन करता हुआ इस महामन्त्र का पाठ करता है। बताया गया है :

पुण्यपञ्चनमस्कारपदपाठपवित्रितौ।
चतुरुत्तममाङ्गल्यशरणप्रतिपादिनौ॥

आचार्यकल्प श्री पं. आशाधर जी ने भी श्रावकों की क्रियाओं के प्रारम्भ में णमोकार महामन्त्र के पाठ का प्राधान्य दिया है। पूज्यपाद स्वामी ने देशभक्ति में तथा उस ग्रन्थ के टीकाकार प्रभाचन्द्र ने इस महामन्त्र को दण्डक कहा है। इसे दण्डक कहे जाने का अभिप्राय ही यह है कि श्रावक की समस्त क्रियाओं में इसका उपयोग किया जाता है। श्रावक की एक भी क्रिया इस महामन्त्र के बिना सम्पन्न नहीं की जा सकती है।

षोडशकारण संस्कारों के अवसर पर इस मन्त्र का उच्चारण किया जाता है। ऐसा कोई भी मांगलिक कार्य नहीं, जिसके आरम्भ में इसका उपयोग न किया जाए। मृत्यु के समय भी महामन्त्र का स्मरण आत्मा के लिए अत्यन्त कल्याणकारक बताया है। जैनाचार्यों ने बतलाया है कि जीवन-भर धर्म साधना करने पर भी कोई व्यक्ति अन्तिम समय में आत्मसाधन-णमोकार मन्त्र की आराधना द्वारा निज को पवित्र करना भूल जाए, तो वह उसी प्रकार माना जाएगा, जिस प्रकार निरन्तर अस्त्र-शस्त्रों का अभ्यास करनेवाला व्यक्ति युद्ध के समय शस्त्र-प्रयोग करना भूल जाए। अतएव अन्तिम समय में अनाद्यनिधन इस महामन्त्र का जाप करके अपनी आत्मा को अवश्य पवित्र करना चाहिए। कहा गया है :

जिणवयणमोसहमिणं विसयसुहविरेयणं अमिदभूदं।
जरमरणवाहिवेयण-खयकरणंसव्वदुक्खाणं॥ —मूलाचार

अर्थात् जिनेन्द्र भगवान् की वचन रूपी ओषधि इन्द्रिय-जनित विषय-सुखों का विरेचन करनेवाली है,—मूलाचार अमृत स्वरूप है और जरा, मरण, व्याधि, वेदना आदि सब दुःखों का नाश करनेवाली है। इस प्रकार जो पंचपरमेष्ठी के स्वरूप का

स्मरण करनेवाले णमोकार मन्त्र का ध्यान करता है, वह निश्चयतः सल्लेखना व्रत को धारण करता है। श्रावक को संसार के नाश करने में समर्थ इस महामन्त्र की आराधना अवश्य करनी चाहिए। अमितगति आचार्य ने कहा है :

सप्तविंशतिरुच्छ्वासाः संसारोन्मूलनक्षमे।
सन्ति पञ्चनमस्कारे नवधा चिन्तिते सति।

इस प्रकार श्रावक अन्तिम समय में णमोकार मन्त्र की साधना कर उत्तम गति की प्राप्ति करता है और जन्म-जन्मान्तर के पापों का विनाश करता है। अन्तिम समय में ध्यान किया गया मन्त्र अत्यन्त कल्याणकारी होता है।

व्रतों का पालन आत्मकल्याण और जीवन संस्कार के लिए होता है। व्रतों की विधि का वर्णन कई श्रावकाचारों में आया है। कर्मों की असंख्यातगुणी निर्जरा करने के लिए श्रावक व्रतोपवास करता है, जिससे उनकी आत्मा के विकार शान्त होते हैं और त्याग की महत्ता जीवन में आती है। सप्तव्यसन के त्याग के साथ, आठ मूलगुण, बारह व्रत और अन्तिम समय में सल्लेखना धारण कर विशेष उपवासों के द्वारा श्रावक अपनी आत्मा को शुद्ध करने का अभ्यास करता है। व्रत प्रधान रूप से नौ प्रकार के होते हैं—सावधि, निरवधि, दैवसिक, नैशिक, मासावधिक, वार्षिक, काम्य, अकाम्य और उत्तमार्थ। सावधि व्रत दो प्रकार के हैं—तिथि की अवधि से किये जानेवाले और दिनों की अवधि से किये जानेवाले। तिथि की अवधि से किये जानेवाले सुखचिन्तामणि, पंचविंशतिभावना, द्वात्रिंशद्भावना, सम्यक्त्वपंचविंशतिभावना और णमोकारपंचत्रिंशद्भावना आदि हैं। दिनों की अवधि से किये जानेवाले व्रतों में दुःखहरणव्रत, धर्मचक्रव्रत, जिनगुणसम्पत्ति, सुखसम्पत्ति, शीलकल्याणक, श्रुति-कल्याणक और चक्रकल्याणक आदि हैं। निरवधि में कवलचन्द्रायण, तपोंजलि, जिनमुखावलोकन, मुक्तावली, द्विकावली और एकावली आदि हैं। दैवसिक व्रतों में दशलक्षण, पुष्पांजलि, रत्नत्रय आदि हैं। आकाशपंचमी नैशिक व्रत है। षोडशकारण, मेघमाला आदि मासिक हैं। जो व्रत किसी कामना की पूर्ति के लिए किये जाते हैं, वे काम्य और जो निष्कामरूप से किये जाते हैं, वे निष्काम कहलाते हैं। काम्य व्रतों में संकटहरण, दुःखहरण, धनदकलश आदि व्रतों की गणना की जाती है। उत्तम व्रतों में कर्मचूर, कर्मनिर्जरा, महासर्वतोभद्र आदि हैं।

व्रतविधान और णमोकार मन्त्र

अकाम्य व्रतों में मेरुपंक्ति आदि की गणना है। इन समस्त व्रतों के विधान में जाप्य मन्त्रों की आवश्यकता होती है। यों तो णमोकार मन्त्र के नाम पर णमोकारपंचत्रिंशद्भावना व्रत भी है। इस व्रत का वर्णन करते हुए बताया गया है कि इस व्रत का पालन करने से अनेक प्रकार के ऐश्वर्यों के साथ मोक्ष-सुख प्राप्त होता है। कहा गया है :

> **अपराजित है मन्त्र णमोकार, अक्षर तहँ पैंतीस विचार।**
> **कर उपवास वरण परिमाण, सोहं सात करो बुधिमान॥**
> **पुनि चौदा चौदशिव्रत साँच, पाँचें तिथि के प्रोषध पाँच।**
> **नवमी नव करिये भवि सात, सब प्रोषध पैंतीस गणात॥**
> **पैंतीसी णवकार जु येह, जाप्यमन्त्र नवकार जयेह।**
> **मन वच तन नरनारी करे, सुरनर सुख लह शिवतिय वरे॥**

अर्थात्—यह णमोकारपैंतीसीव्रत एक वर्ष छह महीने में समाप्त होता है। इस डेढ़ वर्ष की अवधि में केवल 35 दिन व्रत के होते हैं। व्रतारम्भ करने की यह विधि है—[1] प्रथम आषाढ़ शुक्ला सप्तमी का उपवास करे, फिर श्रावण महीने की दोनों सप्तमी, भाद्रपद महीने की दोनों सप्तमी और आश्विन महीने की दोनों सप्तमी इस प्रकार कुल सात सप्तमियों के उपवास करे। [2] पश्चात् कार्तिक कृष्ण पंचमी से पौष कृष्ण पंचमी तक अर्थात् कुल पाँच पंचमियों के उपवास करे। [3] तदनन्तर पौष कृष्ण चतुर्दशी से चैत कृष्ण चतुर्दशी तक सात चतुर्दशियों के सात उपवास करे। [4] अनन्तर चैत्र शुक्ला चतुर्दशी से आषाढ़ शुक्ला चतुर्दशी तक सात चतुर्दशियों के सात उपवास करे। [5] तत्पश्चात् श्रावण कृष्ण नवमी से अगहन कृष्ण नवमी तक नौ नवमियों के नौ उपवास करे। इस प्रकार कुल 35 अक्षरों के पैंतीस उपवास किये जाते हैं। णमोकार मन्त्र के प्रथम पद में 7 अक्षर, द्वितीय में 5, तृतीय में 7, चतुर्थ में 7 और पंचम में 9 हैं; अतः उपवासों का क्रम भी ऊपर इसी के अनुसार रखा गया है। उपवास के दिन व्रत करते हुए भगवान् का अभिषेक करने के उपरान्त णमोकार मन्त्र का पूजन तथा त्रिकाल इस मन्त्र का जाप किया जाता है। व्रत के पूर्ण हो जाने पर उद्यापन कर देना चाहिए। इस व्रत का पालन गोपाल नामक ग्वाल ने किया था, जो चम्पानगरी में तद्भवमोक्षगामी सुदर्शन हुआ। वर्धमान पुराण में णमोकार व्रत को 70 दिन में ही समाप्त कर देने का

विधान है।

णमोकार व्रत अब सुन राज, सत्तर दिन एकान्तर साज।

अर्थात् 70 दिनों तक लगातार एकाशन करे। प्रतिदिन भगवान् के अभिषेक-पूर्वक णमोकार मन्त्र का पूजन करे। त्रिकाल णमोकार मन्त्र का जाप करे। रात्रि में पंचपरमेष्ठी के स्वरूप का चिन्तन करते हुए या इस महामन्त्र का ध्यान करते हुए अल्प निद्रा ले। जो व्यक्ति इस व्रत का पालन करता है, उसकी आत्मा में महान् पुण्य का संचय होता है और समस्त पाप भस्म हो जाते हैं।

णमोकार मन्त्र का त्रिकाल जाप, त्रेपन क्रिया व्रत, लघुपल्यविधान, बृहत्पल्य-विधान, नक्षत्रमाला, सप्तकुम्भ, लघुसिंहनिष्क्रीडित, बृहत्सिंहनिष्क्रीडित, भाद्रवन-सिंहनिष्क्रीडित, त्रिगुणसार, सर्वतोभद्र, महासर्वतोभद्र, दुःखहरण, जिनपूजापुरन्दरव्रत, लघुधर्मचक्र, बृहद्धर्मचक्र, बृहद् जिनगुणसम्पत्ति, लघुजिनगुणसम्पत्ति, बृहत्सुखसम्पत्ति, मध्यमसुखसम्पत्ति, लघुसुखसम्पत्ति, रुद्रवसन्तव्रत, शीलकल्याणकव्रत, श्रुतिकल्याणकव्रत, चन्द्रकल्याणकव्रत, लघुकल्याणकव्रत, बृहद्रत्नावलीव्रत, मध्यमरत्नावलीव्रत, लघुरत्नावलीव्रत, बृहद्मुक्तावलीव्रत, मध्यममुक्तावलीव्रत, लघुमुक्तावलीव्रत, एकावलीव्रत, लघुएकावलीव्रत, द्विकावलीव्रत, लघुद्विकावलीव्रत, लघुकनकावलीव्रत, बृहद्कनकावलीव्रत, लघुमृदङ्गमध्यव्रत, बृहद्मृदङ्गमध्यव्रत, मुरजमध्यव्रत, वज्रमध्यव्रत, अक्षयनिधिव्रत, मेघमालाव्रत, सुखकारणव्रत, आकाशपंचमी, निर्दोषसप्तमी, चन्दनषष्ठी, श्रवणद्वादशी, श्वेतपंचमी, सर्वार्थसिद्धिव्रत, जिनमुखावलोकनव्रत, जिनरात्रिव्रत, नवनिधिव्रत, अशोकरोहिणीव्रत, कोकिलापंचमीव्रत, रुक्मिणीव्रत, अनस्तमीव्रत, निर्जरपंचमीव्रत, कवलचन्द्रायणव्रत, बारह विजोराव्रत, ऐसोनव्रत, ऐसोदशव्रत, कंजिकव्रत, कृष्णपंचमीव्रत, निःशल्यअष्टमीव्रत, लक्षणपंक्तिव्रत, दुग्धरसीव्रत, धनदकलशव्रत, कलिचतुर्दशी, शीलसप्तमीव्रत, नन्दसप्तमीव्रत, ऋषिपंचमीव्रत, सुदर्शनव्रत, गन्धअष्टमीव्रत, शिवकुमारवेलाव्रत, मौनव्रत, बारहतपव्रत और परमेष्ठिगुणव्रत के विधान में बतलाया गया है। अर्थात् उपर्युक्त व्रतों को णमोकार मन्त्र के जाप द्वारा ही सम्पन्न किया जाता है। कुल 25-26 व्रत ऐसे हैं, जिनमें णमोकार मन्त्र से उत्पन्न मन्त्रों के जाप का विधान है। इस मन्त्र का व्रतसाधना के लिए कितना महत्त्वपूर्ण स्थान है, यह उपर्युक्त व्रतों की नामावली से ही स्पष्ट है। श्रावक व्रतों के पालन द्वारा अनेक

प्रकार के पुण्य का अर्जन करता है। बताया गया है कि :

> **अनेकपुण्यसंतानकारणं स्वर्निबन्धनम्।**
> **पापघ्नं च क्रमादेतद् व्रतं मुक्तिवशीकरम्॥**
> **यो विधते व्रतं सारमेतत्सर्वसुखावहम्।**
> **प्राप्य षोडशमं नाकं स गच्छेत् क्रमशः शिवम्॥**

अर्थात्—व्रत अनेक पुण्य की सन्तान का कारण है, संरार के समस्त पापों को नाश करनेवाला है एवं मुक्ति-लक्ष्मी को वश में करनेवाला है, जो महानुभाव सर्वसुखोत्पादक श्रेष्ठ व्रत धारण करते हैं, वे सोलहवें स्वर्ग के सुखों का अनुभव कर अनुक्रम से अविनाशी मोक्षसुख को प्राप्त करते हैं। अतएव यह स्पष्ट है कि व्रतों के सम्यक् पालन करने के लिए णमोकार मन्त्र का ध्यान करना अत्यावश्यक है।

णमोकार मन्त्र के महत्त्व और फल को प्रकट करनेवाली अनेक कथाएँ जैन साहित्य में आयी हैं। दिगम्बर और श्वेताम्बर दोनों सम्प्रदाय के धर्मकथा-साहित्य में इस महामन्त्र का बड़ा भारी फल बतलाया गया है। पुण्यास्रव और आराधना कथा-कोष के अतिरिक्त अन्य पुराणों में भी इस महामन्त्र के महत्त्व को प्रकट करनेवाली कथाएँ हैं। एक बार जिसने भी भक्तिभावपूर्वक इस महामन्त्र का उच्चारण किया वही उन्नत हो गया। नीच-से-नीच प्राणी भी इस महामन्त्र के प्रभाव से स्वर्ग और अपवर्ग के सुख प्राप्त करता है।

कथा-साहित्य और णमोकार मन्त्र

धर्मामृत की पहली कथा में आया है कि वसुभूति ब्राह्मण ने लोभ से आकृष्ट होकर दिगम्बरमुनिव्रत धारण किये थे तथा दयामित्र के अष्टाह्निक पर्व को सम्पन्न कराने के लिए दक्षिणा प्राप्ति के लोभ से उसने केशलुंच एवं द्रव्यलिंगी साधु के अन्य व्रत धारण किये थे। दयामित्र जब जंगल में जा रहा था तो एक दिन रात को जंगली लुटेरों ने दयामित्र सेठ के साथवाले व्यापारियों पर आक्रमण किया। दयामित्र वीरतापूर्वक लुटेरों के साथ युद्ध करने लगा। उसने अपार बाण वर्षा की, जिससे लुटेरों के पैर उखड़ गये और वे भागने पर उतारू हो गये। युद्ध-समय वसुभूति दयामित्र के तम्बू में सो रहा था। लुटेरों का एक बाण आकर वसुभूति को लगा और वह घायल होकर पीड़ा से तड़फड़ाने लगा। यद्यपि दयामित्र के उपदेश से उसे सम्यक्त्व की प्राप्ति हो चुकी थी, तो भी साधारण-सा कष्ट उसे था। दयामित्र ने उसे समझाया कि आत्मा का

कल्याण समाधिमरण के द्वारा ही सम्भव है, अतः उसे समाधिमरण धारण कर लेना चाहिए। सल्लेखना से आत्मा में अहिंसा की शक्ति उत्पन्न होती है, अहिंसक ही सच्चा वीर होता है। अतः मृत्यु का भय त्यागकर णमोकार मन्त्र का चिन्तन करें। इस मन्त्र की महिमा अद्भुत है। भक्तिभावपूर्वक इस मन्त्र का ध्यान करने से परिणाम स्थिर होते हैं तथा सभी प्रकार की विघ्न-बाधाएँ टल जाती हैं। मनुष्य की तो बात ही क्या, तिर्यंच भी इस महामन्त्र के प्रभाव से स्वर्गादि सुखों को प्राप्त हुए हैं। हाँ, इस मन्त्र के प्रति अटूट श्रद्धा होनी चाहिए। श्रद्धा के द्वारा ही इसका वास्तविक फल प्राप्त होगा। यों तो इस मन्त्र के उच्चारण मात्र से आत्मा में असंख्यातगुणी विशुद्धि उत्पन्न होती है।

दयामित्र के इस उपदेश को सुनकर वसुभूति स्थिर हो गया। उसने अपने परिणामों को बाह्य पदार्थों से हटाकर आत्मा की ओर लगाया और णमोकार मन्त्र का ध्यान करने लगा। ध्यानावस्था में ही उसने शरीर का त्याग किया, जिसके प्रभाव से सौधर्म स्वर्ग के मणिप्रभा विमान में मणिकुण्ड नामक देव हुआ। स्वर्ग के दिव्य भोगों को देखकर वसुभूति के जीव मणिकुण्ड को अत्यन्त आश्चर्य हुआ। तत्काल ही भवप्रत्यय अवधिज्ञान के उत्पन्न होते ही उसने अपने पूर्वभव की सब घटना अवगत कर ली और णमोकार मन्त्र के दृढ़ श्रद्धान का फल समझ अपने उपकारी दयामित्र के दर्शन करने को आया और उसकी भक्ति कर अपने स्थान को चला गया। वसुभूति का जीव स्वर्ग से चय कर अभयकुमार नामक राजा श्रेणिक का पुत्र हुआ। इसने वयस्क होते ही दीक्षा ले ली और कठोर तपश्चरण कर समाधि के साथ शरीर त्याग किया, जिससे सर्वार्थसिद्धि में अहमिन्द्र हुआ। वहाँ से चय कर निर्वाण प्राप्त करेगा। णमोकार मन्त्र के दृढ़ श्रद्धान द्वारा व्यक्ति सभी प्रकार के सुख प्राप्त कर सकता है। संसार का कोई भी कार्य उसके लिए दुर्लभ नहीं होता है।

इसी ग्रन्थ की दूसरी कथा में बताया गया है कि ललितांगदेव-जैसे व्यभिचारी, चोर, लम्पट, हिंसक व्यक्ति भी इस मन्त्र के प्रभाव से अपना कल्याण कर लिये हैं, तो अन्य व्यक्तियों की बात ही क्या? यही ललितांगदेव आगे चलकर अंजनचोर नाम से प्रसिद्ध हुआ है, क्योंकि यह चोर की कला में इतना निपुण था कि लोगों के देखते हुए उनके सामने से वस्तुओं का अपहरण कर लेता था। इसका प्रेम राजगृह नगरी की प्रधान वेश्या मणिकांचना से था। वेश्या ने ललितांगदेव उर्फ

अंजनचोर से कहा—"प्राणवल्लभ! आज मैंने प्रजापाल महाराज की कनकावती नाम की पट्टरानी के गले में ज्योति-प्रभा नामक रत्नहार देखा है। वह बहुत ही सुन्दर है। मैं उस हार के बिना एक घड़ी भी नहीं रह सकती हूँ। अतः तत्काल मुझे उस हार को ला दीजिए।" ललितांगदेव उर्फ अंजनचोर ने कहा—"प्रिये, यह बहुत बड़ी बात नहीं है, मैं तुम्हारे लिए सब कुछ करने को तैयार हूँ। पर अभी थोड़े दिन तक धैर्य रखिए। आजकल शुक्लपक्ष है, मेरी विद्या कृष्णपक्ष की अष्टमी से कार्य करती है, अतः दो-चार दिन की बात है; हार तुम्हें लाकर जरूर दूँगा।"

वेश्या ने स्त्रियोचित भावभंगी प्रदर्शित करते हुए कहा—"यदि आप इस छोटी-सी मेरी इच्छा को पूरा नहीं कर सकते, तो फिर और मेरा कौन-सा काम कीजिएगा। जब मैं मर जाऊँगी, तब उस हार से क्या होगा।" अंजनचोर को वेश्या का ताना सह्य नहीं हुआ और आँख में अंजन लगाकर हार चुराने के लिए चल पड़ा। विद्याबल से छिपकर ज्योतिप्रभा हार को उसने अपने हाथ में ले लिया। किन्तु ज्योतिप्रभा हार में लगी हुई मणियों का प्रकाश इतना तेज था, जिससे वह हार छिप न सका। चाँदनी रात में उसकी विद्या का प्रभाव भी नष्ट हो गया, अतः पहरेदारों ने उसका पीछा किया। वह नगर की चहारदीवारी को लाँघकर श्मशान भूमि की ओर बढ़ा। वहाँ पर एक वृक्ष के नीचे दीपक जलते हुए देखकर वह उस पेड़ के नीचे पहुँचा और ऊपर की ओर देखने लगा। वहाँ पर 108 रस्सियों का एक सींका लटक रहा था, उसके नीचे भाला, बरछा, तलवार, फरसा, मुद्गर, शूल, चक्र आदि 32 प्रकार के अस्त्र गाड़े गये थे। एक व्यक्ति वहाँ पूजा कर णमोकार मन्त्र पढ़ता हुआ एक-एक रस्सी काटता जाता था। प्रत्येक रस्सी के काटने के बाद वह भयातुर हो कभी नीचे उतरता और कभी साहस कर ऊपर चढ़ जाता; पुनः एक रस्सी काटकर नीचे आता। इस प्रकार की उसकी स्थिति देखकर अंजनचोर ने उससे पूछा—"तुम कौन हो? तुम्हारा नाम क्या है? यह कौन-सा कार्य कर रहे हो? तुम किस मन्त्र का जाप करते हो और क्यों?"

वह बोला—"मेरा नाम वारिषेण है। मैं गगनगामी विद्या को सिद्ध कर रहा हूँ। मैं पवित्र णमोकार मन्त्र का जाप कर इस विद्या को साधना चाहता हूँ। मुझे यह विधि और मन्त्र जिनदत्त श्रेष्ठि से मिले हैं।" अंजनचोर उसकी बातों को सुनकर हँसने लगा और बोला—"तुम डरपोक हो, तुम्हें मन्त्र पर विश्वास नहीं है।

अतः तुम्हें विद्या सिद्ध नहीं हो सकती है।" इस प्रकार कहकर अंजनचोर सोचने लगा कि मुझे तो मरना ही है जैसे भी मरूँ। अतः जिनदत्त श्रेष्ठि के द्वारा प्रतिपादित इस मन्त्र और विधि पर विश्वास कर मरना ज्यादा अच्छा है, इससे स्वर्ग मिलेगा। जरा भी देर होती है तो पहरेदारों के साथ कोतवाल आएगा और पकड़कर फाँसी पर चढ़ा देगा। इस प्रकार विचार कर उसने वारिषेण से कहा—"भाई! तुम्हें विश्वास नहीं है, तो मुझे इस मन्त्र की साधना करने दीजिए।" वारिषेण प्राणों के मोह में पड़कर घबरा गया और उसने मन्त्र तथा उसकी विधि अंजनचोर को बतला दी। उसने दृढ़ श्रद्धान के साथ मन्त्र की साधना की तथा 108 रस्सियों को काट दिया। अब वह नीचे गिरने को ही था, कि इसी बीच आकाशगामिनी विद्या प्रकट हुई और उसने गिरते हुए अंजनचोर को ऊपर ही उठा लिया। विद्या-प्राप्ति के अनन्तर वह अपने उपकारी जिनदत्त सेठ के दर्शन करने के लिए सुमेरु पर्वत पर स्थित नन्दन और भद्रशाल के चैत्यालयों में गया। यहाँ पर वह भगवान् की पूजा कर रहा था। इस प्रकार अंजनचोर को आकाशगामिनी विद्या की प्राप्ति के अनन्तर संसार से विरक्ति हो गयी, अतः उसने देवर्षि नामक चारण ऋद्धिधारी मुनि के पास दीक्षा ग्रहण की और दुर्धर तप कर कर्मों का नाश कर कैलास पर्वत पर मोक्ष प्राप्त किया। णमोकार महामन्त्र में इतनी बड़ी शक्ति है कि इसकी साधना से अंजनचोर-जैसे व्यसनी व्यक्ति भी तद्भव में निर्वाण प्राप्त कर सकते हैं। इसी कथा में यह भी बतलाया गया है कि धन्वन्तरि और विश्वानुलोम-जैसे दुराचारी व्यक्ति णमोकार मन्त्र की दृढ़ साधना द्वारा कल्याण को प्राप्त हुए हैं।

धर्मामृत की तीसरी कथा में अनन्तमती के व्रतों की दृढ़ता का वर्णन करते हुए बताया गया है कि अनन्तमती ने अपने संकट दूर करने के लिए कई बार इस महामन्त्र का ध्यान किया। इस मन्त्र के स्मरण से उसका बड़ा से बड़ा कष्ट दूर हुआ है। जब वेश्या के यहाँ अनन्तमती के ऊपर उपसर्ग आया था, उस समय उसके दूर होने तक उसने समाधिमरण ग्रहण कर लिया और अन्न-पानी का त्याग कर पंचपरमेष्ठी के ध्यान में लीन हो गयी। णमोकार मन्त्र का आश्रय ही उसके प्राणों का रक्षक था। जब वेश्या ने देखा कि यह इस तरह माननेवाली नहीं है, तो उसने सोचा कि इसके प्राण लेने से अच्छा है कि इसे राजा के हाथ बेच दिया जाए।

राजा इस अनुपम सुन्दरी को प्राप्त कर बहुत प्रसन्न होगा और मुझे अपार धन देगा, जिससे मेरे जन्म-जन्मान्तर के दारिद्र्य दूर हो जाएँगे। इस प्रकार विचार कर वह वेश्या अनन्तमती को राजा सिंहव्रत के पास ले गयी और दरबार में जाकर बोली–"देव, इस रमणीरत्न को आपकी सेवा में अर्पण करने आयी हूँ। यह अनाघ्रात कलिका आपके भोग करने योग्य है। दासी ने इसे पाने के लिए अपार धन ख़र्च किया है।" राजा उस दिव्य सुन्दरी को देखकर बहुत प्रसन्न हुआ और उस वेश्या को विपुल धनराशि देकर विदा किया।

सन्ध्या होते ही राजा अनन्तमती से बोला–"हे कमलमुखी! तुम्हारे रूप का जादू मुझ पर चल गया है, मेरे समस्त अंगोपांग शिथिल हो रहे हैं, मेरा मन मेरे अधीन नहीं रहा है। मैं अपना सर्वस्व तुम्हारे चरणों में अर्पित करता हूँ। आज से यह राज्य तुम्हारा है। हम सब तुम्हारे हैं, अतः अब शीघ्र ही मनःकामना पूर्ण करो। हाय! इतना सौन्दर्य तो देवियों में भी नहीं होगा।"

अनन्तमती णमोकार मन्त्र का स्मरण करती हुई ध्यान में लीन थी। उसे राजा की बातों का बिलकुल पता नहीं था। उसके मुख पर अद्‌भुत तेज था। सतीत्व की किरणें निकल रही थीं। वह एक मात्र णमोकार मन्त्र की आराधना में डूबी हुई थी। कहा गया है **"सापि पञ्चनमस्कारं संस्मरन्ती सुखप्रदम्"** अर्थात् वह मौन होकर एकाग्रभाव से णमोकार मन्त्र की साधना में इतनी लीन हो गयी कि उसने राजा की बातें ही नहीं सुनीं। अब अनन्तमती से उत्तर न पाकर राजा का क्रोध उभरा और उसने अनन्तमती को पीटना आरम्भ किया। अनन्तमती के ऊपर होनेवाले इस प्रकार के अत्याचारों को देखकर णमोकार मन्त्र के प्रभाव से उस नगर के शासनदेव का आसन हिला और उसने ज्ञानबल से सारी घटनाएँ अवगत कर लीं। वह अनन्तमती के पास पहुँचा और अदृश्य होकर राजा को पीटने लगा। आश्चर्य की बात यह थी कि मारनेवाला कोई नहीं दिखलाई पड़ता था, केवल मार ही दिखलाई पड़ती थी। कोड़े लगने के कारण युवराज के मुँह से खून निकल रहा था। राजा-अमात्य सभी मूर्च्छित थे, फिर भी मार पड़ना बन्द नहीं हुआ था। हल्ला-गुल्ला और चीत्कार सुनकर दरबार के अनेक व्यक्ति एकत्र हो गये। रानियाँ आ गयीं, पर युवराज की रक्षा कोई नहीं कर सका। जब सब लोगों ने मिलकर मारनेवाले की स्तुति की तो शासनदेव ने प्रत्यक्ष हो कहा–"आपलोग इसी सती को

प्रसन्न करें, मैं तो सती का दास हूँ। यह कुमारी णमोकार मन्त्र के ध्यान में इतनी लीन है कि मुझे इसकी सेवा के लिए आना पड़ा है। जो भगवान् की भक्ति में निरन्तर लीन रहते हैं, उनकी आराधना और सेवा आबालवृद्ध सभी करते हैं। जो मोहवश में आकर भक्ति का तिरस्कार करता है, वह अत्यन्त नीच है। जिसके पास धर्म रहता है उसके पास संसार की सभी अलभ्य वस्तुएँ रहती हैं। व्रतविभूषित व्यक्ति यदि भगवान् के चरणों की भक्ति करता है, तो उसे संसार के सभी दुर्लभ पदार्थ अपने-आप प्राप्त हो जाते हैं। णमोकार मन्त्र का ध्यान समस्त अरिष्टों को दूर करनेवाला है। जो विपत्ति में इस मन्त्र का स्मरण करता है, उसके सभी कष्ट दूर हो जाते हैं। पंचपरमेष्ठी की भक्ति और उनका स्मरण सभी प्रकार के सुखों को प्रदान करता है।" पश्चात् देव ने कुमारी से कहा—"हे अनन्तमती! तुम्हारा संकट दूर हुआ, नेत्रोन्मीलन करो। ये सब भक्त तुम्हारी चरण-धूलि लेने के लिए आये हैं। जिस प्रकार अग्नि का स्वभाव जलना, पानी का स्वभाव शीतल, वायु का स्वभाव बहना है; उसी प्रकार णमोकार मन्त्र की आराधना का फल समस्त उपसर्ग और कष्टों का दूर होना है। अब इस राजकुमार को आप क्षमा करें। ये सभी नगरनिवासी आपसे क्षमा-याचना के लिए आये हैं।" इस प्रकार शासनदेव ने अनन्तमती के द्वारा राजकुमार को क्षमा प्रदान करायी। राजा, अमात्य तथा रानियों ने मिलकर अनन्तमती की पूजा की और हाथ जोड़कर वे कहने लगे—"धर्ममूर्ते! हमने बिना जाने बड़ा अपराध किया। हम लोगों के समान संसार में कौन पापी हो सकता है। अब आप हमें क्षमा करें, यह सारा राज्य और सारा वैभव आपके चरणों में अर्पित है।" अनन्तमती ने कहा—"राजन्! धर्म से बढ़कर कोई भी वस्तु हितकारी नहीं है। आप धर्म में स्थिर हो जाइए। णमोकार मन्त्र का विज्ञान कीजिए। इसी मन्त्र के स्मरण, ध्यान और चिन्तन से आप के समस्त पाप नष्ट हो जाएँगे। पंचपरमेष्ठी वाचक इस महामन्त्र का ध्यान सभी पापों को भस्म करनेवाला है। पापी से पापी व्यक्ति भी इस महामन्त्र के ध्यान से सभी प्रकार के सुख प्राप्त करता है।" राजा ने रानियों और अमात्यसहित णमोकार मन्त्र का ध्यान किया, जिससे उनकी आत्मा में विशुद्धि उत्पन्न हो गयी।

वहाँ से चलकर अनन्तमती जिनालय में पहुँची और वहाँ आर्यिका के पास जाकर धर्म श्रवण किया। यहीं पर उसके माता-पिता से मुलाकात हुई। पिता ने

अनन्तमती को घर ले जाना चाहा, पर उसने घर जाना पसन्द नहीं किया और पिता से स्वीकृति लेकर वरदत्त मुनिराज की शिष्या कमलश्री आर्यिका से जिन-दीक्षा ले ली तथा निःकांक्षित हो व्रत पालन करने लगी। वह दिन-रात णमोकार मन्त्र के ध्यान में लीन रहती थी तथा उग्र तपश्चरण करने में लीन थी। अन्तिम समय में उसने समाधिमरण धारण किया; जिससे स्त्रीलिंग का छेद कर बारहवें स्वर्ग में 18 सागर की आयु प्राप्त कर देव हुई। इस प्रकार णमोकार मन्त्र की साधना से अनन्तमती ने अपने सांसारिक कष्टों को दूर कर आत्म-कल्याण किया।

धर्मामृत की चौथी कथा में बताया गया है कि नारायणदत्ता नामक संन्यासिनी के बहकावे में आकर मालवनरेश चण्डप्रद्योत ने रौरवपुर नरेश उद्दायन की पत्नी प्रभावती के रूप-सौन्दर्य का लोभी बनकर राजा उद्दायन की अनुपस्थिति में रौरवपुर पर आक्रमण किया। उस समय रानी प्रभावती के शील की रक्षा णमोकार मन्त्र की आराधना से ही हुई। प्रभावती ने अन्न-जल का त्याग कर इस मन्त्र का ध्यान किया। राजा चण्डप्रद्योत की सेना जिस समय नगर में उपद्रव कर रही थी, उसी समय आकाश मार्ग से अकृत्रिम चैत्यालयों की वन्दना के लिए देव जा रहे थे। प्रभावती के मन्त्र-स्मरण के प्रभाव से देवों का विमान रौरवपुर के ऊपर से नहीं जा सका। देवों ने अवधिज्ञान से विमान के अटकने का कारण अवगत किया तो उन्हें मालूम हुआ कि इस नगर में घिरी सती के ऊपर विपत्ति आयी है। सती के ऊपर होनेवाले अत्याचार को अवगत कर एक सम्यग्दृष्टि देव उसकी रक्षा के लिए उद्यत हुआ। उसने अपनी शक्ति से चण्डप्रद्योत की सेना को उड़ाकर उज्जयिनी में पहुँचा दिया और नगर का सारा उपद्रव शान्त कर दिया।

रानी प्रभावती की परीक्षा करने के लिए उस देव ने चण्डप्रद्योत का रूप धारण किया और समस्त प्रजा को महानिद्रा में मग्न कर विक्रिया ऋद्धि के बल से चतुरंग सेना तैयार की और गढ़ को चारों ओर से घेर लिया। नगर में मायावी आग लगा दी, मार्ग और सड़कों पर कृत्रिम रक्त की धार बहने लगी, सर्वत्र भय व्याप्त कर दिया और प्रभावती देवी के पास आकर बोला—"मैंने तुम्हारी सेना को मार डाला है। अब आप पूरी तरह से मेरे अधीन हैं; अतः आँखें खोलकर मेरी ओर देखिए। आपके पति उद्दायन राजा को भी पकड़कर क़ैद कर लिया है। अब मेरा सामना करनेवाला कोई नहीं है। आप मेरे साथ चलिए और पटरानी बनकर संसार

का आनन्द लीजिए। आपको किसी प्रकार का कष्ट नहीं होने दूँगा।"

रानी राजा चण्डप्रद्योत के रूपधारी देव के वचनों को सुनकर णमोकार मन्त्र के ध्यान में और भी लीन हो गयी और स्थिरतापूर्वक जिनेन्द्र प्रभु के गुणों का चिन्तन करने लगी। उसने निश्चय किया कि प्राण जाने तक शील को नहीं छोड़ूँगी। इस समय णमोकार मन्त्र ही मेरा रक्षक है। पंचपरमेष्ठी की शरण ही मेरे लिए सहायक है। इस प्रकार निश्चय कर वह ध्यान में और दृढ़ हो गयी। देव ने पुनः कहा–"अब इस ध्यान से कुछ नहीं होगा, तुम्हें मेरे वचन मानने पड़ेंगे।" परन्तु प्रभावती तनिक भी विचलित नहीं हुई और णमोकार मन्त्र का ध्यान करती रही। प्रभावती की दृढ़ता से प्रसन्न होकर देव ने अपना वास्तविक रूप धारण किया और रानी से बोला–"देवि! आप धन्य हैं। मैं देव हूँ, मैंने चण्डप्रद्योत की सेना को उज्जयिनी पहुँचा दिया है तथा विक्रियाबल से आपकी सेना और प्रजा को मूर्च्छित कर दिया है। मैं आपके सतीत्व और भक्तिभाव की परीक्षा कर रहा था। मैं आपसे बहुत प्रसन्न हूँ। आपके ऊपर किसी भी प्रकार की अब विपत्ति नहीं है। मध्यलोक वास्तव में सती नारियों के सतीत्व पर ही अवलम्बित है।" इस प्रकार कहकर पारिजात पुष्पों से रानी की पूजा की, आकाश में दुन्दुभि बाजे बजने लगे, पुष्पवृष्टि होने लगी। पंचपरमेष्ठी की जय और जिनेन्द्र भगवान् की जय के नारे सर्वत्र सुनाई पड़ते थे। णमोकार की आराधना के प्रभाव से रानी प्रभावती ने अपने शील की रक्षा की तथा आर्यिका से दीक्षा ग्रहण कर तप किया, जिससे ब्रह्मस्वर्ग में दस सागरोपम आयु प्राप्त कर महर्धिदेव हुई।

इस ग्रन्थ की बारहवीं कथा में बताया गया है कि जिनपालित मुनि एक दिन एकाकी विहार करते हुए आ रहे थे। उज्जयिनी के पास आते-आते सूर्यास्त हो गया, अतः रात में गमन निषिद्ध होने से वह भयंकर श्मशानभूमि में जाकर ध्यानस्थ हो गये। सूर्योदय तक इसी स्थान पर रहेंगे, ऐसा नियम कर वहीं एक ही करवट लेट गये। धनुषाकार होकर उन्होंने ध्यान लगाया। योग में मुनिराज इतने लीन थे कि उन्हें अपने शरीर का भी होश नहीं था।

मध्यरात्रि में उज्जयिनी का विडम्ब नामक साधक मन्त्र विद्या सिद्ध करने के लिए उसी श्मशानभूमि में आया। उसने योगस्थ जिनपालित मुनि को मुरदा समझा, अतः पास की चिताओं से दो-तीन मुरदे और खींच लाया। जिनपालित मुनि और

अन्य मुरदों को मिलाकर उसने चूल्हा तैयार किया और इस चूल्हे में आग जलाकर भात बनाना आरम्भ किया। जब आग की लपटें जिनपालित मुनि के मस्तक कें पास पहुँचीं, तब भी वह ध्यानस्थ रहे। उन्होंने अग्नि की कुछ भी परवाह नहीं की। मुनिराज सोचने लगे—स्त्री बिना पुत्र, दूध बिना मक्खन, सूत बिना कपड़ा और मिट्टी बिना घड़े का बनना जैसे असम्भव है, उसी प्रकार उपसर्ग बिना सहे कर्मों का नष्ट होना असम्भव है। उपसर्ग की आग से कर्मरूपी लकड़ी जलकर भस्म हो जाती है। इस पर्याय की प्राप्ति, और इसमें भी दिगम्बर दीक्षा का मिलना बड़े सौभाग्य की बात है। जो व्यक्ति इस प्रकार के अवसरों पर विचलित हो जाते हैं, वे कहीं के नहीं रहते। जीव के परिणाम ही उन्नति-अवनति के साधन हैं। परिणाम जैसे-जैसे विशुद्ध होते जाते हैं, वैसे-वैसे यह जीव आत्मकल्याण में प्रवृत्त हो जाता है। परिणामों की शुद्धि का साधन णमोकार मन्त्र है। इस मन्त्र की आराधना से परिणामों में निर्मलता आ जाती है, आत्मा अपने ज्ञान, दर्शन, चैतन्यमय स्वरूप को समझ लेता है। अतः णमोकार मन्त्र की साधना ही संकटकाल में सहायक होती है। इसी के द्वारा मोहममता को जीता जा सकता है। जड़ और चेतन का भेद-भाव इसी महामन्त्र की साधना से प्राप्त होता है। आत्मरस का स्वाद भी पंचपरमेष्ठी के गुणचिन्तन से प्राप्त होता है। इस प्रकार जिनपालित मुनि ने द्वादश अनुप्रेक्षाओं का चिन्तन किया। महाव्रत और समिति के स्वरूप का विचार कर परिणामों को दृढ़ किया। अनन्तर सोचने लगे कि व्रतों की महिमा अचिन्त्य है। व्रत पालन करने से चाण्डाल भी देव हो गया, कौवे का मांस छोड़ने से खदिर सागर इन्द्र पदवी को प्राप्त हुआ। णमोकार मन्त्र के प्रभाव से कितने ही भव्य जीवों ने कल्याण प्राप्त किया है। दृढ़सूर्य नामक चोर चोरी करते पकड़ा गया, दण्डस्वरूप शूली पर चढ़ाया गया, पर णमोकार मन्त्र के स्मरण से देवपद प्राप्त हो गया। सोमशर्मा की स्त्री ने वरदत्त मुनिराज को अविभावपूर्वक आहार दान दिया था तथा अन्तिम समय में णमोकार-मन्त्र की आराधना की थी, जिससे वह देवांगना हुई। नमि और विनमि ने भगवान् आदिनाथ की आराधना की थी, जिससे धरणेन्द्र ने आकर उनकी सेवा की। क्या पंचपरमेष्ठी की आराधना करना सामान्य बात है। द्रुमसेन ने जिनेश्वर मार्ग को समझकर णमोकार मन्त्र की साधना की, जिससे पिण्डस्थ, पदस्थ और रूपस्थ ध्यान के अनन्तर रूपातीत ध्यान किया और कर्मों का नाश कर मोक्षलाभ किया। अतः

इस समय सभी प्रकार के उपसर्गों को जीतना परम आवश्यक है। णमोकार मन्त्र ही मेरे लिए शरण है।

अग्नि उत्तरोत्तर बढ़ रही थी। जिनपालित का सारा शरीर भस्म हो रहा था, पर वह णमोकार मन्त्र की साधना में लीन थे। परिणाम और विशुद्ध हुए और णमोकार मन्त्र के प्रभाव से श्मशान-भूमि के रक्षक देव ने प्रकट हो उपसर्ग दूर किया तथा मुनिराज के चरण-कमलों की पूजा की। इस प्रकार णमोकार मन्त्र की साधना से जिनपालित मुनि ने अपूर्व आत्मसिद्धि प्राप्त की।

इस ग्रन्थ की तेरहवीं कथा में आया है कि एक दिन द्रोणाचार्य अपने शिष्यों सहित मालवदेश पहुँचे, वहाँ का राजा सिंहसेन था। इसकी स्त्री का नाम चन्द्रलेखा था। चन्द्रलेखा अपनी सखियों के साथ सहस्रकूट चैत्यालय का दर्शन कर लौट रही थी। इतने में एक मदोन्मत्त हाथी चिंघाड़ता हुआ और मार्ग में मिलनेवालों को रौंदता हुआ चन्द्रलेखा के निकट आया। चारों ओर हाहाकार मच गया, चन्द्रलेखा की सखियाँ तो इधर-उधर भाग गयीं, किन्तु वह अपने स्थान पर ही घबराकर गिर गयी। उसने उपसर्ग के दूर होने पर संन्यास ले लिया और णमोकार मन्त्र के ध्यान में लीन हो गयी। हाथी चन्द्रलेखा को पैरों के नीचे कुचलनेवाला ही था, सभी लोग किनारे पर खड़े इस दयनीय दृश्य को देख रहे थे। द्रोणाचार्य के शिष्य भी इस अप्रत्याशित घटना को देखकर घबरा गये। प्रमाति कुमार को चन्द्रलेखा पर दया आयी, अतः वह हाथी को पकड़ने के लिए दौड़ा। अपने अपूर्व बल से तथा चन्द्रलेखा के णमोकार मन्त्र के प्रभाव से उसने हाथी को पकड़ लिया, जिससे चन्द्रलेखा के प्राण बच गये। यह कुमारी णमोकार मन्त्र की अत्यन्त भक्तिन बन गयी और सर्वथा इस मन्त्र का चिन्तन किया करती थी। चन्द्रलेखा का विवाह भी प्रमाति कुमार के साथ हो गया; क्योंकि प्रमाति कुमार ने ही स्वयंवर में चन्द्रवेध किया। प्रमाति कुमार के इस कौशल के कारण उसके साथी भी इससे ईर्ष्या रखते थे। एक दिन वह जंगल में गया था, वहाँ एक मन्दोन्मत्त वनगज सामने आता हुआ दिखाई दिया। प्रमाति कुमार ने धैर्यपूर्वक णमोकार मन्त्र का स्मरण किया और हाथी को पकड़ लिया। इस कार्य से उसके साथियों पर अच्छा प्रभाव पड़ा और वे अपना वैर-विरोध भूलकर उससे प्रेम करने लगे।

एक दिन कौशाम्बी नगरी से दूत आया और उसने कहा कि दन्तिबल राजा

पर एक माण्डलिक राजा ने आक्रमण कर दिया है। शत्रुओं ने कौशाम्बी के नगर को तोड़ दिया है। राजा दन्तिबल वीरतापूर्वक युद्ध कर रहा है, पर युद्ध में विजय प्राप्त करना कठिन है। प्रमाति कुमार ने मालव नरेश से भी आज्ञा नहीं ली और चन्द्रलेखा के साथ रात में णमोकार मन्त्र का जाप करता हुआ चला। मार्ग में चोर-सरदार से मुठभेड़ भी हुई, पर उसे परास्त कर कौशाम्बी चला आया और वीरतापूर्वक युद्ध करने लगा। राजा दन्तिबल ने जब देखा कि कोई उसकी सहायता कर रहा है, तो उसके आश्चर्य का ठिकाना नहीं रहा। प्रमाति कुमार ने वीरतापूर्वक युद्ध किया जिससे शत्रु के पैर उखड़ गये और वह मैदान छोड़कर भाग गया। राजा दन्तिबल पुत्र को प्राप्त कर बहुत प्रसन्न हुए। चन्द्रलेखा ने ससुर की चरणधूलि सिर पर धारण की। दन्तिबल को वृद्धावस्था आ जाने से संसार से विरक्ति हो गयी। फिर उन्होंने प्रमाति कुमार को राज्यभार दे दिया। प्रमाति कुमार न्याय-नीतिपूर्वक प्रजा का पालन करने लगा। एक दिन वन में मुनिराज का आगमन सुनकर वह अमात्य, सामन्त और महाजनों सहित मुनिराज के दर्शन करने को गया। उसने भक्तिभावपूर्वक मुनिराज की वन्दना की और उनका धर्मोपदेश सुनकर संसार से विरक्त रहने लगा। कुछ दिनों के उपरान्त एक दिन अपने श्वेत केश देखकर उसे संसार से बहुत घृणा हुई और अपने पुत्र विमलकीर्ति को बुलाकर राज्यभार सौंप दिया और स्वयं दिगम्बर दीक्षा ग्रहण कर घोर तपश्चरण करने लगा। मरणकाल निकट जानकर प्रमाति कुमार ने सल्लेखनामरण धारण किया तथा णमोकार मन्त्र का स्मरण करते हुए प्राणों का त्याग किया; जिससे पन्द्रहवें स्वर्ग में कीर्तिधर नामक महर्द्धिकदेव हुआ। णमोकार मन्त्र का ऐसा ही प्रभाव है, जिससे इस मन्त्र के ध्यान से सांसारिक कष्ट दूर होते हैं, साथ ही परलोक में महान् सुख प्राप्त होता है। धर्मामृत की सभी कथाओं में णमोकार मन्त्र की महत्ता प्रदर्शित की गयी है। यद्यपि ये कथाएँ सम्यक्त्व के आठ अंग तथा पंचाणुव्रतों की महत्ता दिखलाने के लिए लिखी गयी हैं, पर इस मन्त्र का प्रभाव सभी पात्रों पर है।

पुण्यास्रव कथाकोष में इस महामन्त्र के महत्त्व को प्रकट करनेवाली आठ कथाएँ आयी हैं। प्रथम कथा का वर्णन करते हुए बताया गया है कि इस महामन्त्र की आराधना करके तिर्यंच भी मानव पर्याय को प्राप्त होते हैं। कहा है—

प्रथम मन्त्र नवकार सुन तिरौ बैल को जीव

ता प्रतीत हिरदै धरी भयो राम सुग्रीव॥
ताके बरनन करत हूँ जानो मन वच काय।
महामन्त्र हिरदै धरै सकल पाप मिट जाय॥
णमोकार का महापुण्य है अकथनीय उसकी महिमा।
जिसके फल से नीच बैल ने पाई सद्गति गरिमा॥
देखो! पदमरुचिर जिस फल से हुए राम से नृपति महान्।
करो ध्यान युत उसकी पूजा यही जगत् में सच्चा मान॥

अयोध्या में जब महाराज रामचन्द्र जी राज्य करते थे, उस समय सकलभूषण केवलज्ञान के धारी मुनिराज इस नगर के एक उद्यान में पधारे। पूजा-स्तुति करने के उपरान्त विभीषण ने मुनिराज से पूछा कि "प्रभो! कृपा कर यह बतलाइए कि किस पुण्य के प्रभाव से सुग्रीव इतना गुणी और प्रभावशाली राजा हुआ है। महाराज रामचन्द्र जी की तथा सुग्रीव की पूर्व भवावलि जानने की बड़ी भारी इच्छा है।"

केवली भगवान् कहने लगे—इस भरत क्षेत्र के आर्यखण्ड में श्रेष्ठपुरी नाम की एक प्रसिद्ध नगरी है। इस नगरी में पद्मरुचि नाम का सेठ रहता था, जो अत्यन्त धर्मात्मा, श्रद्धालु और सम्यग्दृष्टि था। एक दिन यह गुरु का उपदेश सुनकर घर जा रहा था कि रास्ते में एक घायल बैल को पीड़ा से छटपटाते हुए देखा। सेठ ने दया कर उसके कान में णमोकार मन्त्र सुनाया, जिसके प्रभाव से मरकर वह बैल इसी नगर के राजा का वृषभध्वज नाम का पुत्र हुआ। समय पाकर जब वह बड़ा हुआ तो एक दिन हाथी पर सवार होकर वह नगर-परिभ्रमण को चला। मार्ग में जब राजा का हाथी उस बैल के मरने के स्थान पर पहुँचा तो उस राजा को अपने पूर्वभव का स्मरण हो आया तथा अपने उपकारी का पता लगाने के लिए उसने एक विशाल जिनालय बनवाया, जिसमें एक बैल के कान में एक व्यक्ति णमोकार मन्त्र सुनाते हुए अंकित किया गया। उस बैल के पास एक पहरेदार को नियुक्त कर दिया तथा उस पहरेदार को समझा दिया कि जो कोई इस बैल के पास आकर आश्चर्य प्रकट करे, उसे दरबार में ले आना।

एक दिन उस नवीन जिनालय के दर्शन करने सेठ पद्मरुचि आया और पत्थर के उस बैल के पास णमोकार मन्त्र सुनाती हुई प्रस्तर-मूर्ति अंकित देखकर

आश्चर्यान्वित हुआ। वह सोचने लगा कि यह मेरी आज से 25 वर्ष पहले की घटना यहाँ कैसे अंकित की गयी है। इसमें रहस्य है, इस प्रकार विचार करता हुआ आश्चर्य प्रकट करने लगा। पहरेदार ने जब सेठ को आश्चर्य में पड़ा देखा तो वह उसे पकड़कर राजा के पास ले गया।

राजा–सेठ जी! आपने उस प्रस्तर-मूर्ति को देखकर आश्चर्य क्यों प्रकट किया?

सेठ–राजन्! आज से पचीस वर्ष पहले की घटना का मुझे स्मरण आया। मैं जिनालय से गुरु का उपदेश सुनकर अपने घर लौट रहा था कि रास्ते में मुझे एक बैल मिला। मैंने उसे णमोकार मन्त्र सुनाया। यही घटना उस प्रस्तर-मूर्ति में अंकित है। अतः उसे देखकर मुझे आश्चर्यान्वित होना स्वाभाविक है।

राजा–"सेठजी! आज मैं अपने उपकारी को पाकर धन्य हो गया। आपकी कृपा से ही मैं राजा हुआ हूँ। आपने मुझे दया कर णमोकार मन्त्र सुनाया जिसके पुण्य के प्रभाव से मेरी तिर्यंच जाति छूट गयी तथा मनुष्य पर्याय और उत्तम कुल की प्राप्ति हुई। अब मैं आत्मकल्याण करना चाहता हूँ। मैंने आपका पता लगाने के लिए ही जिनालय में वह प्रस्तर-मूर्ति अंकित करायी थी। कृपया आप इस राज्यभार को ग्रहण करें और मुझे आत्मकल्याण का अवसर दें। अब मैं इस मायाजाल में एक क्षण भी नहीं रहना चाहता हूँ।" इतना कहकर राजा ने सेठ के मस्तक पर स्वयं ही राजमुकुट पहना दिया तथा राज्यतिलक कर दिगम्बर दीक्षा धारण की। वह कठोर तपश्चरण करता हुआ णमोकार मन्त्र की साधना करने लगा और अन्तिम समय में सल्लेखना धारण कर प्राण त्याग दिये, जिससे वह सुग्रीव हुआ है। सेठ पद्मरुचि ने अन्तिम समय में सल्लेखना धारण की तथा णमोकार मन्त्र की साधना की; जिससे उनका जीव महाराज रामचन्द्र हुआ है। इस णमोकार मन्त्र में पाप मिटाने और पुण्य बढ़ाने की अपूर्व शक्ति है। केवली मुनिराज के द्वारा इस प्रकार णमोकार मन्त्र की महिमा को सुनकर विभीषण, रामचन्द्र, लक्ष्मण और भरत आदि सभी को अत्यन्त प्रसन्नता हुई।

णमोकार मन्त्र के स्मरण से बन्दर ने भी आत्मकल्याण किया है। कहा जाता है कि अर्धमृतक एक बन्दर को मुनिराज ने दया कर णमोकार मन्त्र सुनाया। उस बन्दर ने भी भक्तिभावपूर्वक णमोकार मन्त्र सुना, जिसके प्रभाव से उस चित्रांगद

के जीव ने च्युत होकर मानव पर्याय प्राप्त की और अपना वास्तविक कल्याण किया।

तीसरी कथा में बताया गया है कि काशी के राजा की लड़की का नाम सुलोचना था। यह जैनधर्म में अत्यन्त अनुरक्त थी। वह सतत विद्याभ्यास में लीन रहती थी। अतः उसके पिता ने अपने मित्र की कन्या के साथ उसे रख दिया। दोनों सखियाँ बड़े प्रेम के साथ विद्याभ्यास करने लगीं। सुलोचना की इस सखी का नाम विन्ध्यश्री था। एक दिन विन्ध्यश्री फूल तोड़ने बगीचे में गयी, वहाँ एक साँप ने उसे काट लिया, जिससे वह मूर्च्छित होकर गिर पड़ी। सुलोचना ने उसे णमोकार मन्त्र सुनाया, जिसके प्रभाव से वह मरकर गंगा देवी हुई तथा सुखपूर्वक जीवन व्यतीत करने लगी। कहा है :

महामन्त्र को सुलोचना से विन्ध्यश्री ने जब पाया।
भक्ति-भाव से उसने पायी गंगा देवी की काया॥
क्यों न कहेगा अकथनीय है नमस्कार महिमा भारी।
उसे भजेगा सतत नेम से बन जावेगा सुखकारी॥

चौथी कथा में आया है कि चारुदत्त ने एक अर्द्धदग्ध पुरुष को, जिसे एक संन्यासी ने धोखा देकर रसायन निकालने के लिए कुएँ में डाल दिया था और जिसका आधा शरीर वर्षों से उस अन्धकूप में रहने के कारण जल गया था, जिससे उसमें चलने-फिरने की भी शक्ति नहीं थी, जिसके प्राणों का अन्त ही होना चाहता था, उसे चारुदत्त ने णमोकार मन्त्र सुनाया। अन्तिम समय में इस महामन्त्र के श्रवणमात्र से उसकी आत्मा में इतनी विशुद्धि आयी जिससे वह प्रथम स्वर्ग में देव हुआ। आगे इसी कथा में बतलाया गया है कि चारुदत्त ने एक मरणासन्न बकरे को भी णमोकार मन्त्र सुनाया, जिससे वह बकरे का जीव भी स्वर्ग में देव हुआ।

पुण्यास्रव-कथाकोष की एक कथा में बतलाया गया है कि कीचड़ में फँसी हुई हथिनी णमोकार मन्त्र के श्रवण से उत्तम मानव पर्याय को प्राप्त हुई। कहा गया है कि गुणवती का जीव अनेक पर्यायों को धारण करने के पश्चात् एक बार हथिनी हुआ। एक दिन वह हथिनी कीचड़ में फँस गयी और उसका प्राणान्त होने लगा। इसी बीच सुरंग नाम का विद्याधर आया और उसने हथिनी को णमोकार मन्त्र सुनाया; जिसके प्रभाव से वह मरकर नन्दवती कन्या हुई और पश्चात् सीता के

समान सती-साध्वी नारी हुई। महामन्त्र का प्रभाव अद्भुत है। कहा गया है :

हथिनी की काया से कैसे हुई सती सीता नारी।
जिसने नारी युग में पायी पातिव्रत पदवी भारी॥
नमस्कार ही महामन्त्र है भव सागर की नैया।
सदा भजोगे पार करेगा बन पतवार खिवैया॥

पार्श्वपुराण में बताया गया है कि भगवान् पार्श्वनाथ ने अपनी छद्मस्थ अवस्था में जलते हुए नाग-नागिनी को णमोकार महामन्त्र का उपदेश दिया, जिसके प्रभाव से वे धरणेन्द्र और पद्मावती हुए। इसी प्रकार जीवन्धर स्वामी ने कुत्ते को णमोकार महामन्त्र सुनाया था, जिसके प्रभाव से कुत्ता स्वर्ग में देव हुआ। आराधना कथा कोश में इस महामन्त्र के माहात्म्य की कथा का वर्णन करते हुए कहा है कि चम्पानगरी के सेठ वृषभदत्त के यहाँ एक ग्वाला नौकर था। एक दिन वह वन से अपने घर आ रहा था। शीतकाल का समय था, कड़ाके की सर्दी पड़ रही थी। उसे रास्ते में ऋद्धिधारी मुनि के दर्शन हुए, जो एक शिलातल पर बैठकर ध्यान कर रहे थे। ग्वाले को मुनिराज के ऊपर दया आयी और घर जाकर अपनी पत्नी सहित लौट आया तथा मुनिराज की वैयावृत्ति करने लगा। प्रातःकाल होने पर मुनिराज का ध्यान भंग हुआ और ग्वाले को निकट भव्य समझकर उसे णमोकार मन्त्र का उपदेश दिया। अब तो उस ग्वाले का यह नियम बन गया कि वह प्रत्येक कार्य के प्रारम्भ करने पर णमोकार मन्त्र का नौ बार उच्चारण करता। एक दिन वह भैंस चराने के लिए गया था। भैंसें नदी में कूदकर उस पार जाने लगीं, अतः ग्वाला उन्हें लौटाने के लिए अपने नियमानुसार णमोकार मन्त्र पढ़कर नदी में कूद पड़ा। पेट में एक नुकीली लकड़ी चुभ जाने से उसका प्राणान्त हो गया और णमोकार मन्त्र के प्रभाव से उसी सेठ के यहाँ सुदर्शन नाम का पुत्र हुआ। सुदर्शन ने उसी भव से निर्वाण प्राप्त किया। अतः कथा के अन्त में कहा गया है :

"इत्थं ज्ञात्वा महाभव्यैः कर्तव्यः परया मुंदा।
सारपञ्चनमस्कार-विश्वासः शर्मदः सताम्॥"

अर्थात् णमोकार मन्त्र का विश्वास सभी प्रकार सुखों को देनेवाला है। जो व्यक्ति श्रद्धापूर्वक इस महामन्त्र का उच्चारण, स्मरण या चिन्तन करता है, उसके सभी कार्य सिद्ध हो जाते हैं।

इस महामन्त्र की महत्ता बलतानेवाली एक कथा दृढ़सूर्य चोर की भी इसी कथाकोश में आयी है। बताया गया है कि उज्जयिनी नगरी में एक दिन वसन्तोत्सव के समय धनपाल राजा की रानी बहुमूल्य हार पहनकर वनविहार के लिए जा रही थी। जब उसके हार पर वसन्तसेना वेश्या की दृष्टि पड़ी तो वह उस पर मोहित हो गयी और अपने प्रेमी दृढ़सूर्य से कहने लगी कि इस हार के बिना तो मेरा जीवित रहना सम्भव नहीं। अतः किसी भी तरह हो, इस हार को ले आना चाहिए। दृढ़सूर्य राजमहल में गया और उस हार को चुराकर ज्यों ही निकला, त्यों ही पकड़ लिया गया। दृढ़सूर्य फाँसी पर लटकाया जा चुका था, पर अभी उसके शरीर में प्राण अवशेष थे। संयोगवश उसी मार्ग से धनदत्त सेठ जा रहा था। दृढ़सूर्य ने उससे पानी पिलाने को कहा। सेठ ने उत्तर दिया–"मेरे गुरु ने मुझे णमोकार मन्त्र दिया है। अतः मैं जब तक पानी लाता हूँ, तुम इसे स्मरण रखो।" इस प्रकार दृढ़सूर्य को णमोकार मन्त्र सिखलाकर धनदत्त पानी लेने चला गया। दृढ़सूर्य ने णमोकार मन्त्र का ज़ोर-ज़ोर से उच्चारण आरम्भ किया। आयु पूर्ण होने से उस चोर का मरण हो गया और वह णमोकार मन्त्र के प्रभाव से सौधर्म स्वर्ग में देव हुआ।

जम्बूस्वामी-चरित में आया है कि सेठ अर्हद्दास का अनुज सप्तव्यसनों में आसक्त था। एक बार यह जुए में बहुत-सा धन हार गया और इस धन को न दे सकने के कारण दूसरे जुआरी ने इसे मार-मारकर अधमरा कर दिया। अर्हद्दास ने अन्त समय में णमोकार मन्त्र सुनाया, जिसके प्रभाव से वह यक्ष हुआ। इस प्रकार णमोकार मन्त्र के प्रभाव से अगणित व्यसनी और पापी व्यक्तियों ने अपना सुधार किया है तथा वे सद्गति को प्राप्त हुए हैं। इस महामन्त्र की आराधना करनेवाले व्यक्ति को भूत, पिशाच और व्यन्तर आदि की किसी भी प्रकार की बाधा नहीं हो सकती है। धन्यकुमार-चरित की सुभौम चक्रवर्ती की निम्न कथा से यह बात सिद्ध हो जाएगी।

आठवें चक्रवर्ती सुभौम के रसोइये का नाम जयसेन था। एक दिन भोजन के समय इस पाचक ने चक्रवर्ती के आगे गरम-गरम खीर परोस दी। गरम खीर से चक्रवर्ती का मुँह जलने लगा; जिससे क्रोध में आकर खीर के रखे हुए बर्तन को उस पाचक के सिर पर पटक दिया; जिससे उसका सिर जल गया। वह इस कष्ट से

मरकर लवणसमुद्र में व्यन्तर देव हुआ। जब उसने अवधिज्ञान से अपने पूर्वभव की जानकारी प्राप्त की तो उसे चक्रवर्ती के ऊपर बड़ा क्रोध आया। प्रतिहिंसा की भावना से उसका शरीर जलने लगा। अतः वह तपस्वी का वेष बनाकर चक्रवर्ती के यहाँ पहुँचा। उसके हाथ में कुछ मधुर और सुन्दर फल थे। उसने उन फलों को चक्रवर्ती को दिया, वह फल खाकर बहुत प्रसन्न हुआ। उन्होंने उस तापस से कहा–"महाराज, ये फल अत्यन्त मधुर और स्वादिष्ट हैं। आप इन्हें कहाँ से लाये हैं और ये कहाँ मिलेंगे।" तापसरूपधारी व्यन्तरदेव ने कहा–"समुद्र के बीच में एक छोटा-सा टापू है। मैं वहीं निवास करता हूँ। यदि आप मुझ ग़रीब पर कृपा कर मेरे घर पधारें तो ऐसे अनेक फल भेंट करूँ।" चक्रवर्ती जिह्वा के लोभ में फँसकर व्यन्तर के झाँसे में आ गये और उसके साथ चल दिये। जब व्यन्तर समुद्र के बीच में पहुँचा तब वह अपने प्रकृत रूप में प्रकट होकर लाल-लाल आँखें कर बोला–"दुष्ट, जानता है, मैं तुझे यहाँ क्यों लाया हूँ। मैं ही तेरे उस पाचक का जीव हूँ, जिसे तूने निर्दयतापूर्वक मार डाला था। अभिमान सदा किसी का नहीं रहता। मैं तुझे उसी का बदला चुकाने के लिए लाया हूँ।" व्यन्तर के इन वचनों को सुनकर चक्रवर्ती भयभीत हुआ और मन-ही-मन णमोकार मन्त्र का ध्यान करने लगा। इस महामन्त्र के सामर्थ्य के समक्ष उस व्यन्तर की शक्ति काम नहीं कर सकी। अतः उस व्यन्तर ने पुनः चक्रवर्ती से कहा–"यदि आप अपने प्राणों की रक्षा चाहते हैं तो पानी में णमोकार मन्त्र को लिखकर उसे पैर के अँगूठे से मिटा दें। मैं इसी शर्त के ऊपर आपको जीवित छोड़ सकता हूँ। अन्यथा आपका मरण निश्चित है।" प्राण रक्षा के लिए मनुष्य को भले-बुरे का विचार नहीं रहता; यही दशा चक्रवर्ती की हुई। व्यन्तरदेव के कथनानुसार उसने णमोकार मन्त्र को लिखकर पैर के अँगूठे से मिटा दिया। उनके उक्त क्रिया सम्पन्न करते ही, व्यन्तर ने उन्हें मारकर समुद्र में फेंक दिया। क्योंकि इस कृत्य के पूर्व वह णमोकार मन्त्र के श्रद्धानी को मारने का साहस नहीं कर सकता था। अतः उस समय जिनशासनदेव उस व्यन्तर के इस अन्याय को रोक सकते थे; किन्तु णमोकार मन्त्र के मिटा देने से व्यन्तरदेव ने समझ लिया कि यह धर्म-द्वेषी है, भगवान् का भक्त नहीं। श्रद्धा या अटूट विश्वास इसमें नहीं है। अतः उस व्यन्तर ने उसे मार डाला। णमोकार मन्त्र के कारण उसे सप्तम नरक की प्राप्ति हुई। जो व्यक्ति णमोकार मन्त्र के दृढ़ ज्ञानी हैं, उनकी आत्मा में इतनी

अधिक शक्ति उत्पन्न हो जाती है, जिससे भूत, प्रेत, पिशाच आदि उनका बाल भी बाँका नहीं कर पाते। आत्मस्वरूप इस मन्त्र का श्रद्धान संसार से पार उतारनेवाला है तथा सम्यग्दर्शन की उत्पत्ति का प्रधान हेतु है। शान्ति, सुख और समता का कारण यही महामन्त्र है।

श्वेताम्बर धर्मकथासाहित्य में भी इस महामन्त्र के सम्बन्ध में अनेक कथाएँ उपलब्ध होती हैं। कथारत्नकोष में श्रीदेव नृपति के कथनाक में इस महामन्त्र की महत्ता बतलायी गयी है। णमोकार मन्त्र के एक अक्षर या एक पद के उच्चारणमात्र से जन्म-जन्मान्तर के संचित पाप नष्ट हो जाते हैं। जिस प्रकार सूर्य के उदय होने से अन्धकार नष्ट हो जाता है, कमलश्री वृद्धिंगत होने लगती है, उसी प्रकार इस महामन्त्र की आराधना से पाप तिमिर लुप्त हो जाते हैं और पुण्यश्री बढ़ती है। मनुष्यों की तो बात ही क्या तिर्यंच, भील-भीलनी, नीच-चाण्डाल आदि इस महामन्त्र के प्रभाव से मरकर स्वर्ग में देव हुए और वहाँ से चय कर मनुष्य की पर्याय प्राप्त होकर निर्वाण प्राप्त किया है। स्त्रीलिंग का छेद और समाधिमरण की सफलता इसी मन्त्र की धारणा पर निर्भर है।

कथासाहित्य में एक भील-भीलनी की कथा आयी है, जिसमें बताया गया है कि पुष्करावर्त द्वीप के भरत क्षेत्र में सिद्धकूट नाम का नगर है। उसमें एक दिन शान्त तपस्वी वीतरागी सुव्रत नाम के आचार्य पधारे। वर्षाऋतु आरम्भ हो जाने के कारण चातुर्मास उन्होंने वहीं ग्रहण किया। एक दिन मुनिराज ध्यानस्थ थे कि भील-भीलनी दम्पती वहाँ आये। मुनिराज का दर्शन करते ही उनका चिरसंचित पाप नष्ट हो गया, उनके मन में अपूर्व प्रसन्नता हुई और दोनों मुनिराज का धर्मोपदेश सुनने के लिए वहीं पर ठहर गये। जब मुनिराज का ध्यान टूटा तो उन्होंने भील-भीलनी को नमस्कार करते हुए देखा। महाराज ने धर्मबुद्धि को आशीर्वाद दिया। आशीर्वाद प्राप्त कर वे दोनों अत्यन्त आह्लादित हुए और हाथ जोड़कर कहने लगे—प्रभो! हमें कुछ धर्मोपदेश दीजिए। मुनिराज ने णमोकार मन्त्र उनको सिखलाया, उन दोनों ने भक्ति-भावपूर्वक णमोकार मन्त्र का जाप आरम्भ किया। श्रद्धापूर्वक सर्वदा त्रिकाल इस महामन्त्र का जाप करने लगे। भील ने मृत्यु के समय भी भक्ति-भावपूर्वक इस महामन्त्र की आराधना की, जिससे वह मरकर राजपुत्र हुआ। भीलनी ने भी सुगति पायी।

आगे बतलाया गया है कि जम्बूद्वीप के भरतक्षेत्र में मणिमन्दिर नाम का

नगर था। उस नगर के निवासी अत्यन्त धर्मात्मा, दानपरायण, गुणग्राही और सत्पुरुष थे। इस नगर के राजा का नाम मृगांक था और इसकी रानी का नाम विजया। इन्हीं दम्पती का पुत्र णमोकार मन्त्र के प्रभाव से उस भील का जीव हुआ। इस भव में इसका नाम राजसिंह रखा गया। बड़े होने पर राजसिंह मन्त्री-पुत्र के साथ भ्रमण के लिए गया। रास्ते में थककर एक वृक्ष की छाया में विश्राम करने लगा। इतने में एक पथिक उसी मार्ग से आया और राजपुत्र के पास आकर विश्राम करने लगा। बातचीत के सिलसिले में उसने बतलाया कि पद्मपुर में पद्म नामक राजा रहता है, इसकी रत्नावती नाम की अनुपम सुन्दर पुत्री है। जब इसका विवाह सम्बन्ध ठीक हो रहा था, तब एक नट के नृत्य को देखकर उसे जाति-स्मरण हो गया, अतः उसने निश्चय किया कि जो मेरे पूर्वभव के वृत्तान्त को बतलाएगा, उसी के साथ मैं विवाह करूँगी। अनेक देशों के राजपुत्र आये, पर सभी निराश होकर लौट गये। राजकुमारी के पूर्वभव के वृत्तान्त को कोई नहीं बतला सका। अब उस राजकुमारी ने पुरुष का मुँह देखना ही बन्द कर दिया है और वह एकान्त स्थान में रहकर समय व्यतीत करती है।

पथिक की उपर्युक्त बातों को सुनकर राजकुमार का आकर्षण राजकुमारी के प्रति हुआ और उसने मन-ही-मन उसके साथ विवाह करने की प्रतिज्ञा की। वहाँ से चलकर मार्ग में मन्त्री-पुत्र और राजकुमार ने णमोकार मन्त्र के प्रभाव की कथाओं का अध्ययन, मनन और चिन्तन किया, जिससे राजकुमार ने अपने पूर्वभव के वृत्तान्त को अवगत कर लिया। पास में रहनेवाली मणि के प्रभाव से दोनों कुमारों ने स्त्रीवेष बनाया और राजकुमारी के पास पहुँचे। राजसिंह ने राजकुमारी के पूर्वभव का समस्त वृत्तान्त बतला दिया। तथा अपना वेष बदलकर वहाँ तक आने की बात भी कह दी। राजकुमारी अपने पूर्वभव के पति को पाकर बहुत प्रसन्न हुई। उसे मालूम हो गया कि णमोकार मन्त्र के माहात्म्य से मैं भीलनी से राजकुमारी हुई हूँ और यह भील से राजपुत्र। अतः हम दोनों पूर्वभव के पति-पत्नी हैं। उसने अपने पिता से भी यह सब वृत्तान्त कह दिया। राजा ने रत्नावती और राजसिंह का विवाह कर दिया।

कुछ दिनों तक सांसारिक भोग भोगने के उपरान्त राजसिंह अपने पुत्र

प्रतापसिंह को राजगद्दी देकर धर्मसाधन के लिए रानी के साथ वन में चला गया। राजसिंह जब बीमार होकर मृत्यु-शैया पर पड़ा जीवन की अन्तिम घड़ियाँ गिन रहा था, उसी समय उसने जाते हुए एक मुनि को देखा और अपनी स्त्री से कहा कि आप उस साधु को बुला लाइए। जब मुनिराज उसके पास आये तो राजसिंह ने धर्मोपदेश सुनने की इच्छा प्रकट की। मुनिराज ने णमोकार मन्त्र का व्याख्यान किया और इसी महामन्त्र का जप करने को कहा। समाधिमरण भी उसने धारण किया और आरम्भ-परिग्रह का त्याग कर इस महामन्त्र के चिन्तन में लीन होकर प्राण त्याग दिये; जिससे वह ब्रह्मलोक में दस सागर की आयुवाला एक भवावतारी देव हुआ। भीलनी के जीव राजकुमारी ने भी णमोकार महामन्त्र के प्रभाव से स्वर्ग में जन्म ग्रहण किया।

क्षत्रचूडामणि में णमोकार मन्त्र की महत्त्वसूचक एक सुन्दर कथा आयी है। इस कथा में बताया गया है कि एक बार कुछ ब्राह्मण मिलकर कहीं पर यज्ञ कर रहे थे कि एक कुत्ते ने आकर उनकी हवन-सामग्री जूठी कर दी। ब्राह्मणों ने क्रुद्ध हो उस कुत्ते को इतना मारा कि वह कण्ठगत प्राण हो गया। संयोग से महाराज सत्येन्द्र के पुत्र जीवन्धर कुमार उधर आ निकले, उन्होंने कुत्ते को मरते हुए देखकर उसे णमोकार मन्त्र सुनाया। मन्त्र के प्रभाव से कुत्ता मरकर यक्ष जाति का इन्द्र हुआ। अवधिज्ञान से अपने उपकारी का स्मरण कर वह कुमार जीवन्धर के पास आया और नाना प्रकार से उनकी स्तुति-प्रशंसा कर उन्हें इच्छित रूप बनाने और गाने की विद्या देकर अपने स्थान पर चला गया।

इस आख्यान से स्पष्ट है कि कुत्ता भी इस महामन्त्र के प्रभाव से देवेन्द्र हो सकता है, फिर मनुष्य जाति की बात ही क्या?

इस प्रकार श्वेताम्बर कथासाहित्य में ऐसी अनेक कथाएँ आयी हैं, जिनमें इस महामन्त्र के ध्यान, स्मरण, उच्चारण और जप का अद्भुत फल बताया गया है। जो व्यक्ति भाव सहित इस मन्त्र का अनुष्ठान करता है, वह अवश्य अपना कल्याण कर लेता है। सांसारिक समस्त विभूतियाँ उसके चरणों में लोटती हैं।

फल-प्राप्ति के आधुनिक उदाहरण

वर्तमान में भी श्रद्धापूर्वक णमोकार मन्त्र के जाप से अनेक व्यक्तियों को अलौकिक सिद्धि प्राप्त हुई है। आनेवाली आपत्तियाँ इस महामन्त्र की कृपा से दूर

हो गयी हैं।

यहाँ दो-चार उदाहरण दिये जाते हैं। इस मन्त्र के दृढ़ श्रद्धान से जखौरा (झाँसी) निवासी अब्दुल रज्जाक नामक मुसलमान की सारी विपत्तियाँ दूर हो गयी थीं। उसने अपना एक पत्र जैनदर्शन वर्ष 3 अंक 5-6, पृ. 31 में प्रकाशित कराया है। वहाँ से इस पत्र को ज्यों-का-त्यों उद्धृत किया जाता है। पत्र इस प्रकार है—"मैं ज़्यादातर देखता या सुनता हूँ कि हमारे जैन भाई धर्म की ओर ध्यान नहीं देते। और जो थोड़ा-बहुत कहने-सुनने को देते भी हैं तो सामायिक और णमोकार-मन्त्र के प्रकाश से अनभिज्ञ हैं। यानी अभी तक वे इसके महत्त्व को नहीं समझते हैं। रात-दिन शास्त्रों का स्वाध्याय करते हुए भी अन्धकार की ओर बढ़ते जा रहे हैं। अगर उनसे कहा जाए कि भाई, सामायिक और णमोकार मन्त्र आत्मा को शान्ति पैदा करनेवाला और आये हुए दुःखों को टालनेवाला है, तो वे इस तरह से जवाब देते हैं कि यह णमोकार मन्त्र तो हमारे यहाँ के छोटे-छोटे बच्चे जानते हैं। इसको आप क्या बताते हैं, लेकिन मुझे अफ़सोस के साथ लिखना पड़ता है, कि उन्होंने सिर्फ़ दिखाने की गरज से मन्त्र को रट लिया है। उस पर उनका दृढ़ विश्वास न हुआ और न वे उसके महत्त्व को ही समझे। मैं दावे के साथ कहता हूँ कि इस मन्त्र पर श्रद्धा रखनेवाला हर मुसीबत से बच सकता है। क्योंकि मेरे ऊपर ये बातें बीत चुकी हैं।

मेरा नियम है कि जब मैं रात को सोता हूँ तो णमोकार मन्त्र को पढ़ता हुआ सो जाता हूँ। एक मरतबे जाड़े की रात का ज़िक्र है कि मेरे साथ चारपाई पर एक बड़ा साँप लेटा रहा, पर मुझे उसकी ख़बर नहीं। स्वप्न में ज़रूर ऐसा मालूम हुआ जैसे कोई कह रहा हो कि उठ साँप है। मैं दो-चार मरतबे उठा भी और उठकर लालटेन जलाकर नीचे-ऊपर देखकर फिर लेट गया लेकिन मन्त्र के प्रभाव से जिस ओर साँप लेटा था, उधर से एक मरतबा भी नहीं उठा। जब सुबह हुआ, मैं उठा और चाहा कि बिस्तर लपेट लूँ, तो क्या देखता हूँ कि बड़ा मोटा साँप लेटा हुआ है। मैंने जो पल्ली खींची तो वह झट उठ बैठा और पल्ली के सहारे नीचे उतरकर अपने रास्ते चला गया।

दूसरे अभी दो-तीन माह का ज़िक्र है कि जब मेरी बिरादरीवालों को मालूम हुआ कि मैं जैन मत पालने लगा हूँ, तो उन्होंने एक सभा की, उसमें मुझे बुलाया

गया। मैं जखौरा से झाँसी जाकर सभा में शामिल हुआ। हर एक ने अपनी-अपनी राय के अनुसार बहुत कुछ कहा-सुना और बहुत-से सवाल पैदा किये, जिनका कि मैं जवाब भी देता गया। बहुत-से महाशयों ने यह भी कहा कि ऐसे आदमी को मार डालना ठीक है, लेकिन अपने धर्म से दूसरे धर्म में न जाने पावे। इस तरह जिसके दिल में जो बात आयी, कही। अन्त में सब लोंग अपने-अपने घर चले गये और मैं भी अपने कमरे में चला आया। क्योंकि मैं जब अपने माता-पिता के घर आता हूँ तो एक दूसरे कमरे में ठहरता हूँ और अपने हाथ से भोजन पकाकर खाता हूँ। उनके हाथ का बनाया हुआ भोजन नहीं खाता। जब शाम का समय हुआ—यानी सूर्य अस्त होने लगा तो मैंने सामायिक करना आरम्भ किया और सामायिक से निश्चिन्त होकर जब आँखें खोलीं तो देखता हूँ कि एक बड़ा साँप मेरे आसपास चक्कर लगा रहा है और दरवाज़े पर एक बर्तन रखा हुआ मिला, जिससे मालूम हुआ कि कोई इसमें बन्द करके यहाँ छोड़ गया है। छोड़नेवाले की नीयत एकमात्र मुझे हानि पहुँचाने की थी।

लेकिन उस साँप ने मुझे कोई नुक़सान नहीं पहुँचाया। मैं वहाँ से डरकर आया और लोगों से पूछा कि यह काम किसने किया है, परन्तु कोई पता न लगा। दूसरे दिन सामायिक समय जब साँप ने पासवाले पड़ोसी के बच्चे को डँस लिया तब वह रोया और कहने लगा कि हाय मैंने बुरा किया कि दूसरे के वास्ते चार आने पैसे देकर वह साँप लाया था, उसने मेरे बच्चे को काट लिया। तब मुझे पता चला। बच्चे का इलाज़ हुआ, मैं भी इलाज़ कराने में सना रहा, परन्तु कोई लाभ नहीं हुआ। वह बच्चा मर गया। उसके 15 दिन बाद वह आदमी भी मर गया, उसके वही एक बच्चा था। देखिए सामायिक और णमोकार मन्त्र कितना ज़बर्दस्त खम्भ है कि आगे आया हुआ काल प्रेम का बर्ताव करता हुआ चला गया। इस मन्त्र के ऊपर दृढ़ श्रद्धान होना चाहिए। इसके प्रताप से सभी कार्य सिद्ध होते हैं।"

इस महामन्त्र के प्रभाव की निम्न घटना पूज्य भगतजी प्यारेलालजी, बेलगछिया कलकत्ता निवासी ने सुनायी है। घटना इस प्रकार है कि एक बार कलकत्ता निवासी स्व. बलदेवदासजी के पिता स्व. श्रीमान् सेठ दयाचन्दजी, भगतजी सा. तथा और भी कलकत्ते के चार-छह आदमी थूबौनजी की यात्रा के लिए गये। जब यात्रा से

वापस लौटने लगे तो मार्ग में रात हो गयी, जंगली रास्ता था और चोर-डाकुओं का भय था। अँधेरा होने से मार्ग भी नहीं सूझता था, कि किधर जाएँ और किस प्रकार स्टेशन पहुँचें। सभी लोग घबरा गये। सभी के मन में भय और आतंक व्याप्त था। मार्ग दिखाई न पड़ने से एक स्थान पर बैठ गये। भगतजी साहब ने उन सबसे कहा कि अब घबराने से कुछ नहीं होगा, णमोकार मन्त्र का स्मरण ही इस संकट को टाल सकता है। अतः स्वयं भगतजी सा. ने तथा अन्य सब लोगों ने णमोकार का ध्यान किया। इस मन्त्र के आधा घण्टा तक ध्यान करने के उपरान्त एक आदमी वहाँ आया और कहने लगा कि आप लोग मार्ग भूल गये हैं, मेरे पीछे-पीछे चले आइए, मैं आप लोगों को स्टेशन पहुँचा दूँगा। अन्यथा यह जंगल ऐसा है कि आप महीनों इसमें भटक सकते हैं। अतः वह आदमी आगे-आगे चलने लगा और सब यात्री पीछे-पीछे। जब स्टेशन के निकट पहुँचे और स्टेशन का प्रकाश दिखलाई पड़ने लगा तो उस उपकारी व्यक्ति की इसलिए तलाश की जाने लगी कि उसे कुछ पारिश्रमिक दे दिया जाए। पर यह अत्यन्त आश्चर्य की बात हुई कि तलाश करने पर भी उसका पता नहीं चला। सभी लोग अचम्भित थे, आख़िर वह उपकारी व्यक्ति कौन था, जो स्टेशन तक छोड़कर चला गया। अन्त में लोगों ने निश्चय किया कि णमोकार मन्त्र के स्मरण के प्रभाव से किसी रक्षकदेव ने ही उनकी यह सहायता की। एक बात यह भी कि वह व्यक्ति पास नहीं रहता था, आगे-आगे दूर-दूर ही चल रहा था कि आप लोग मेरे ऊपर अविश्वास मत कीजिए। मैं आपका सेवक और हितैषी हूँ। अतः यह लोगों को निश्चय हो गया कि णमोकार मन्त्र के प्रभाव से किसी यक्ष ने इस प्रकार का कार्य किया है। यक्ष के लिए इस प्रकार का कार्य करना असम्भव नहीं है।

पूज्य भगतजी सा. से यह भी मालूम हुआ कि णमोकार मन्त्र की आराधना से कई अवसरों पर उन्होंने चमत्कारपूर्ण कार्य सिद्ध किये हैं। उनके सम्पर्क में आनेवाले कई जैनेतरों ने इस मन्त्र की साधना से अपनी मनोकामनाओं को सिद्ध किया है। मैंने स्वयं उनके एक सिन्धी भक्त को देखा है जो णमोकार मन्त्र का श्रद्धानी है।

पूज्य बाबा भागीरथ वर्णी सन् 1937-38 में श्री स्याद्वाद महाविद्यालय काशी में पधारे हुए थे। बाबाजी को णमोकार मन्त्र पर बड़ी भारी श्रद्धा थी। श्री

छेदीलालजी के मन्दिर में बाबाजी रहते थे। जाड़े के दिन थे, बाबाजी धूप में बैठकर छत के ऊपर स्वाध्याय करते रहते थे। एक लंगूर कई दिनों तक वहाँ आता रहा। बाबाजी उसे बग़ल में बैठाकर णमोकार मन्त्र सुनाते रहे। यह लंगूर भी आधा घण्टे तक बाबाजी के पास बैठता रहा। यह क्रम दस-पाँच दिन तक चला। लड़कों ने बाबाजी से कहा—"महाराज, यह चंचल जाति का प्राणी है, इसका क्या विश्वास, यह आपको किसी दिन काट लेगा।" पर बाबाजी कहते रहे, "भैया, ये तिर्यंच जाति के प्राणी णमोकार मन्त्र के लिए लालायित हैं, ये अपना कल्याण करना चाहते हैं। हमें इनका उपकार करना है।" एक दिन प्रतिदिनवाला लंगूर न आकर दूसरा आया और उसने बाबाजी को काट लिया, इस पर भी बाबाजी उसे णमोकार मन्त्र सुनाते रहे, पर वह उन्हें काटकर भाग गया। पूज्य बाबाजी को इस महामन्त्र पर बड़ी भारी श्रद्धा थी और वह इसका उपदेश सभी को देते थे।

एक सज्जन हथुआ मिल में कार्य करते हैं, उनका नाम ललितप्रसादजी है। वह होम्योपैथिक औषध का वितरण भी करते हैं। णमोकार मन्त्र पर उन्हें बड़ी भारी श्रद्धा है। वह बिच्छू, ततैया, हड्डा आदि के विष को इस मन्त्र द्वारा ही उतार देते हैं। उसी मिल के कई व्यक्तियों ने बतलाया कि बिच्छू का ज़हर इन्होंने कई बार णमोकार मन्त्र द्वारा उतारा है। यों तो वह भगवान् के भक्त भी हैं; प्रतिदिन भगवान् की नियमित रूप से पूजा करते हैं। किन्तु णमोकार मन्त्र पर उनका बड़ा भारी विश्वास है।

प्राचीन और आधुनिक अनेक उदाहरण इस प्रकार के विद्यमान हैं, जिनके आधार पर यह कहा जा सकता है कि णमोकार मन्त्र की आराधना से सभी प्रकार के अरिष्ट दूर हो जाते हैं और सभी अभिलाषाएँ पूर्ण होती हैं।

इष्ट-साधक और अनिष्ट निवारक णमोकार मन्त्र

इस मन्त्र के जाप से पुत्रार्थी पुत्र, धनार्थी धन और कीर्तिअर्थी कीर्ति प्राप्त करते हैं। यह समस्त प्रकार की ग्रह-बाधाओं को तथा भूत-पिशाचादि व्यन्तरों की पीड़ाओं को दूर करनेवाला है। 'मन्त्रशास्त्र और णमोकारमन्त्र' शीर्षक में पहले कहा जा चुका है कि इसी महासमुद्र से समस्त मन्त्रों की उत्पत्ति हुई है तथा उन मन्त्रों के जाप द्वारा किन-किन अभीष्ट कार्यों को सिद्ध किया जा सकता है। जब इस महामन्त्र के ध्यान से आत्मा निर्वाणपद प्राप्त कर सकता है, तब तुच्छ सांसारिक कार्यों की क्या

गणना? ये तो आनुषंगिक रूप से अपने-आप सिद्ध हो ज़ाते हैं। 'तिलोयपण्णत्ति' के प्रथम अधिकार में पंचपरमेष्ठी के नमस्कार को समस्त विघ्न-बाधाओं को दूर करनेवाला, ज्ञानावरणादि द्रव्यकर्म, राग-द्वेषादि भावकर्म एवं शरीरादि नौ कर्मों को नाश करनेवाला बताया है। समस्त पाप का नाशक होने के कारण यह इष्टसाधक और अनिष्टविनाशक है। क्योंकि तीव्र पापोदय से ही कार्य में विघ्न उत्पन्न होते हैं तथा कार्य सिद्ध नहीं होता है। अतः पापविनाशक मंगलवाक्य होने से ही यह इष्टसाधक है। बताया गया है :

अब्भंतरदव्वमलं जीवपदेसे णिबद्धमिदि देहो।
भावमलं णादव्वं अणाण-दंसणादि परिणामो॥
अहवा बहुभेयगयं णाणावरणादिदव्वभावमलदेहा।
ताइं गालेइ पुढं जदो तदो मंगलं भणिदं॥
अहवा मंगं सुक्खं लादिहु गेण्हेदि मंगलं तम्हा।
एदेण कज्जसिद्धिं मंगई गच्छेदि गंथकत्तारो॥
पावं मलंति अण्णइ उवचारसरूवएण जीवाणं।
तं मालेदि विणासं जेदि त्ति भणंति मंगलं केइ॥

अर्थात्—ज्ञानावरणादि कर्मरूपी पापरज जीवों के प्रदेशों के साथ सम्बद्ध होने के कारण आभ्यन्तर द्रव्यमल हैं तथा अज्ञान, अदर्शन आदि जीव के परिणाम भावमल हैं। अथवा ज्ञानावरणादि द्रव्यमल के और इस द्रव्यमल से उत्पन्न परिणामस्वरूप भावमल के अनेक भेद हैं। इन्हें यह णमोकार मन्त्र गलाता है, नष्ट करता है, इसलिए इसे मंगल कहा गया है अथवा यह मंग अर्थात् सुख को लाता है, इसलिए इसे मंगल कहा जाता है। इष्ट-साधक और अनिष्ट-विनाशक होने के कारण समस्त कार्यों का आरम्भ इस मन्त्र के मंगल पाठ के अनन्तर ही किया जाता है। अतः यह श्रेष्ठ मंगल है। जीवों के पाप को उपचार से मल कहा जाता है, यह णमोकार मन्त्र इस पाप का नाश करता है, जिससे अनिष्ट बाधाओं का विनाश होता है और इष्ट कार्य सिद्ध होते हैं।

यह णमोकार मन्त्र समस्त हितों को सिद्ध करनेवाला है इस कारण इसे सर्वोत्कृष्ट भाव-मंगल कहा गया है। 'मङ्ग्यते साध्यते हितमनेनेति मंगलम्' इस व्युत्पत्ति के अनुसार इसके द्वारा समस्त अभीष्ट कार्यों की सिद्धि होती है। इसमें

इस प्रकार की शक्ति वर्तमान है, जिसमें इसके स्मरण से आत्मिक गुणों की उपलब्धि सहज में हो जाती है। यह मन्त्र रत्नत्रयधर्म तथा उत्तम क्षमा, मार्दव, आर्जव आदि दस धर्मों को आत्मा में उत्पन्न करता है अतः "मङ्गं धर्मं लातीति मङ्गलम्" यह व्युत्पत्ति की जाती है।

णमोकार मन्त्र का भावपूर्वक उच्चारण संसार के चक्र को दूर करनेवाला है, तथा संवर और निर्जरा के द्वारा आत्मस्वरूप को प्राप्त करनेवाला है। आचार्यों ने इसी कारण बताया है कि **"मं भवात् संसारात् गालयति अपनयतीति मंगलम्"** अर्थात् यह संसार चक्र से छुड़ाकर जीवों को निर्वाण देता है और इसके नित्य मनन-चिन्तन और ध्यान से सभी प्रकार के कल्याणों की प्राप्ति होती है। इस पंचम काल में संसारत्रस्त जीवों को सुन्दर सुशीतल छाया प्रदान करनेवाला कल्पवृक्ष महामन्त्र ही है। दुर्गति, पाप और दुराचरण से पृथक् सद्गति, पुण्य और सदाचार के मार्ग में यह लगानेवाला है। इस महामन्त्र के जप से सभी प्रकार की आधि-व्याधियाँ दूर हो जाती हैं और सुख-सम्पत्ति की वृद्धि होती है। अतः अहितरूपी पाप या अधर्म का ध्वंस कर यह कल्याणरूपी धर्म के मार्ग में लगाता है। बड़ी-से-बड़ी विपत्ति का नाश णमोकार मन्त्र के प्रभाव से हो जाता है। द्रौपदी का चीर बढ़ना, अंजन-चोर के कष्ट का दूर होना, सेठ सुदर्शन का शूली से उतरना, सीता के लिए अग्निकुण्ड का जलकुण्ड बनना, श्रीपाल के कुष्ठ रोग का दूर होना, अंजना सती के सतीत्व की रक्षा का होना, सेठ के घर के दारिद्र्य का नष्ट होना आदि समस्त कार्य णमोकार मन्त्र और पंचपरमेष्ठी की भक्ति के द्वारा ही सम्पन्न हुए हैं।

इस महामन्त्र के एक-एक पद का जाप करने से नवग्रहों की बाधा शान्त होती है। णमोकारादि मन्त्र संग्रह में बताया गया है कि **'ओं णमो सिद्धाणं'** के दस हज़ार जाप से सूर्यग्रह की पीड़ा, **'ओं णमो अरिहंताणं'** के दस हज़ार जाप से चन्द्रग्रह की पीड़ा, **'ओं णमो सिद्धाणं'** के दस हज़ार जाप से मंगलग्रह की पीड़ा, **'ओं णमो उवज्झायाणं'** के दस हज़ार जाप से बुधग्रह की पीड़ा, **'ओं णमो आइरियाणं'** के दस हज़ार जाप से गुरुग्रह की पीड़ा, **'ओं णमो अरिहंताणं'** के दस हज़ार जाप से शुक्रग्रह की पीड़ा और **'ओं णमो लोए सव्वसाहूणं'** के दस हज़ार जाप से शनिग्रह की पीड़ा दूर होती है। राहु की पीड़ा की शान्ति के लिए समस्त णमोकार मन्त्र का जाप 'ओं' जोड़कर अथवा **'ओं ह्रीं णमो अरिहंताणं'**

मन्त्र का ग्यारह हज़ार जाप तथा केतु की पीड़ा की शान्ति के लिए 'ओं' जोड़कर समस्त णमोकार मन्त्र का जाप अथवा **'ओं ह्रीं णमो सिद्धाणं'** पद का ग्यारह हज़ार जाप करना चाहिए। भूत, पिशाच और व्यन्तर बाधा दूर करने के लिए णमोकार मन्त्र का जाप निम्न प्रकार से करना होता है। इक्कीस हज़ार जाप करने के उपरान्त मन्त्र सिद्ध हो जाता है। सिद्ध हो जाने पर 9 बार पढ़कर झाड़ देने से व्यन्तर बाधा दूर हो जाती है। मन्त्र यह है :

'ओं णमो अरिहंताणं ओं णमो सिद्धाणं ओं णमो आइरियाणं ओं णमो उवज्झायाणं ओं णमो लोए सव्वसाहूणं। सर्वदुष्टान् स्तम्भय स्तम्भय मोहय मोहय अन्धय अन्धय मूकवत्कारय कारय ह्रीं दुष्टान् ठः ठः ठः।' इस मन्त्र-द्वारा एक ही हाथ-द्वारा खींचे गये जल को मन्त्र सिद्ध होने पर 9 बार और सिद्ध नहीं होने पर 108 बार मन्त्रित करना होता है। पश्चात् णमोकार मन्त्र पढ़ते हुए इस जल से व्यन्तराक्रान्त व्यक्ति को घोंट देने से व्यन्तर, भूत, प्रेत और पिशाच की बाधा दूर हो जाती है।

इस मन्त्र का धर्मकार्य और मोक्ष प्राप्ति के लिए अंगुष्ठ और तर्जनी से, शान्ति के लिए अंगुष्ठ और मध्यमा अँगुली से, सिद्धि के लिए अंगुष्ठ और अनामिका से एवं-सर्वसिद्धि के लिए अंगुष्ठ और कनिष्ठा से जाप करना होता है। सभी कार्यों की सिद्धि के लिए पंचवर्ण पुष्पों की माला से, दुष्ट और व्यन्तरों के स्तम्भन के लिए मणियों की माला से, रोग-शान्ति और पुत्र-प्राप्ति के लिए मोतियों की माला या कमलगट्टों की माला से एवं शत्रूच्चाटन के लिए रुद्राक्ष की माला से णमोकार मन्त्र का जाप करना चाहिए। हाथ की अँगुलियों पर इस महामन्त्र का जाप करने से दसगुना पुण्य, रेखा खींचकर जाप करने से आठ गुना पुण्य, मूँगा की माला से जाप करने पर हज़ार गुना पुण्य, लवंगों की माला से जाप करने से पाँच हज़ार गुना पुण्य, स्फटिक की माला से जाप करने से दस हज़ार गुना पुण्य, मोती की माला से जाप करने पर लाख गुना पुण्य, कमलगट्टों की माला से जाप करने पर दस लाख गुना पुण्य और सोने की माला से जाप करने से करोड़ गुना पुण्य होता है। माला के साथ भावों की शुद्धि भी अपेक्षित है।

मारण, मोहन उच्चाटन, वशीकरण, स्तम्भन आदि सभी प्रकार के कार्य इस मन्त्र की साधना के द्वारा साधक कर सकता है। यह मन्त्र तो सभी का हितसाधक

है, पर साधन करनेवाला अपने भावों के अनुसार मारण, मोहनादि कार्यों को सिद्ध कर लेता है। मन्त्र साधना में मन्त्र की शक्ति के साथ साधक की शक्ति भी कार्य करती है। एक ही मन्त्र का फल विभिन्न साधकों को उनकी योग्यता, परिणाम, स्थिरता आदि के अनुसार भिन्न-भिन्न मिलता है। अतः मन्त्र के साथ साधक का भी महत्त्वपूर्ण सम्बन्ध है। वास्तविक बात यह है कि यह मन्त्र ध्वनिरूप है और भिन्न-भिन्न ध्वनियाँ अ से लेकर ज्ञ तक भिन्न शक्ति स्वरूप हैं। प्रत्येक अक्षर में स्वतन्त्र शक्ति निहित है, भिन्न-भिन्न अक्षरों के संयोग से भिन्न-भिन्न प्रकार की शक्तियाँ उत्पन्न हो जाती हैं। जो व्यक्ति उन ध्वनियों का मिश्रण करना जानता है, वह उन मिश्रित ध्वनियों के प्रयोग से उसी प्रकार के शक्तिशाली कार्य को सिद्ध कर लेता है। णमोकार मन्त्र का ध्वनि-समूह इस प्रकार का है कि इसके प्रयोग से भिन्न-भिन्न प्रकार के कार्य सिद्ध किये जा सकते हैं। ध्वनियों के घर्षण से दो प्रकार की विद्युत् उत्पन्न होती है—एक धनविद्युत् और दूसरी ऋणविद्युत्। धनविद्युत् शक्ति द्वारा बाह्य पदार्थों पर प्रभाव पड़ता है और ऋणविद्युत् शक्ति अन्तरंग की रक्षा करती है, आज का विज्ञान भी मानता है कि प्रत्येक पदार्थ में दोनों प्रकार की शक्तियाँ निवास करती हैं। मन्त्र का उच्चारण और मनन इन शक्तियों का विकास करता है। जिस प्रकार जल में छिपी हुई विद्युत् शक्ति जल के मन्थन से उत्पन्न होती है, उसी प्रकार मन्त्र के बार-बार उच्चारण करने से मन्त्र के ध्वनि-समूह में छिपी शक्तियाँ विकसित हो जाती हैं। भिन्न-भिन्न मन्त्रों में यह शक्ति भिन्न-भिन्न प्रकार की होती है तथा शक्ति का विकास भी साधक की क्रिया और उसकी शक्ति पर निर्भर करता है। अतएव णमोकार मन्त्र की साधना सभी प्रकार के अभीष्टों को सिद्ध करनेवाली और अनिष्टों को दूर करनेवाली है। यह लेखक का अनुभव है कि किसी भी प्रकार का सिरदर्द हो, इक्कीस णमोकार मन्त्र द्वारा लौंग मन्त्रित कर रोगी को खिला देने से सिरदर्द तत्काल बन्द हो जाता है। एक दिन बीच देकर आनेवाले बुख़ार में केसर द्वारा पीपल के पत्ते पर णमोकार मन्त्र लिखकर रोगी के हाथ में बाँध देने से बुख़ार नहीं आता है। पेट दर्द में कपूर को णमोकार मन्त्र द्वारा मन्त्रित कर खिला देने से पेटदर्द तत्काल रुक जाता है। लक्ष्मी-प्राप्ति के लिए जो प्रतिदिन प्रातःकाल स्नानादि क्रियाओं से पवित्र होकर "**ओं श्रीं क्लीं णमो अरिहंताणं ओं श्रीं क्लीं णमो सिद्धाणं ओं श्रीं क्लीं णमो आइरियाणं ओं श्रीं क्लीं णमो**

उवज्झायाणं ओं श्रीं क्लीं णमो लोए सव्वसाहूणं" इस मन्त्र का 108 बार पवित्र शुद्ध धूप देते हुए जाप करते हैं, उन्हें निश्चयतः लक्ष्मी प्राप्ति होती है। इन सब साधनाओं के लिए एक बात आवश्यक है कि मन्त्र के ऊपर श्रद्धा रहनी चाहिए। श्रद्धा के अभाव में मन्त्र फलदायक नहीं हो सकता है। अतएव निष्कर्ष यह है कि इस कलिकाल में समस्त पापों का ध्वंसक और सिद्धियों को देनेवाला णमोकार मन्त्र ही है। कहा गया है :

जापाज्जयेत्क्षयमरोचकमग्निमान्द्यं
कुष्ठोदरामकसनश्वसनादिरोगान्।
प्राप्नोति चाप्रतिमवाग् महतीं महद्भ्यः
पूजां परत्र च गतिं पुरुषोत्तमाप्ताम्॥
कोकद्विष्टप्रियावश्यघातकादेः स्मृतोऽपि यः।
मोहनोच्चाटनाकृष्टि-कार्मणस्तम्भनादिकृत्॥
दूरयत्यापदः सर्वाः पूरयत्यत्र कामनाः॥
राज्यस्वर्गापवर्गास्तु ध्यातो योऽमुत्र यच्छति॥

विश्व के लिए वही आदर्श मान्य हो सकता है, जिसमें किसी सम्प्रदाय-विशेष की छाप न हो। अथवा जो आदर्श प्राणीमात्र के लिए उपादेय हो, वही विश्व को प्रभावित कर सकता है। णमोकार महामन्त्र का आदर्श किसी सम्प्रदायविशेष का आदर्श नहीं है। इसमें नमस्कार की गयी आत्माएँ अहिंसा की विशुद्ध मूर्ति हैं। अहिंसा ऐसा धर्म है, जिसका पालन प्राणीमात्र कर सकता है और इस आदर्श द्वारा सबको सुखी बनाया जा सकता है। जब व्यक्ति में अहिंसा धर्म पूर्ण रूप से प्रतिष्ठित हो जाता है तब उसके दर्शन और स्मरण से सभी का सर्वत्र कल्याण होता है। कहा भी गया है कि—"**अहिंसा-प्रतिष्ठायां तत्संनिधौ वैरत्यागः**" अर्थात् अहिंसा की प्रतिष्ठा हो जाने पर व्यक्ति के समक्ष क्रूर और दुष्ट जीव भी अपनी वैरभावना का त्याग कर देते हैं। जहाँ अहिंसक रहता है, वहाँ दुष्काल, महामारी, आकस्मिक विपत्तियाँ एवं अन्य प्रकार के दुःख प्राणीमात्र को व्याप्त नहीं होते। अहिंसक व्यक्ति के सन्निधान से समस्त प्राणियों को सुख-शान्ति मिलती है। अहिंसक की आत्मा में इतनी शक्ति उत्पन्न हो जाती है, जिससे उसके निकटवर्ती

विश्व और णमोकार मन्त्र

वातावरण में पूर्ण शान्ति व्याप्त हो जाती है।

जो प्रभाव अहिंसक के प्रत्यक्ष रहने से होता है, वही प्रभाव उसके नाम और गुणों के स्मरण से भी होता है। विशिष्ट व्यक्तियों के गुणों के चिन्तन से सामान्य व्यक्तियों के हृदय में अपूर्व उल्लास, आनन्द, तृप्ति एवं तद्रूप बनने की प्रवृत्ति उत्पन्न होती है। णमोकार मन्त्र में प्रतिपादित विभूतियों में विश्वकल्याण की भावना विशेष रूप से अन्तर्निहित है। स्वयं शुद्ध हो जाने के कारण ये आत्माएँ संसार के जीवों को सत्यमार्ग का प्ररूपण करने में समर्थ हैं तथा विश्व का प्राणीवर्ग उस कल्याणकारी पक्ष का अनुसरण कर अपना हित साधन कर सकता है।

विश्व में कीट-पतंग से लेकर मानव तक जितने प्राणी हैं, सब सुख और आनन्द चाहते हैं। वे इस आनन्द की प्राप्ति में पर-वस्तुओं को अपना समझते हैं। तृष्णा, मोह, राग, द्वेष आदि मनोवेगों के कारण नाना प्रकार के कुआचरण कर भी सुख प्राप्त करने की इच्छा करते हैं। परन्तु विश्व के प्राणियों को सुख प्राप्त नहीं हो पाता है। अहिंसक स्व पर कल्याणकारक आत्माओं का आदर्श ऐसा ही है जिसके द्वारा सभी अपना विश्वास और कल्याण कर सकते हैं। जिन पर वस्तुओं को भ्रमवश अपना समझने के कारण अशान्ति का अनुभव करना पड़ रहा है, उन सभी वस्तुओं से मोहबुद्धि दूर हो सकती है। अनात्मिक भावनाएँ निकल जाती हैं और आत्मिक प्रवृत्ति होने लगती है। जब तक व्यक्ति भौतिकवाद की ओर झुका रहता है, असत्य को सत्य समझता है, तब तक वह संसार-परिभ्रमण को दूर नहीं कर सकता। णमोकार मन्त्र की भावना व्यक्ति में समृद्धि जाग्रत करती है, उसमें आत्मा के प्रति अटूट आस्था उत्पन्न करती है, तत्त्वज्ञान को उत्पन्न कर आत्मिक विकास के लिए प्रेरित करती है और बनाती है व्यक्ति को आत्मवादी।

यह मानी हुई बात है कि विश्वकल्याण उसी व्यक्ति से हो सकता है, जो पहले अपनी भलाई कर चुका हो। जिसमें स्वयं दोष, ग़लती, बुराई एवं दुर्गुण होंगे, वह अन्य के दोषों का परिमार्जन कभी नहीं कर सकता है और न उनका आदर्श समाज के लिए कल्याणप्रद हो सकता है। कल्याणमयी प्रवृत्तियाँ तभी सम्भव हैं, जब आत्मा स्वच्छ और निर्मल हो जाए। अशुद्ध प्रवृत्तियों के रहने पर कल्याणमयी प्रवृत्ति नहीं हो सकती और न व्यक्ति त्यागमय जीवन को अपना सकता है। व्यक्ति, राष्ट्र, देश, समाज, परिवार और स्वयं अपनी उन्नति स्वार्थ, मोह और

अहंकार के रहते हुए कभी नहीं हो सकती है। अतएव णमोकार मन्त्र का आदर्श विश्व के समस्त प्राणियों के लिए उपादेय है। इस आदर्श के अपनाने से सभी अपना हितसाधन कर सकते हैं।

इस महामन्त्र में किसी दैवी शक्ति को नमस्कार नहीं किया गया है, किन्तु उन शुद्ध प्रवृत्तिवाले मानवों को नमस्कार किया है, जिनके समस्त क्रिया-व्यापार मानव समाज के लिए किसी भी प्रकार का पीड़ादायक नहीं होते हैं। दूसरे शब्दों में, यों कहना चाहिए कि इस मन्त्र में विकाररहित—सांसारिक प्रपंच से दूर रहनेवाले मानवों को नमस्कार किया गया है। इन विशुद्ध मानवों ने अपने पुरुषार्थ द्वारा काम, क्रोध, लोभ, मोहादि विकारों को जीत लिया है, जिससे इनमें स्वाभाविक गुण प्रकट हो गये हैं। प्रायः देखा जाता है कि साधारण मनुष्य अज्ञान और राग-द्वेष के कारण स्वयं ग़लती करता है तथा ग़लत उपदेश देता है। जब मनुष्य की उक्त दोनों कमज़ोरियाँ निकल जाती हैं तब व्यक्ति यथार्थ ज्ञाता द्रष्टा हो जाता है और अन्य लोगों को भी यथार्थ बातें बतलाता है। पंचपरमेष्ठी इसी प्रकार के शुद्धात्मा हैं, उनमें रत्नत्रय गुण प्रकट हो गया है, अतः वे परमात्मा भी कहलाते हैं। इनका नैसर्गिक वेष वीतरागता का सूचक होता है। ये निर्विकारी आत्मा विश्व के समस्त प्राणियों का हित-साधन कर सकते हैं। यदि विश्व में इस महामन्त्र के आदर्श का प्रचार हो जाए तो आज जो भौतिक संघर्ष हो रहा है, एक राष्ट्र का मानव-समुदाय अपनी परिग्रह-पिपासा को शान्त करने के लिए दूसरे देश के मानव-समूह को परमाणु बम का निशाना बना रहा है, शीघ्र दूर हो जाए। मैत्री भावना का प्रचार, अहंकार और ममता का त्याग इस मन्त्र द्वारा ही हो सकता है, अतः विश्व के प्राणियों के लिए बिना किसी भेद-भाव के यह महामन्त्र शान्ति और सुखदायक है। इसमें किसी मत, सम्प्रदाय या धर्म की बात नहीं है। जो भी आत्मवादी हैं, उन सबके लिए यह मन्त्र उपादेय है।

मंगलवाक्यों, मूलमन्त्रों और जीवन के व्यापक सत्यों का सम्बन्ध संस्कृति के साथ अनादि काल से चला आ रहा है। संस्कृति मानव-जीवन की वह अवस्था है,

जैन-संस्कृति और णमोकार मन्त्र

जहाँ उसके प्राकृतिक राग-द्वेषों का परिमार्जन हो जाता है। वास्तव में सामाजिक और वैयक्तिक जीवन की आन्तरिक मूल प्रवृत्तियों का समन्वय ही संस्कृति

है। संस्कृति को प्राप्त करने के लिए जीवन के अन्तस्तल में प्रवेश करना पड़ता है। स्थूल शरीर के आवरण के पीछे जो आत्मा का सच्चिदानन्द रूप छिपा है, संस्कृति उसे पहचानने का प्रयत्न करती है। शरीर से आत्मा की ओर, जड़ से चैतन्य की ओर, रूप से भाव की ओर बढ़ना ही संस्कृति का ध्येय है। यों तो संस्कृति का व्यक्त रूप सभ्यता है जिसमें आचार-विचार, विश्वास-परम्पराएँ, शिल्प-कौशल आदि शामिल हैं। जैन संस्कृति का तात्पर्य है कि आत्मा के रत्नत्रय गुण को उत्पन्न कर बाह्य जीवन को उसी के अनुकूल बनाना तथा अनात्मिक भावों को छोड़ आत्मिक भावों को ग्रहण करना। अतएव जैन संस्कृति में जीवनादर्श, धार्मिक आदर्श, सामाजिक आदर्श, पारिवारिक आदर्श, आस्था और विश्वास-परम्पराएँ, साहित्यकला आदि चीज़ें अन्तर्भूत हैं। यों तो जैन संस्कृति में वे ही चीज़ें आती हैं, जो आत्मशोधन में सहायक होती हैं, जिनसे रत्नत्रय गुण का विकास होता है। यही कारण है कि जैन संस्कृति अहिंसा, परिग्रह, त्याग, संयम, तप आदि पर ज़ोर देती चली आ रही है।

आत्मसमत्व और वीतरागत्व की भावना से कोई भी प्राणी धर्म की शीतल छाया में बैठ सकता है। वह अपना आत्मिक विकास कर अहिंसा की प्रतिष्ठा कर सकता है। यों तो जैन संस्कृति के अनेक तत्त्व हैं, पर णमोकार महामन्त्र ऐसा तत्त्व है, जिसके स्वरूप का परिज्ञान हो जाने पर इस संस्कृति का रहस्य अवगत करने में अत्यन्त सरलता होती है। णमोकार मन्त्र में रत्नत्रयगुण विशिष्ट शुद्ध आत्मा को नमस्कार किया है। जिन आत्माओं ने अहिंसा को अपने जीवन में पूर्णतः उतार लिया है, जिनकी सभी क्रियाएँ अहिंसक हैं, ये आत्माएँ जैन संस्कृति की साक्षात् प्रतिमाएँ हैं। उनके नमस्कार से आदर्श जीवन की प्राप्ति होती है। पंच महाव्रतों का पालन करनेवाले आत्मस्वरूप के ज्ञाता-द्रष्टा परमेष्ठियों का वेष संसार के सभी वेषों से परे है। लाल-पीले तरह-तरह के वस्त्र धारण करना, डण्डा-लाठी आदि रखना, जटाएँ धारण करना, शरीर में भभूत लगाना आदि अनेक प्रकार के वेष हैं; किन्तु नग्नता वेषातीत है, इसमें किसी भी प्रकार के वेष को नहीं अपनाया गया है। पंचपरमेष्ठी निर्ग्रन्थ रहकर सत्य का मार्ग अन्वेषण करते हैं। उनकी क्रियाएँ—मन, वचन और शरीर की क्रियाएँ पूर्ण अहिंसक होती हैं। राग-द्वेष, जिनके कारण जीवन में हिंसा का प्रवेश होता है, इन आत्माओं में नहीं पाये जाते।

विकार दूर होने से शरीर पर इनका इतना अधिकार हो जाता है कि पूर्ण अहिंसक हो जाने पर भोजन की भी इन्हें आवश्यकता नहीं रहती। समदृष्टि हो जाने से सांसारिक प्रलोभन अपनी ओर खींच नहीं पाते हैं। द्रव्य और पर्याय उभय दृष्टि से शुद्ध परमात्मस्वरूप ये आत्मा होते हैं। जैन संस्कृति का मुख्य उद्देश्य निर्मल आत्मतत्त्व को प्राप्त कर शाश्वत सुख-निर्वाण लाभ है। शुद्धात्माओं का आदर्श सामने रहने से तथा शुद्धात्माओं के आदर्श का स्मरण, चिन्तन और मनन करने से शुद्धत्व की प्राप्ति होती है, जीवन पूर्ण अहिंसक बनता है। स्वामी समन्तभद्र ने अपने बृहत्स्वयंभूस्तोत्र में शीतलनाथ भगवान् की स्तुति करते हुए कहा है :

सुखाभिलाषानलदाहमूर्च्छितं मनो निजं ज्ञानमयामृताम्बुभिः।
व्यदिध्ययस्त्वं विषदाहमोहितं यथा भिषग्मन्त्रगुणैः स्वविग्रहम्॥
स्वजीविते कामसुखे च तृष्णया दिवा श्रमार्ता निशि शेरते प्रजाः।
त्वमार्य नक्तंदिवमप्रमत्तवानजागरेवात्मविशुद्धवर्त्मनि॥

अर्थात्–जैसे वैद्य या मन्त्रविद् मन्त्रों के उच्चारण, मनन और ध्यान से सर्प के विष से सन्तप्त मूर्च्छा को प्राप्त अपने शरीर को विषरहित कर देता है, वैसे ही आपने इन्द्रिय-विषयसुख की तृष्णारूपी अग्नि की जलंन से मोहित, हेयोपादेय के विचारशून्य अपने मन को आत्मज्ञानमय अमृत की वर्षा से शान्त कर दिया है। संसार के प्राणी अपने इस जीवन को बनाये रखने और इन्द्रियसुख को भोगने की तृष्णा से पीड़ित होकर दिन में तो नाना प्रकार के परिश्रम कर थक जाते हैं और रात होने पर विश्राम करते हैं। किन्तु हे प्रभो! आप तो रात-दिन प्रमादरहित होकर आत्मा को शुद्ध करनेवाले मोक्षमार्ग में जागते ही रहते हैं।

उपर्युक्त विवेचन से यह स्पष्ट है कि पंचपरमेष्ठी का स्वरूप शुद्धात्मामय है अथवा शुद्धात्मा की उपलब्धि के लिए प्रयत्नशील आत्माएँ हैं। इनकी समस्त क्रियाएँ आत्माधीन होती हैं, स्वावलम्बन इनके जीवन में पूर्णतया आ जाता है क्योंकि कर्मादिमल से छूटकर अनन्तज्ञानादि गुणों के स्वामी होकर आत्मानन्द में नित्य मग्न रहना, यही जीवन का सच्चा प्रयोजन है। पंचपरमेष्ठी की आत्माएँ इन प्रयोजनों को सिद्ध कर लेती हैं या इनकी सिद्धि के लिए प्रयत्नशील हैं। आत्मा अनादि, स्वतः सिद्ध, उपाधिहीन एवं निर्दोष है। अस्त्र-शस्त्रों से इसका छेदन नहीं

हो सकता, जलप्लावन से यह भीग नहीं सकता, अग्नि से जल नहीं सकता, पवन से सूख नहीं सकता और धूप से कभी निस्तेज नहीं हो सकता है। ज्ञान, दर्शन, सुख, वीर्य, सम्यक्त्व, अगुरुलघुत्व आदि आठ गुण इस आत्मा में विद्यमान हैं। ये गुण इस आत्मा के स्वभाव हैं, आत्मा से अलग नहीं हो सकते हैं। णमोकार मन्त्र में प्रतिपादित पंचमेष्ठी उक्त गुणों को प्राप्त कर लेते हैं अथवा पंचपरमेष्ठियों में-से जिन्होंने उन गुणों को प्राप्त नहीं भी किया है वे प्राप्त करने का उपक्रम करते हैं। इस स्थूल शरीर के द्वारा वे अपनी आत्म-साधना में सर्वदा संलग्न रहते हैं।

ये अहिंसा के साथ तप और त्याग की भावना का अनिवार्य रूप से पालन करते हैं, जिससे राग-द्वेष आदि मलिन वृत्तियों पर सहज में विजय पाते हैं। इनके आचार और विचार दोनों शुद्ध होते हैं। आचार की शुद्धि के कारण ये पशु, पक्षी, मनुष्य, कीट, पतंग, चींटी आदि त्रस जीवों की रक्षा के साथ पार्थिव, जलीय, आग्नेय, वायवीय आदि सूक्ष्मातिसूक्ष्म प्राणियों तक की हिंसा से आत्मौपम्य की भावना द्वारा पूर्णतया निवृत्त रहते हैं। विचार-शुद्धि होने से इनकी साम्यदृष्टि रहती है; पक्षपात, राग, द्वेष, संकीर्णता इनके पास फटकने भी नहीं पाती। प्रमाण और नयवाद के द्वारा अपने विचारों का परिष्कार कर ये सत्य दृष्टि को प्राप्त करते हैं।

णमोकार मन्त्र में निरूपित आत्माओं का एकमात्र उद्देश्य मानवता का कल्याण करना है। ये पाँचों ही प्राणीमात्र के लिए परम उपकारी हैं। अपने जीवन के त्याग, तपश्चरण, तत्त्वज्ञान और आचरण द्वारा समस्त प्राणियों का हित-साधन करते हैं। उनकी कोई भी क्रिया, किसी भी प्राणी के लिए बाधक नहीं हो सकती है। ये स्वयं संसार-भ्रमण—जन्म, मरण के चक्र से छुटकारा प्राप्त करते हैं तथा अन्य जीवों को भी अपने शारीरिक या वाचनिक प्रभाव द्वारा इस संसार-चक्र से छूट जाने का उपाय बतलाते हैं। अतएव णमोकारमन्त्र जैन संस्कृति का अन्तरंग रूप भावशुद्धि-सम्यग्दर्शन, सम्यग्ज्ञान और सम्यक्आचरण आदि के साथ है। इस मन्त्र के आदर्श से तप और त्याग के मार्ग पर बढ़ने की प्रेरणा, अहिंसा और अपरिग्रह को आचरण में उतारने की शिक्षा, विश्वबन्धुत्व और आत्मकल्याण की कामना उत्पन्न होती है। इस महामन्त्र में व्यक्ति की अपेक्षा गुणों की महत्ता दी गई है। अतः यह रत्नत्रयरूप संस्कृति की प्राप्ति के लिए साधक को आगे बढ़ाता है। उसके सामने पंचपरमेष्ठियों का आचरण प्रस्तुत करता है, जिससे कोई भी व्यक्ति आत्मा

को संस्कृत कर सकता है। आत्मा का सच्चा संस्कार त्याग द्वारा ही होता है, इससे राग-द्वेषों का परिमार्जन होता है और संयम की प्रवृत्ति भी प्राप्त होती है। अन्तरंग आत्मा को रत्नत्रय के द्वारा ही सजाया जाता है, इसके बिना आत्मा का संस्कार कभी भी सम्भव नहीं। णमोकार मन्त्र का आदर्श अरूपी, अकर्मा, अभोक्ता, चैतन्यमय, ज्ञानादि परिणामों का कर्ता और भोक्ता को अनुभूति में लाना है। जिस प्रशम गुण–कषायभाव से आत्मा में परमानन्द आया, वह भी इसी के आदर्श से मिलता है। अतः जैन संस्कृति का वास्तविक आदर्श इस महान् मन्त्र द्वारा ही प्राप्त होता है।

बाह्य जैन संस्कृति सामाजिक एवं पारिवारिक विकास, उपासना-विधान, साहित्य, ललितकलाएँ, रहन-सहन, खान-पान आदि रूप में है। इन बाह्य जैन संस्कृति के अंगों के साथ भी णमोकार मन्त्र का सम्बन्ध है। उक्त संस्कृति के स्थूल अवयव भी इसके द्वारा अनुप्राणित हैं। निष्कर्ष यह है कि इस महामन्त्र के आदर्श मूल प्रवृत्तियों, वासनाओं और अनुभूतियों को नियन्त्रित करने में समर्थ हैं। नैतिक जीवन-बुद्धि द्वारा नियन्त्रित इन्द्रिय-परता इस आदर्श का फल है। अतएव निवृत्ति-प्रधान जैन संस्कृति की प्राप्ति इस महामन्त्र द्वारा होती है। अतः णमोकार मन्त्र का आदर्श, जिसके अनुकरण पर जीवन के आदर्श का निर्माण किया जाता है, त्याग और पूर्ण अहिंसकमय है। इस मन्त्र से जैन संस्कृति की सारी रूप-रेखा सामने प्रस्तुत हो जाती है। मनुष्य ही नहीं, पशु-पक्षी भी किस प्रकार अपने विकारों के त्याग और जीवन के नियन्त्रण से अपने आत्मा को संस्कृत कर चुके हैं। संस्कृति का एक स्पष्ट मानचित्र अरिहन्त, सिद्ध, आचार्य, उपाध्याय और साधु का नाम स्मरण करते ही सामने प्रस्तुत हो जाता है। इस सत्य से कोई इनकार नहीं कर सकता है कि व्यक्ति की अन्तरंग और बहिरंग रूपाकृति ही उसका आदर्श है, यह आदर्श अन्य व्यक्तियों के लिए जितना उपयोगी एवं प्रभावोत्पादक हो सकता है, उस व्यक्ति की संस्कृति को उतना ही प्रभावित कर सकता है। पंचपरमेष्ठी द्वारा स्वावलम्बन और स्वातन्त्र्य के भाव जाग्रत होते हैं। कर्त्तापने की भावना, जिसके कारण व्यक्ति परमुखापेक्षी रहता है और अपने उद्धार एवं कल्याण के लिए अन्य की सहायता की अपेक्षा करता रहता है, जैन संस्कृति के विपरीत है। इस महामन्त्र

का आदर्श स्वयं ही अपने पुरुषार्थ द्वारा साधु अवस्था धारण कर सिद्ध अवस्था प्राप्त करने की ओर संकेत करता है। अतएव णमोकार मन्त्र जैन संस्कृति का सच्चा और स्पष्ट मानचित्र प्रस्तुत कर देता है।

णमोकार मन्त्र प्रत्येक व्यक्ति को सभी प्रकार से सुखदायी है। इस महामन्त्र

उपसंहार

द्वारा व्यक्ति को तीनों प्रकार के कर्तव्यों—आत्मा के प्रति, दूसरों के प्रति और शुद्धात्माओं के प्रति—का परिज्ञान हो जाता है। आत्मा के प्रति किये जानेवाले कर्तव्यों में नैतिक कर्तव्य, सौन्दर्यविषयक कर्तव्य, बौद्धिक कर्तव्य, आर्थिक कर्तव्य और भौतिक कर्तव्य परिगणित हैं। इन समस्त कर्तव्यों पर विचार करने से प्रतीत होता है कि इस महामन्त्र के आदर्श से हमें अपनी प्रवृत्तियों, वासनाओं, इच्छाओं और इन्द्रिय वेगों पर नियन्त्रण करने की प्रेरणा मिलती है। आत्मसंयम और आत्मसम्मान की भावना जाग्रत होती है। दूसरों के प्रति सम्पन्न किये जानेवाले कर्तव्यों में कुटुम्ब के प्रति, समाज के प्रति, देश के प्रति, नगर के प्रति, मनुष्यों के प्रति, पशुओं के प्रति और पेड़-पौधों के प्रति कर्तव्यों का समावेश होता है। दूसरों के प्रति कर्तव्य सम्पादन करने में तीन बातें प्रधानरूप से आती हैं—सचाई, समानता और परोपकार। ये तीनों बातें णमोकार मन्त्र की आराधना से ही प्राप्त हो सकती हैं। इस महामन्त्र का आदर्श हमारे जीवन में उक्त तीनों बातों को उत्पन्न करता है। शुद्धात्मा—परमात्मा के प्रति कर्तव्य में भक्ति और ध्यान को स्थान प्राप्त होता है। हमें नित्य प्रति शुद्धात्माओं की पूजा कर उनके आदर्श गुणों को अपने भीतर उत्पन्न करने का प्रयास करना होगा। केवल णमोकार मन्त्र का ध्यान, उच्चारण और स्मरण उपर्युक्त तीनों प्रकार के कर्तव्यों के सम्पादन में परम सहायक है।

प्रायः लोग आशंका किया करते हैं कि बार-बार एक ही मन्त्र के जाप से कोई नवीन अर्थ तो निकलता नहीं है, फिर ज्ञान में विकास किस प्रकार होता है? आत्मा के राग-द्वेष विचार एक ही मन्त्र के निरन्तर जपने से कैसे दूर हो जाते हैं? एक ही पद या श्लोक बार-बार अभ्यास में लाया जाता है, तब उसका कोई विशेष प्रभाव आत्मा पर नहीं पड़ता है। अतः मंगलमन्त्रों के बार-बार जाप की क्या आवश्यकता है? विशेषतः णमोकार मन्त्र के सम्बन्ध में यह आशंका और भी अधिक सबल हो जाती है; क्योंकि जिन मन्त्रों के स्वामी यक्ष, यक्षिणी या अन्य कोई शासक देव माने जाते हैं, उन मन्त्रों के बार-बार उच्चारण का अभिप्राय उनके

अधिकारी देवों को बुलाना या सर्वदा उनके साथ अपना सम्पर्क बनाये रखना है। पर जिस मन्त्र का अधिकारी कोई शासक देव नहीं है, उस मन्त्र के बार-बार पठन और मनन से क्या लाभ?

इस आशंका का उत्तर एक गणित के विद्यार्थी की दृष्टि से बड़े सुन्दर ढंग से दिया जा सकता है। दशमलव के गणित में आवर्त संख्या बार-बार एक ही आती है, पर प्रत्येक दशमलव का एक नवीन अर्थ एवं मूल्य होता है। इसी प्रकार णमोकार मन्त्र के बार-बार उच्चारण और मनन का प्रत्येक बार नूतन ही अर्थ होगा। प्रत्येक उच्चारण रत्नत्रय गुण विशिष्ट आत्माओं के अधिक समीप ले जाएगा। वह साधक जो निश्छल भाव से अटूट श्रद्धा के साथ इस महामन्त्र का स्मरण करता है, इसके जाप द्वारा उत्पन्न होनेवाली शक्ति को समझता है। विषयकषाय को जीतने के लिए इस महामन्त्र का जाप अमोघ अस्त्र है। पर इतनी बात सदा ध्यान में रखने की है कि मन्त्र जाप करते हुए तल्लीनता आ जाए। जिसने साधना की प्रारम्भिक सीढ़ी पर पैर रखा है, मन्त्र जाप करते समय उसके मन में दूसरे विकल्प आएँगे, पर उनकी परवाह नहीं करनी चाहिए। जिस प्रकार आरम्भ में अग्नि जलाने पर नियमतः धुआँ निकलता है, पर अग्नि जब कुछ देर जलती रहती है, तो धुआँ का निकलना बन्द हो जाता है। इसी प्रकार प्रारम्भिक साधना के समक्ष नाना प्रकार के संकल्प-विकल्प आते हैं, पर साधनापथ में कुछ आगे बढ़ जाने पर विकल्प रुक जाते हैं। अतः दृढ़ श्रद्धापूर्वक इस मन्त्र का जाप करना चाहिए। मुझे इसमें रत्ती-भर भी शक नहीं है कि यह मंगलमन्त्र हमारी जीवन-डोर होगा और संकटों से हमारी रक्षा करेगा। इस मन्त्र का चमत्कार है हमारे विचारों के परिमार्जन में। यह अनुभव प्रत्येक साधक को थोड़े ही दिनों में होने लगता है कि पंचमहाव्रत, मैत्री, प्रमोद, कारुण्य और माध्यस्थ इन भावनाओं के साथ दान, शील, तप और ध्यान की प्राप्ति इस मन्त्र की दृढ़-श्रद्धा द्वारा ही सम्भव है। जैन बननेवाला पहला साधक तो इस णमोकार मन्त्र का श्रद्धासहित उच्चारण करता है। वासनाओं का जाल, क्रोध-लोभादि कषायों की कठोरता आदि को इसी मन्त्र की साधना से नष्ट किया जा सकता है। अतएव प्रत्येक व्यक्ति को सोते-जागते, उठते-बैठते सभी अवस्थाओं में इस मन्त्र का स्मरण रखना चाहिए। अभ्यास हो जाने पर अन्य क्रियाओं में संलग्न रहने पर भी णमोकार मन्त्र का प्रवाह

अन्तश्चेतना में निरन्तर चलता रहता है। जिस प्रकार हृदय की गति निरन्तर होती रहती है, उसी प्रकार भीतर प्रविष्ट हो जाने पर इस मन्त्र की साधना सतत चल सकती है।

इस मंगलमन्त्र की आराधना में इस बात का ध्यान रखना होगा कि इसे एकमात्र तोते की तरह न रटें। बल्कि अवांछनीय विकारों को मन से निकालने की भावना रखकर और मन्त्र की ऐसा करने की शक्ति पर विश्वास रखकर ही इसका जाप करें। जो साधक अपने परिणामों को जितना अधिक लगायेगा, उसे उतना ही अधिक फल प्राप्त होगा। यह सत्य है कि इस मन्त्र की साधना से शनैः-शनैः आत्मा नीरोग-निर्विकार होता रहता है। आत्मबल बढ़ता जाता है। जहाँ तक सम्भव हो इस महामन्त्र का प्रयोग आत्मा को शुद्ध करने के लिए ही करना चाहिए। लौकिक कार्यों की सिद्धि के लिए इसके करने का अर्थ है, मणि देकर शाक ख़रीदना, अतः मन्त्र की सहायता से काम-क्रोध-लोभ-मोहादि विकारों को नष्ट करना चाहिए। यह मन्त्र मंगलमन्त्र है, जीवन में सभी प्रकार के मंगलों को उत्पन्न करनेवाला है। अमंगल—विकार, पाप, असद् विचार आदि सभी इसकी आराधना से नष्ट हो जाते हैं। नमस्कार माहात्म्य गाथा पच्चीसी में बताया गया है :

जिण सासणस्स सारो चउद्दस पुव्वाण सो समुद्धारो।
जस्स मणे नवकारो संसारो तस्स किं कुणई॥
एसो मंगल-निलओ मयविलओ सयलसंघसुहजणओ।
नवकारपरममंतो चिंति अमित्तं सुहं देई॥
नवकारओ अन्नो सारो मंतो न अत्थि तियलोए।
तम्हाहु अणुदिणं चिय, पठियव्वो परममत्तीए॥
हरइ दुहं कुणइ सुहं जणइ जसं सोसए भवसमुद्दं।
इहलोय-परलोइय-सुहाण मूलं नमोक्कारो॥

अर्थात्—यह णमोकार मंगलमन्त्र जिनशासन का सार और चतुर्दश पूर्वों का समुद्धार है। जिसके मन में यह णमोकार महामन्त्र है, संसार उसका कुछ भी नहीं बिगाड़ सकता है। यह मन्त्र मंगल का आगार, भय को दूर करनेवाला, सम्पूर्ण चतुर्विध संघ को सुख देनेवाला और चिन्तनमात्र से अपरिमित शुभ फल को

देनेवाला है। तीनों लोकों में णमोमार मन्त्र से बढ़कर कुछ भी सार नहीं है, इसलिए प्रतिदिन भक्तिभाव और श्रद्धापूर्वक इस मन्त्र को पढ़ना चाहिए। यह दुःखों का नाश करनेवाला, सुखों को देनेवाला, यश को उत्पन्न करनेवाला और संसाररूपी समुद्र से पार करनेवाला है। इस मन्त्र के समान इहलोक और परलोक में अन्य कुछ भी सुखदायक नहीं है।

परिशिष्ट नं. 1

णमोकार मन्त्र सम्बन्धी गणितसूत्र

1. णमोकार मन्त्र के अक्षरों की संख्या के इकाई, दहाई रूप अंकों का परस्पर गुणा करने से योग और प्रमाद संख्या आती है। यथा—35 अक्षर हैं, इसमें इकाई का अंक 5 और दहाई का अंक 3 है; अतः 5 × 3 = 15 को योग या प्रमाद।
2. णमोकार मन्त्र के इकाई, दहाई रूप अंकों को जोड़ने से कर्म संख्या आती है। यथा—35 अक्षर संख्या में 5 + 3 = 8 कर्म संख्या।
3. णमोकार मन्त्र की अक्षर संख्या की इकाई अंकसंख्या में-से दहाई रूप अंक संख्या को घटाने से मूलद्रव्य संख्या, नय संख्या, भावसंख्या आती है। यथा 35 अक्षर संख्या है, इसका इकाई अंक 5, दहाई अंक 3 है, अतः 5 – 3 = 2 जीव और अजीव द्रव्य, द्रव्यार्थिक और पर्यायार्थिक नय या निश्चय और व्यवहार नय, सामान्य और विशेष, अन्तरंग और बहिरंग अथवा द्रव्यहिंसा और भावहिंसा, प्रत्यक्ष और परोक्ष प्रमाण।
4. णमोकार मन्त्र की स्वरसंख्या के इकाई, दहाई रूप अंकों का गुणा कर देने पर अविरति या श्रावक के व्रतों की संख्या अथवा अनुप्रेक्षाओं की संख्या निकलती है। यथा—णमोकार मन्त्र स्वरसंख्या 34 है, अतः 4 × 3 = 12 अविरति, श्रावक के व्रत या अनुप्रेक्षा।
5. णमोकार मन्त्र की स्वर संख्या के इकाई, दहाई के अंकों को जोड़ देने पर तत्त्व नय या सप्तभंगी के भंगों की संख्या आती है। यथा 34 स्वर संख्या है, अतः 4 + 3 = 7 तत्त्व, नय या भंगसंख्या।
6. णमोकार मन्त्र के स्वर, व्यंजन और अक्षरों की संख्या का योग कर देने पर प्राप्त योग का संख्या-पृथक्त्व के अनुसार अन्योन्य योग करने पर पदार्थ संख्या आती है। यथा 34 स्वर, 30 व्यंजन और 35 अक्षर हैं, अतः 34 +

30 + 35 = 99 इस प्राप्त योगफल का अन्योन्य योग किया। 9 + 9 = 18, पुनः अन्योन्य योग संस्कार करने पर 1 + 8 = 9 पदार्थ संख्या।

7. णमोकार मन्त्र के समस्त स्वर और व्यंजनों की संख्या को सामान्य पद संख्या से गुणा कर स्वर संख्या का भाग देने पर शेष तुल्य गुणस्थान और मार्गणा-संख्या आती है। अथवा णमोकार मन्त्र के समस्त स्वर और व्यंजनों की संख्या को विशेष पद संख्या से गुणा कर व्यंजनों की संख्या का भाग देने पर शेष तुल्य गुणस्थान और मार्गणा-संख्या आती है। यथा–इस मन्त्र के विशेष पद 11, सामान्य 5, स्वर 34, व्यंजन 30 हैं। अतः 34 + 30 = 64 × 5 = 320 ÷ 34 = 9 ल. और 14 शेष, 14 शेष तुल्य ही गुणस्थान या मार्गणा की संख्या है। अथवा 30 + 34 = 64 × 11 = 704 ÷ 30 = 32 लब्ध, और 14 शेष; यही शेष संख्या गुणस्थान या मार्गणा की है।

8. समस्त स्वर और व्यंजनों की संख्या को व्यंजनों की संख्या से गुणाकर विशेषपद संख्या का भाग देने पर शेष तुल्य द्रव्यों या जीवों के कार्य की संख्या आती है। यथा–30 + 34 = 64 × 30 = 1920 ÷ 11 = 174 ल. और शेष 6। शेष संख्या ही काय और द्रव्यों की संख्या है। अथवा–समस्त स्वर और व्यंजनों की संख्या को स्वर संख्या से गुणा कर सामान्य पद संख्या का भाग देने पर शेष तुल्य द्रव्यों की तथा जीवों के काय की संख्या आती है। यथा–30 + 34 = 64 × 34 = 2176 ÷ 5 = 434 लब्ध और 6 शेष। यही शेष प्रमाण द्रव्य और काय की संख्या है।

9. णमोकार मन्त्र की मात्राओं स्वर, व्यंजन और विशेष पद के योग में सामान्य अक्षरों का अन्योन्य गुणनफल जोड़ देने से कुल कर्मप्रकृतियों की संख्या होती है। यथा–इस मन्त्र की 58 मात्राएँ, 34 स्वर, 30 व्यंजन, 11 विशेषपद, 35 सामान्य अक्षर और सामान्य अक्षरों का अन्योन्य गुणनफल = 5 × 3 = 15, अतः 58 + 34 + 30 + 11 + 11 = 148 कर्म प्रकृतियाँ।

10. मात्राओं, स्वर एवं व्यंजनों की संख्या का योग कर देने पर उदय योग्य कर्म प्रकृतियाँ आती हैं, यथा 58 + 30 + 34 = 122 उदययोग्य प्रकृति संख्या।

11. मन्त्रों की स्वर और व्यंजन संख्या का पृथक्त्व के अनुसार अन्योन्य गुणा करने से बन्ध योग्य प्रकृतियों की संख्या आती है। यथा–व्यंजन 30, स्वर 34, अन्योन्य क्रम गुणनफल 3 × 0 = 0, इस क्रम में शून्य दस का मान देता है; 4 × 3 = 12 ∴ 12 × 10 = 120 बन्ध योग्य प्रकृतियाँ।

12. णमोकार मन्त्र की व्यंजन संख्या का इकाई, दहाई क्रम से योग करने पर रत्नत्रय की संख्या आती है। यथा 30 व्यंजन संख्या है, 0 + 3 = 3 रत्नत्रय संख्या; द्रव्यकर्म, भावकर्म और नोकर्म, मनोगुप्ति, वचनगुप्ति और कायगुप्ति अथवा मन, वचन और काय योग।

13. स्वर और व्यंजन संख्या का योग कर इकाई, दहाई अंक क्रम से गुणा करने पर तीर्थंकर संख्या आती है। यथा 30 + 34 = 64, अन्योन्य क्रम करने पर– 4 × 6 = 24 = तीर्थंकर संख्या।

14. स्वर संख्या को इकाई, दहाई क्रम से गुणा करने पर चक्रवर्तियों की संख्या आती है। यथा 34 स्वर, अन्योन्यक्रम करने पर 4 × 3 = 12 चक्रवर्ती, द्वादश अनुप्रेक्षा, द्वादश व्रत आदि।

15. स्वर, व्यंजन और अक्षरों के योग का अन्योन्य क्रम से योग करने पर नारायण, प्रतिनारायण और बलदेव की संख्या आती है। यथा–स्वर 34, व्यंजन 30, अक्षर 35; अतः 30 + 34 + 35 = 99, अन्योन्य क्रम योग 9 + 9 = 18, पुनः अन्योन्य क्रम योग 8 + 1 = 9 नारायण, प्रतिनारायण और बलदेवों की संख्या।

16. णमोकार मन्त्र की मात्राओं का इकाई, दहाई क्रम से योग करने पर चारित्र संख्या आती है। यथा–58 मात्राएँ – 8 + 5 = 13 चारित्र।

17. णमोकार मन्त्र की मात्राओं का इकाई, दहाई क्रम से गुणा करने पर जो गुणनफल प्राप्त हो, उसका पारस्परिक योग करने पर गति, कषाय और बन्ध संख्या आती है। यथा 58 मात्राएँ हैं, अतः 8 × 5 = 40, 0 + 4 = 4 गति, कषाय और बन्ध संख्या।

18. णमोकार मन्त्र की अक्षर संख्या का परस्पर गुणा कर गुणनफल में-से सामान्य

पद संख्या घटाने पर कर्म संख्या आती है। यथा—35 अक्षर संख्या, $5 \times 3 = 15$, $15 - 5$ सा. प. $= 10$ कर्म।

19. स्वर और व्यंजन संख्या का पृथक्त्व अन्योन्य क्रम के अनुसार गुणा कर योग कर देने पर परीषह संख्या आती है। यथा—34 स्वर, 30 व्यंजन $\therefore 4 \times 3 = 12$, $0 \times 3 = 0$ इस क्रम में शून्य दस के तुल्य है। अतः $12 + 10 = 22$ परीषह संख्या।

20. स्वर और व्यंजन संख्या को जोड़कर योगफल का विरलन करके प्रत्येक के ऊपर दो का अंक देकर परस्पर सम्पूर्ण दो के अंकों का गुणा करने पर गुणनफल राशि में-से एक घटा देने पर समस्त श्रुतज्ञान के अक्षरों का योग आता है। यथा $34 + 30 = 64$।

$\therefore 1^2 | 1^2 | 1^2 | 1^2 | 1^2 | 1^2 | 1^2 | 1^2 | 1^2 | \ldots\ldots\ldots 1^2$

$= 18446744073709551616 - 1 =$

18446744073709551615 समस्त श्रुतज्ञान के अन्तर हैं।

परिशिष्ट नं. 2

अनुचिन्तनगत पारिभाषिक शब्दकोष

अगुरुलघुत्व गुण 187

यह वह गुण है जिसके निमित्त से द्रव्य का द्रव्यत्व बना रहता है।

अघातियाकर्म 30

आत्मगुणों का घात न करनेवाले कर्म।

अचेतन 73

अचेतन अनुभूतियाँ वे हैं जिनकी तात्कालिक चेतना मनुष्य को नहीं रहती, किन्तु उसके जीवन पर उनका प्रभाव पड़ता रहता है।

अणु 123

पुद्गल के सबसे छोटे टुकड़े या अंश को अणु कहते हैं।

अतिशय 35

वे अद्भुत या चमत्कार पूर्ण बातें जो सामान्य व्यक्तियों में न पायी जाएँ, अतिशय कहलाती हैं।

अधिकरण 108

वस्तु के आधार का नाम अधिकरण है। अधिकरण के दो भेद हैं—अन्तरंग और बहिरंग।

अन्तरंग परिग्रह 41

आन्तरिक राग, द्वेष, काम, क्रोधादि, विकारों में ममत्व भाव रखना अन्तरंग परिग्रह है। यह चौदह प्रकार का होता है।

अन्तरात्मा 29

शरीर, धन-धान्यादि समस्त पर-वस्तुओं से ममत्वबुद्धि रहित होना एवं सच्चिदानन्द स्वरूप आत्मा को ही अपना समझना, अन्तरात्मा है।

अन्तराय कर्म 35

सुख ज्ञान एवं ऐश्वर्य प्राप्ति के साधनों में विघ्न उत्पन्न करनेवाला कर्म अन्तराय कर्म कहलाता है।

अनानुपूर्वी 128

पदव्यतिक्रम से णमोकार मन्त्र का पाठ करना या जाप करना अनानुपूर्वी है।

अपकर्षण 112

कर्मों के स्थितिबन्ध एवं अनुभाग बन्ध का घट जाना अपकर्षण है।

अभिप्राय 103

णमोकार मन्त्र के रहस्य या भाव की जानकारी।

अभिरुचि 103

अभिरुचि अस्फुट ध्यान है तथा ध्यान अभिरुचि का ही स्फुट रूप है।

अभ्यास 103

मनोविज्ञान बतलाता है कि अभ्यास (Exercise) बार-बार किसी कार्य के करने की प्रवृत्ति जिसका दूसरा नाम आवृत्ति (Repetition) है, ध्यान आदि के लिए उपयोगी है।

अभ्यास नियम 70

अभ्यास नियम को आदत निर्माण का नियम भी कहा गया है (The law of habit-formation)। इस नियम के दो प्रमुख अंग हैं—पहले को उपयोग का नियम (The law of use) और दूसरे को अनुपयोग का नियम (The law of disuse) कहते हैं। ये दोनों एक-दूसरे के पूरक हैं। उपयोग का नियम यह बतलाता है कि यदि एक ख़ास परिस्थिति के प्रति बार-बार एक ही तरह की प्रतिक्रिया प्रकट की जाए तो उस परिस्थिति और प्रतिक्रिया के बीच एक सम्बन्ध स्थापित हो जाता है।

अरण्यपीठ 78

एकान्त निर्जन अरण्य में जाकर णमोकार मन्त्र या अन्य किसी मन्त्र की साधना करना अरण्यपीठ है।

अर्थ 103

गुण पर्याय युक्त पदार्थ का नाम अर्थ है।

अर्ध पर्यंकासन 91

इस आसन में ध्यान के समय अर्ध पद्मासन लगाया जाता है।

अवचेतन 73

चेतन मन के परे अवचेतन या चेतनोन्मुख मन है। मन के इस स्तर में वे भावनाएँ, स्मृतियाँ, इच्छाएँ तथा वेदनाएँ रहती हैं जो प्रकाशित नहीं हैं किन्तु जो चेतना पर आने के लिए तत्पर हैं। कोई भी विचार चेतन मन में प्रकाशित होने के पूर्व अवचेतन मन में रहता है।

अविरति 90

व्रतरूप परिणत न होना अविरति है। इसके बारह भेद हैं।

असंयम 24

इन्द्रियासक्ति और हिंसारूप परिणति को असंयम कहा जाता है।

आख्यातिक 106

क्रियावाचक धातुओं से निष्पन्न होनेवाले शब्द आख्यातिक कहलाते हैं। जैसे—भवति, गच्छति आदि।

आचार 40

सात्त्विक प्रवृत्तियों का आलम्बन ग्रहण करना आचार है। आचार में जीवनव्यापी उन सभी प्रवृत्तियों का

आकलन किया जाता है जिनसे जीवन का सर्वांगीण निर्माण होता है।

आचारांग 40

ग्यारह अंगों में यह पहला अंग है। इसमें मुनि और गृहस्थ के सभी प्रकार के आचरणों का वर्णन किया जाता है।

आर्तध्यान 91

इष्टवियोग अनिष्टसंयोगादि से चिन्तित रहना आर्तध्यान है।

आदत 68

आदत मनुष्य का अर्जित मानसिक गुण है। मनुष्य के जीवन में दो प्रकार की प्रवृत्तियाँ काम करती हैं—जन्मजात और अर्जित। अर्जित प्रवृत्तियाँ ही आदत है।

आनुपूर्वी 128

उच्च गुणों के आधार पर या किसी विशेष क्रम के आधार पर किसी वस्तु का सन्निवेश करना आनुपूर्वी है।

आर्जव 25

आत्मा के सरल परिणामों को आर्जव कहते हैं।

आवश्यक 40

जिन क्रियाओं का पालन करना मुनि के लिए अत्यावश्यक होता है, उन्हें आवश्यक कहते हैं। आवश्यक के 6 भेद हैं।

आसन 89

ध्यान करने के लिए बैठने की विशेष प्रक्रिया को आसन कहा जाता है।

आसन-शुद्धि 62

काष्ठ, शिला, भूमि या चटाई पर अहिंसकवृत्तिपूर्वक आसीन होना आसन-शुद्धि है। आसन को सावधानीपूर्वक शुद्ध रखना आसनशुद्धि है।

आस्तिक्य 27

लोक-परलोक में आस्था रखना आस्तिक्य है।

आस्रव 27

कर्मों के आने के द्वार को आस्रव कहते हैं। इसके दो भेद हैं—भाव आस्रव और द्रव्य आस्रव।

इच्छा 77

इच्छाशक्ति मनुष्य की वह मानसिक शक्ति है, जिसके द्वारा वह किसी प्रकार के निश्चय पर पहुँचता है और उस निश्चय पर दृढ़ रहकर उसे कार्यान्वित करता है। संक्षेप में किसी वस्तु की चाह को इच्छा कहते हैं। चाह मनुष्य के वातावरण के सम्पर्क से उत्पन्न होती है उसका लक्ष्य किसी भोग की प्राप्ति होता है। यह क्रियात्मक मनोवृत्ति है। अप्रकाशित इच्छाएँ वासना कहलाती हैं। और प्रकाशित इच्छाओं को इच्छा कहते हैं।

इच्छित क्रिया **68**

जो क्रिया हमें अभीष्ट होती है उसे इच्छित क्रिया कहते हैं। यह अनुकूल वातावरण में प्रकाशित होती है।

इन्द्रियगोचर **31**

जो इन्द्रियों के द्वारा ग्रहण किया जा सके उसे इन्द्रियगोचर या इन्द्रियग्राह्य कहते हैं।

उच्चाटन **76**

जिन मन्त्रों के द्वारा किसी के मन को अस्थिर, उल्लासरहित एवं निरुत्साहित कर पदभ्रष्ट या स्थानभ्रष्ट कर दिया जाए वे मन्त्र उच्चाटन मन्त्र कहलाते हैं।

उद्दिष्ट **128**

पद को रखकर संख्या का आनयन करना उद्दिष्ट है।

उत्कर्षण **112**

कर्मों की स्थिति और अनुभाग बन्ध का बढ़ना उत्कर्षण है।

उदय **112**

समय पाकर कर्मों का फल देना उदय है।

उदीरणा **112**

समय से पहले ही कर्मों का फल देने लगना उदीरणा है।

उपयोग **112**

जानने-देखने रूप चेतना की विशेष परिणति का नाम उपयोग है।

उपांशु **98**

अन्तर्जल्परूप किसी मन्त्र का जाप करना–मन्त्र के शब्दों को मुख से बाहर न निकालकर कण्ठस्थान में शब्दों का गुंजन करते रहना ही उपांशु विधि है।

उमंग **68**

किसी भी कार्य के प्रति उत्साह ग्रहण करने की क्रिया उमंग कहलाती है।

ऋजुसूत्र **103**

भूत और भावी पर्यायों को छोड़कर जो वर्तमान को ही ग्रहण करता है, उस ज्ञान और वचन को ऋजुसूत्र नय कहते हैं।

एवंभूत **103**

जिस शब्द का जिस क्रिया रूप अर्थ हो उस क्रिया रूप परिणत पदार्थ को ही ग्रहण करनेवाला वचन और ज्ञान एवं भूत नय है।

औदारिक शरीर **37**

मनुष्य और तिर्यंचों के स्थूल शरीर को औदारिक शरीर कहते हैं।

औपसर्गिक **106**

उपसर्गवाचक प्रत्ययों को शब्दों के पहले जोड़ देने से जो नवीन शब्द बनते हैं वे औपसर्गिक कहे जाते हैं।

कमलासन **91**

कमलासन पद्मासन का ही दूसरा

नाम है। इसमें दाहिना या बायाँ पैर घुटने से मोड़कर दूसरे पैर के जंघामूल पर जमा दीजिए और दूसरे पैर को भी मोड़कर उसी प्रकार दूसरे जंघामूल पर रखिए।

कषाय 24

जो आत्मा को कसे अर्थात् दुःख दे अथवा आत्मा की क्रोधादि रूप विकारमय परिणति को कषाय कहते हैं।

कायशुद्धि 63

यत्नाचारपूर्वक शरीर शुद्ध करने की क्रिया को कायशुद्धि कहते हैं।

कुमानुष 34

कुभोग भूमि के रहनेवाले ऐसे मनुष्य जिनके शरीर की आकृति विभिन्न और विचित्र प्रकार की हो।

क्रियाकेन्द्र 68

क्रियावाही नाड़ियाँ मस्तिष्क के जिस स्थान में केन्द्रित होती हैं, उसका नाम क्रियाकेन्द्र है।

क्रियात्मक 68

क्रियात्मक वह मनोवृत्ति है जिसके द्वारा मानव के समस्त क्रिया-कलापों का संचालन हो। इसके दो भेद हैं—जन्मजात और अर्जित।

क्रियावाही 68

सुषुम्ना में स्थित क्रियावाही वे नाड़ियाँ हैं जो शरीर के बाहरी अंग में होनेवाली किसी भी प्रकार की उत्तेजना की सूचना देती हैं।

गुणस्थान 29

मोह और योग के निमित्त से होनेवाले आत्मा के परिणामविशेष गुणस्थान हैं।

गुप्ति 40

मन, वचन और काय का पूर्ण निग्रह करना गुप्ति है।

गोत्र 38

गोत्र कर्म के उदय से मनुष्य को उच्च आचरण या नीच आचरणवाले कुल में जन्म लेना पड़ता है।

घातियाकर्म 29

आत्मा के गुणों का घात करनेवाले कर्म घातिया कहलाते हैं।

चतुर्विध संघ 50

मुनि, अर्जिका, श्रावक और श्राविका इन चारों के संघ को चतुर्विध संघ कहते हैं।

चेतन मन 73

चेतन मन, मन का वह भाग है जिसमें मन की समस्त ज्ञात क्रियाएँ चला करती हैं।

चौदह पूर्व 42

भगवान् महावीर के पहले आगमिक परम्परा में जो ग्रन्थ वर्तमान थे वे पूर्व ग्रन्थ कहलाये। इनकी संख्या चौदह होने से ये चौदह पूर्व कहे जाते हैं।

जृम्भण 76

जिन मन्त्रों की शक्तियों से शत्रु, भूत, प्रेत, व्यन्तर आदि भय-त्रस्त हो जाएँ, काँपने लगें, उन मन्त्रों को जृम्भण कहते हैं।

जिनकल्पि 43

जिनकल्पि का अर्थ है समस्त परिग्रह के त्यागी दिगम्बर उत्तम संहनन धांरी साधु। ये एकादशांग सूत्रों के धारक गुहावासी होते हैं।

जिज्ञासा 103

किसी वस्तु या विचार को जानने रूप जो प्रवृत्ति होती है उसे जिज्ञासा कहते हैं।

तत्परता नियम 70

इस नियम के अनुसार प्राणी को ऐसे काम करने में आनन्द मिलता है जिसके करने की तैयारी उसमें होती है और ऐसे काम करने से उसे असन्तोष प्राप्त होता है जिसके करने की तैयारी उसमें नहीं होती।

तप 40

इच्छाओं का निरोध करना तप है।

त्याग 24

किसी वस्तु से ममता या मोह को छोड़ना त्याग कहलाता है। त्याग का तात्पर्य दान से है।

दमन 71

मूल प्रवृत्ति के प्रकाशन पर नियन्त्रण करना दमन कहलाता है।

दर्शनावरण 36

जो कर्म आत्मा के दर्शन गुण का आच्छादन करता है वह दर्शनावरणीय कर्म कहलाता है।

दर्शनोपयोग 24

पदार्थ के सामान्य रूप को ग्रहण करनेवाली चैतन्यरूप प्रवृत्ति दर्शनोपयोग है।

देशव्रती 29

जो श्रावक व्रतों के धारण करनेवाले गृहस्थ हैं वे देशव्रती हैं।

दैवसिक 151

दिनों की अवधि से किये जानेवाले व्रतों को दैवसिक व्रत कहते हैं। दैवसिक व्रतों में दश लक्षण, पुष्पांजलि और रत्नत्रय आदि हैं।

द्रव्यलिंगी 50

मुनिवेशी, किन्तु सम्यक्त्वहीन जैन मुनि द्रव्यलिंगी कहलाता है।

द्रव्यशुद्धि 62

पात्र की अन्तरंग शुद्धि को द्रव्यशुद्धि कहा गया है। णमोकार मन्त्र का जाप करने के लिए बतायी गयी आठ प्रकार की शुद्धियों में यह पहली शुद्धि है।

द्रव्य संकोच 107

शरीर को नम्रीभूत बनाना द्रव्य संकोच है।

द्रव्य संसार 58

पंच परावर्तन रूप इस संसार के अस्तित्व को द्रव्य संसार कहते हैं।

द्वादशांग 64

अक्षरात्मक श्रुतज्ञान के आचारांग, सूत्रकृतांग आदि द्वादश भेदों को द्वादशांग कहते हैं।

धर्म 40

वस्तु के स्वभाव का नाम धर्म है। यह धर्म रत्नत्रय रूप, उत्तम क्षमादि रूप एवं अहिंसामय है।

धर्मध्यान 91

आज्ञाविचय, अपायविचय, विपाकविचय और संस्थानविचय रूप चिन्तन को धर्मध्यान कहते हैं।

ध्यान 89

ध्यान देना एक ऐसी प्रक्रिया है जो व्यक्ति को वातावरण में उपस्थित अनेक उत्तेजनाओं में-से उसकी अभिरुचि एवं मनोवृत्ति के अनुकूल किसी एक उत्तेजना को चुन लेने तथा उसके प्रति प्रतिक्रिया प्रकट करने को बाध्य करती है।

धारणा 89

जिसका ध्यान किया जाए, उस विषय में निश्चल रूप से मन को लगा देना धारणा है।

नय 103

वस्तु का आंशिक ज्ञान नय कहलाता है।

नष्ट 128

संख्या को रखकर पद का प्रमाण निकालना नष्ट है।

नाम कर्म 38

नाम कर्म के उदय से शरीर की आकृतियाँ उत्पन्न होती हैं। अर्थात् शरीर निर्माण का कार्य इसी कर्म के उदय से होता है।

नामिका 106

संख्यावाचक प्रत्ययों से सिद्ध होनेवाले शब्द नामिक कहे जाते हैं।

निदान 24

आगामी भोगों की वांछा करना या फल-प्राप्ति का उद्देश्य रखना निदान है।

निधत्ति 112

कर्म का संक्रमण और उदय न हो सकना निधत्ति है।

नियम 89

शौच, सन्तोष, तप, स्वाध्याय और ईश्वर-प्रणिधान ये पाँच नियम कहे गये हैं। नियम का वास्तविक अर्थ रागद्वेष को हटाना है।

निरवधि 151

निरवधि वे व्रत कहलाते हैं जिन व्रतों के लिए किसी विशेष तिथि या

दिन का विधान न हो। जैसे—कवल चन्द्रायण, मुक्तावली, एकावली आदि।

निर्जरा 58

बँधे हुए कर्मों का आत्मा से अलग होना निर्जरा है।

निर्देश 108

वस्तु का स्वरूप कथन करना निर्देश है।

निर्विकल्प समाधि 28

जब समाधि काल में ध्यान, ध्याता, धेय का विकल्प नष्ट हो जाए तो उसे निर्विकल्प समाधि कहते हैं।

निक्षेप 103

कार्य होने पर अर्थात् व्यवहार चलाने के हेतु युक्तियों में सुयुक्ति-मार्गानुसार जो अर्थ का नामादि चार प्रकार से आरोप किया जाता है वह न्यायशास्त्र में निक्षेप कहलाता है।

नैगम 103

जो भूत और भविष्यत् पर्यायों में वर्तमान का संकल्प करता है या वर्तमान में जो पर्यायपूर्ण नहीं हुई उसे पूर्ण मानता है उस ज्ञान तथा वचन को नैगम नय कहते हैं।

नैपातिक 106

अव्ययवाची शब्द नैपातिक कहे जाते हैं। जैसे—खलु, ननु आदि।

नोकषाय 25

किंचित् कषाय को नोकषाय कहते हैं।

पद 103

जिसके द्वारा अर्थबोध हो उसे पद कहते हैं।

पदार्थ-द्वार 103

द्रव्य और भावपूर्वक णमोकार मन्त्र के पदों की व्याख्या करना पदार्थद्वार है।

परमेष्ठी 30

जो परमपद—उत्कृष्ट स्थान में स्थित हों अर्थात् जिनमें आत्मिक गुणों का—रत्नत्रय का विकास हो गया है।

परसमय 40

मैं मनुष्य हूँ, यह मेरा शरीर है इस प्रकार नाना अहंकार और ममकार भावों से युक्त हो अविचलित चेतना विलास रूप आत्म-व्यवहार से च्युत होकर समस्त निन्द्य क्रिया समूह के अंगीकार करने से राग, द्वेष की उत्पत्ति में संलग्न रहनेवाला परसमय रत कहलाता है। वास्तव में पर-द्रव्यों का नाम ही परसमय है।

परिग्रह 29

ममता या मूर्च्छा का नाम परिग्रह है।

परिणाम-नियम 69

यह नियम सन्तोष और असन्तोष का नियम भी कहा जाता है। यदि किसी क्रिया के करने से प्राणी को सन्तोष मिलता है तो उस क्रिया के करने की

प्रवृत्ति प्रबल हो जाती है और यदि किसी क्रिया के करने से असन्तोष मिलता है तो उस प्रवृत्ति का विनाश हो जाता है, इस नियम-द्वारा उपयोगी कार्य होते हैं और अनुपयोगी कार्यों का अन्त हो जाता है।

पल्लव 79

मन्त्र के अन्त में जोड़े जानेवाले स्वाहा, स्वधा, फट्, वषट् आदि शब्द पल्लव कहलाते हैं।

पश्चानुपूर्वी 111

यह पूर्वानुपूर्वी के विपरीत है। इसमें हीन गुण की अपेक्षा क्रम की स्थापना की जाती है।

पापास्त्रव 59

पाप प्रकृतियों का आना पापास्त्रव है।

पुद्गल 24

रूप, रस, गन्ध और स्पर्शवाले द्रव्य को पुद्गल कहते हैं।

पुत्रैषणा 147

पुत्र प्राप्ति की कामना या सांसारिक विषयों की प्राप्ति की कामना पुत्रैषणा है।

पुण्यास्त्रव 61

पुण्य प्रकृतियों का आना पुण्यास्त्रव है।

पूजा 61

किसी के प्रति अपने हृदय की श्रद्धा और आदरभावना को प्रकट करना पूजा है।

पूर्वानुपूर्वी 111

पूर्व-पूर्व की योग्यतानुसार वस्तुओं या पदों का क्रम नियोजन।

पौष्टिक 76

जिन मन्त्रों की साधना से अभीष्ट कार्यों की सिद्धि एवं संसार के ऐश्वर्य की प्राप्ति हो; वे मन्त्र पौष्टिक कहलाते हैं।

प्रत्यक्षीकरण 68

प्रत्यक्षीकरण एक ऐसी मानसिक क्रिया है जिसके द्वारा वातावरण में उपस्थित वस्तु तथा ज्ञान इन्द्रियों को उत्तेजित करनेवाली परिस्थितियों का तात्कालिक ज्ञान प्राप्त होता है।

प्रत्याहार 89

इन्द्रिय और मन को अपने-अपने विषयों से खींचकर अपनी इच्छानुसार किसी कल्याणकारी ध्येय में लगाने को प्रत्याहार कहते हैं।

प्रथमोपशमसम्यक्त्व 121

मोहनीय की सात प्रकृतियों के उपशम से होनेवाला सम्यक्त्व।

प्रमाद 90

कषाय या इन्द्रियासक्ति रूप आचरण प्रमाद है।

प्ररूपणा द्वार 103

वाच्य-वाचक, प्रतिपाद्य-प्रतिपादक,

विषय-विषयी भाव की दृष्टि से णमोकार मन्त्र के पदों का व्याख्यान करना प्ररूपणा द्वार है।

प्रस्तार **128**

आनुपूर्वी और अनानुपूर्वी के अंगों का विस्तार करना प्रस्तार है।

प्राणायाम **89**

श्वास और उच्छ्‌वास के साधने को प्राणायाम कहते हैं। इसके तीन भेद हैं–पूरक, कुम्भक और रेचक।

फल **76**

मन्त्र के तीन अंग होते हैं–रूप, बीज और फल। मन्त्र के द्वारा होनेवाली किसी वस्तु की प्राप्ति उसका फल कहलाती है।

बन्ध **112**

कर्म और आत्मा के प्रदेशों का परस्पर में मिलना बन्ध है।

बहिरंग परिग्रह **41**

धन-धान्यादि रूप दश प्रकार का बहिरंग परिग्रह होता है।

बहिरात्मा **28**

शरीर और आत्मा को एक समझनेवाला मिथ्यादृष्टि बहिरात्मा है।

बीज **75**

मन्त्र की ध्वनियों में जो शक्ति निहित रहती है उसे बीज कहते हैं।

मिथ्या ज्ञान **25**

मिथ्या दर्शन के साथ होनेवाला ज्ञान मिथ्या ज्ञान कहलाता है।

मिश्र **107**

मिश्रित परिणति को जिसे न तो हम सम्यक्त्व रूप कह सकते हैं और न मिथ्यात्व रूप ही–मिश्र कहा जाता है।

मूलगुण **41**

मुख्य गुणों को मूल गुण कहा जाता है।

मूल प्रवृत्ति **70**

मूल प्रवृत्ति एक प्रकृतिदत्त शक्ति है। यह शक्ति मानसिक संस्कारों के रूप में प्राणी के मन में स्थित रहती है। जिसके कारण प्राणी किसी विशेष प्रकार के पदार्थ की ओर ध्यान देता है और उसकी उपस्थिति में विशेष प्रकार की वेदना की अनुभूति करता है तथा किसी विशिष्ट कार्य में प्रवृत्त होता है।

मोहन **76**

जिन मन्त्रों के द्वारा किसी को मोहित किया जा सके, वे मोहन मन्त्र कहलाते हैं।

मोहनीय **36**

मोहनीय कर्म वह है जिसके उदय से आत्मा में दर्शन और चारित्र रूप प्रवृत्ति उत्पन्न न हो।

यम **89**

इन्द्रियों का दमन कर अहिंसक प्रवृत्ति को अपनाना यम है।

योग 90

मन, वचन, काय की प्रवृत्ति को योग कहते हैं।

रत्नत्रय 41

सम्यग्दर्शन, सम्यक् ज्ञान और सम्यक् चारित्र को रत्नत्रय कहते हैं।

रूप 76

मन्त्र की ध्वनियों का सन्निवेश रूप कहलाता है।

रौद्र-ध्यान 91

हिंसा, झूठ, चोरी, कुशील और परिग्रह रूप परिणति के चिन्तन से आत्मा को कषाय युक्त करना रौद्र-ध्यान है।

लेश्या 112

कषाय के उदय से अनुरंजित योग प्रवृत्ति को लेश्या कहते हैं।

लोकैषणा 147

यश की कामना या संसार में किसी भी प्रकार प्रसिद्धि प्राप्त करने की इच्छा लोकैषणा है।

वचनशुद्धि 63

वचन व्यवहार में किसी भी प्रकार के विकार को स्थान न देना वचन-शुद्धि है।

वज्रासन 91

दोनों पैर सीधे फैलाकर बैठ जाइए और बायाँ पैर घुटने से मोड़कर जाँघ से इस प्रकार मिलाइए कि नितम्ब के सामने ज़मीन पर टिक जाए और सीने का बायाँ भाग ऊपर उठे हुए घुटने पर अड़ा रहे। इसके बाद दाहिनी ओर थोड़ा झुकते हुए बायाँ नितम्ब कुछ ऊपर उठाइए, दाहिना हाथ दाहिनी जाँघ के पास ज़मीन पर टिकाकर झुके हुए धड़ को सहारा दीजिए और बायें पैर को टखने के पास पकड़ लीजिए।

वश्याकर्षण 76

जिन मन्त्रों के द्वारा किसी को वश या आकृष्ट किया जा सके वे मन्त्र वश्याकर्षण कहलाते हैं।

वाचक 98

वाचक विधि में जाप करते समय मुँह से शब्दों का उच्चारण किया जाता है।

वासना 27

मानव-मन में अनेक क्रियात्मक मनोवृत्तियाँ हैं। कुछ क्रियात्मक मनोवृत्तियाँ प्रकाशित होती हैं अर्थात् चेतना को उनका ज्ञान रहता है और कुछ अप्रकाशित रहती हैं। अप्रकाशित इच्छाओं का ही नाम वासना है।

विचार 68

विचार मन की वह प्रक्रिया है जिससे हम पुराने अनुभव को वर्तमान समस्याओं के हल करने में लाते हैं।

वित्तैषणा 147

ऐश्वर्य प्राप्ति की आकांक्षा वित्तैषणा है।

विद्वेषण 76

जो मन्त्र द्वेष भाव को उत्पन्न करने में सहायक हों, वे विद्वेषण कहलाते हैं।

विधान 108

अनुष्ठान-विशेष को विधान कहा जाता है।

विनय-शुद्धि 62

जाप करते समय आस्तिक्य भावपूर्वक हृदय में नम्रता धारण करना विनय-शुद्धि है।

विपाकविचय 112

कर्म के फल का विचार करना विपाकविचय धर्म ध्यान है।

विलयन 70

मन की किसी विशेष प्रवृत्ति को विलीन कर देना विलयन है।

विसंयोजन 108

अनन्तानुबन्धी कषाय का अन्य कषायरूप परिण्मन करना विसंयोजन कहलाता है।

वेदनात्मक 68

प्रत्येक मनोवृत्ति के तीन पहलू हैं–ज्ञानात्मक, वेदनात्मक और क्रियात्मक। वेदनात्मक का तात्पर्य है कि किसी प्रकार की अनुभूति का होना।

वेदनीय 38

वेदनीय वह कर्म है जिसके उदय से प्राणी को सुख और दुःख की प्राप्ति हो।

व्यंजनपर्याय 35

प्रदेशवत्व गुण के विकार को व्यंजनपर्याय कहते हैं।

व्यवहार 103

संग्रह नय से ग्रहण किये गये पदार्थों का विधिपूर्वक भेद करना व्यवहार नय है।

शवपीठ 78

निम्नकोटि के मन्त्रों की सिद्धि के लिए मृतक के शव पर आसन लगाना शवपीठ है।

शब्द नय 104

लिंग, संख्या, साधन आदि के व्यभिचार को दूर करनेवाले ज्ञान और वचन को शब्द नय कहते हैं।

शान्तिक 76

शान्ति उत्पन्न करनेवाले मन्त्र शान्तिक कहलाते हैं।

शुक्ल-ध्यान 38

लेश्या की उज्ज्वलता हो जाने पर कर्मध्यान का उल्लंघन कर शुक्ल ध्यान का आरम्भ होता है। इसके चार भेद हैं।

शुद्धोपयोग 44

स्वानुभूत रूप विशुद्ध परिणति की प्राप्ति शुद्धोपयोग है। इसी का दूसरा नाम वीतराग विज्ञान है।

शुद्धोपयोगी 29

शुद्धोपयोग के धारी वीतराग-विज्ञानी शुद्धोपयोगी हैं।

शुभोपयोग 29

पुण्यानुराग रूप शुभोपयोग होता है। इसमें प्रशस्त राग का रहना आवश्यक है।

शोधन 70

किसी प्रवृत्ति का शुद्ध या शोधन करना शोधन कहलाता है।

शौच 25

अन्तरंग और बहिरंग में पवित्र वृत्ति का उत्पन्न होना शौच धर्म है।

श्मशान-पीठ 78

श्मशान भूमि में जाकर किसी मन्त्र का अनुष्ठान करना श्मशान-पीठ है।

श्यामा-पीठ 78

जितेन्द्रिय बनकर नग्न तरुणी के समक्ष निर्विकार भाव से मन्त्र की साधना करना श्यामा-पीठ है।

श्रद्धा 74

गुणों के प्रति रागात्मक आसक्ति श्रद्धा कहलाती है।

श्रुतज्ञान 108

पंच इन्द्रिय और मन के द्वारा पर के उपदेश से उत्पन्न होनेवाला ज्ञान श्रुतज्ञान है।

श्रेयोमार्ग 27

सम्यग्दर्शन, सम्यक् ज्ञान और सम्यक् चारित्र रूप मोक्ष का मार्ग ही श्रेयोमार्ग है।

सत्य 25

जो वस्तु जैसी देखी या सुनी है उसका उसी रूप में कथन करना सत्य है। इसमें अहिंसा प्रवृत्ति का रहना अत्यावश्यक है।

सत्त्व 112

कर्मों प्रकृतियों की सत्ता का नाम सत्त्व है। सत्त्व प्रकृतियाँ 148 मानी गयी हैं।

सप्तव्यसन 151

बुरी आदत का नाम व्यसन है। ये सात होते हैं। तात्पर्य यह है कि जुआ, चोरी आदि सात प्रकार की बुरी आदतें सप्तव्यसन कहलाती हैं।

समय शुद्धि 62

प्रातः, मध्याह्न और सन्ध्या समय नियमित रूप से किसी मन्त्र का जाप करना समय शुद्धि है। इसमें समय का निश्चित रहना और निराकुल होना आवश्यक है।

समभिरूढ़ 103

लिंग आदि का भेद न होने पर भी शब्दभेद से अर्थ का भेद माननेवाला समभिरूढ़ नय है।

संकल्प 74

किसी कार्य के करने की प्रतिज्ञा का नाम संकल्प है।

संक्रमण 112

एक कर्म का दूसरे सजातीय कर्म रूप हो जाने को संक्रमणकरण कहते हैं।

संग्रह 112

अपनी-अपनी जाति के अनुसार वस्तुओं का या उनकी पर्यायों का एक रूप से संग्रह करनेवाले ज्ञान और वचन को संग्रह कहते हैं।

संवेग 68

संवेग एक चेतन अनुभूति है जिसमें कई प्रकार की शारीरिक क्रियाएँ शामिल रहती हैं।

संयम 25

इन्द्रिय निग्रह के साथ अहिंसात्मक प्रवृत्ति को अपनाना संयम है।

संवेदन 68

चैतन्य मन का सर्वप्रथम और सरल ज्ञान संवेदन है। संवेदन इन्द्रियों के बाह्य पदार्थ के स्पर्श से होता है।

समाधि 89

ध्यान की चरम सीमा को समाधि कहते हैं।

सम्यक् चारित्र 25

तत्त्वार्थ श्रद्धान के साथ चारित्र का होना सम्यक् है।

सम्यग्ज्ञान 25

तत्त्व श्रद्धान के साथ ज्ञान का होना सम्यक् ज्ञान है।

सम्यग्दर्शन 25

जीव, अजीव आदि सातों तत्त्वों का श्रद्धान करना सम्यग्दर्शन है।

सल्लेखना 155

बुद्धिपूर्वक काय और कषाय को अच्छी तरह कृश करना सल्लेखना है।

सहज क्रिया 68

उत्तेजना का सबसे सरल कार्य सहज क्रियाएँ, जैसे—छींकना, खुजलाना, आँसू आना आदि हैं।

सहज अनुभव 31

भूख-प्यास आदि शारीरिक माँगों की पूर्ति में ही सुख और उनकी पूर्ति के अभाव में दुःख का अनुभव करना सहज अनुभव है। यह अनुभव पशु कोटि का माना जाता है।

साधन 108

वस्तु के उत्पन्न होने के कारणों को साधन कहते हैं।

सावधि 151

जिन व्रतों के करने के लिए दिन, मास या तिथि की अवधि निश्चित रहती है, वे व्रत सावधि कहलाते हैं।

सिद्धगति 35

जाति, जरा, मरण आदि से रहित समस्त सुख का भाण्डार सिद्ध अवस्था ही सिद्ध गति है।

सुखासन 91

आरामपूर्वक पलहत्थी मारकर बैठना ही सुखासन है।

स्कन्ध 123

दो या दो से अधिक परमाणुओं के समूह को स्कन्ध कहते हैं।

स्तम्भन 76

नदी, समुद्र या तेज़ी से आती हुई सवारी की गति का अवरोंध करानेवाले मन्त्र स्तम्भन कहलाते हैं। इन मन्त्रों से जलती हुई अग्नि के वेग को या वेग से आक्रमण करते हुए शत्रु की गति को अवरुद्ध किया जा सकता है।

स्थविरकल्पी 43

जो भिक्षु वस्त्र और पात्र अपने पास रखकर संयम की साधना करता है—वह स्थविरकल्पी कहलाता है।

स्थायीभाव 68

जब किसी प्रकार का भाव मन में बार-बार उठता है अथवा एक ही प्रकार की उमंग जब मन में अधिक देर तक ठहरती है तब वह मन में विशेष प्रकार का स्थायी भाव पैदा कर देती है।

स्थिति 108

कर्मों का जीव के साथ अमुक समय तक बँधे रहने का नाम स्थितिबन्ध है।

स्मरण 68

पूर्वानुभूत अनुभवों अथवा घटनाओं को पुनः वर्तमान चेतना में लाने की क्रिया को स्मरण कहते हैं।

स्व-संवेदन ज्ञान 28

स्वानुभूत रूप ज्ञान स्व-संवेदन ज्ञान कहलाता है।

स्व-समय 40

अपनी आत्मा में रमण करने की प्रवृत्ति स्व-समय है। अर्थात् परद्रव्यों से भिन्न आत्मद्रव्य को अनुभव में लाना ही स्व-समय है।

स्वामित्व 108

किसी वस्तु के अधिकारीपने को ही स्वामित्व कहते हैं।

स्वाध्याय 61

चिन्तन, मननपूर्वक शास्त्रों का अध्ययन करना स्वाध्याय है।

क्षमा 25

क्रोध रूप परिणति न होने देना क्षमा है।

क्षयोपशम 28

कर्मों का क्षय और उपशम होना क्षयोपशम है।

क्षायिक सम्यक्त्व 36

दर्शन मोहनीय की तीन प्रकृतियाँ और अनन्तानुबन्धी चार; इन सात प्रकृतियों के क्षय से जो सम्यक्त्व उत्पन्न होता है उसे क्षायिक सम्यक्त्व कहते हैं।

क्षायिक दान 36

दानान्तराय कर्म का अत्यन्त क्षय होने से दिव्य ध्वनि आदि के द्वारा अनन्त

प्राणियों का उपकार करनेवाला क्षायिक दान होता है।

क्षायिक उपभोग **36**

उपभोग अन्तराय कर्म का अत्यन्त क्षय होने से क्षायिक भोग की प्राप्ति होती है।

क्षायिक भोग **36**

भोगान्तराय कर्म का अत्यन्त क्षय होने से क्षायिक भोग की प्राप्ति होती है।

क्षायिक लाभ **36**

लाभान्तराय कर्म का अत्यन्त क्षय होने से क्षायिक लाभ होता है।

ज्ञान-केन्द्र **68**

मस्तिष्क में ज्ञानवाही नाड़ियों का जो केन्द्र स्थान है—वही ज्ञानकेन्द्र कहलाता है।

ज्ञानवाही **68**

ज्ञानवाही स्नायु-कोष स्नायु प्रवाहों को ज्ञान इन्द्रियों से सुषुम्ना और मस्तिष्क में ले जाते हैं।

ज्ञानात्मक **68**

ज्ञान इन्द्रियों के द्वारा सम्पादित होनेवाली प्रवृत्ति ज्ञानात्मक कहलाती है।

ज्ञानावरण **35**

जीव के ज्ञान गुण को आच्छादित करनेवाला कर्म ज्ञानावरणीय कर्म कहलाता है।

ज्ञानोपयोग **24**

जीव की जानने रूप प्रवृत्ति को ज्ञानोपयोग कहते हैं।

परिशिष्ट नं. 3

पञ्चपरमेष्ठि-नमस्कार-स्तोत्र

अरिहाणं नमो पुव्वं, अरहंताणं रहस्य रहियाणं।
पयओ परमिट्ठिं, अरुहंताणं धुअ-रयाणं॥1॥

समस्त संसार के ज्ञाता सर्वज्ञ, सुरेन्द्र-नरेन्द्र से पूजित, जन्म-मरण से रहित, कर्मरूपी रज के विनाशक, परमेष्ठी पद के धारी अर्हन्त भगवान् को नमस्कार हो॥1॥

निद्दट्ठ-अट्ठ-कम्मिंधणाण धरनाण-दंसण-धराणं।
मुत्ताण नमो सिद्धाणं परम-परमिट्ठि-भूयाणं॥2॥

जिन्होंने आठ कर्मरूपी ईंधन को जलाकर भस्म कर दिया है, जो क्षायिक सम्यक्त्व और क्षायिक ज्ञान से युक्त हैं, समस्त कर्मों से रहित परमेष्ठी स्वरूप हैं, ऐसे सिद्ध भगवान् को नमस्कार हो॥2॥

आयर-धराणं नमो, पंचविहायार-सुट्ठियाणं च।
ताणीणायरियाणं, आयारुवएसयाण सया॥3॥

जो ज्ञानाचार, वीर्याचार आदि पाँच प्रकार के आचार में अच्छी तरह स्थित हैं, ज्ञानी हैं और सदा आचार का उपदेश करनेवाले हैं, ऐसे आचार्य परमेष्ठी को नमस्कार हो॥3॥

वारसविहं अपुव्वं दिट्ठाण सुअं नमो सुअहराणं च।
सययमुवज्झाणं, सज्जाय-ज्झाण-जुत्ताणं॥4॥

बारह प्रकार के श्रुत, ग्यारह अंग और चौदह पूर्व का उपदेश देनेवाले, श्रुतज्ञानी, स्वाध्याय और ध्यान में तत्पर उपाध्याय परमेष्ठी को सतत नमस्कार हो॥4॥

सव्वेसिं साहूणं, नमो तिगुत्ताण सव्वलोए वि।
तव-नियम-नाण-दंसण-जुत्ताणं बंभयारीणं॥5॥

समस्त लोक के—ढाई द्वीप के त्रिगुप्तियों के धारी, तप, नियम, ज्ञान एवं दर्शन युक्त ब्रह्मचारी साधुओं को नमस्कार हो॥5॥

एसो परमिट्ठीणं, पंचण्हं वि भावओ णमुक्कारो।
सव्वस्स कीरमाणो, पावस्स पणासणो होइ॥6॥

पंच परमेष्ठी को भावसहित किया गया नमस्कार समस्त पापों का नाश करनेवाला है॥6॥

भुवणे वि मंगलाणं, मणुयासुर-अमर-खयर-महियाणं।
सव्वेसिमिमो पढमो, हवई महामंगलं पढमं॥7॥

मनुष्य, देव, असुर और विद्याधरों द्वारा पूजित तीनों लोकों में यह णमोकार मन्त्र सभी मंगलों में सर्वप्रथम और उत्कृष्ट महामंगल है॥7॥

चत्तारि मंगलं मे, हुंतुरहंता तहेव सिद्धा य।
साहू अ सव्वकालं, धम्मो य तिलोय-मंगल्लो॥8॥

अर्हन्त, सिद्ध, साधु और तीनों लोकों का मंगल करनेवाला धर्म ये चारों सदा मंगलरूप हों॥8॥

चत्तारि चेव ससुरासुरस्स लोगस्स उत्तमा हुंति।
अरहंत सिद्ध-साहू, धम्मो जिण-देसिय उयारो॥9॥

अरिहन्त, सिद्ध, साधु तथा जिन प्रणीत उदार धर्म ये चारों ही तीनों लोकों में उत्तम हैं॥9॥

चत्तारि वि अरहंते, सिद्धे साहू तहेव धम्मं च।
संसार-घोर-रक्खस-भएण सरणं पवज्जामि॥10॥

संसाररूपी घोर राक्षस के भय से त्रस्त मैं अर्हन्त, सिद्ध, साधु और इन चारों की शरण में जाता हूँ॥10॥

अह-अरहओ भगवओ, महइ महावीर-बद्धमाणस्स।
पणय-सुरेसर-सेहर-वियलिय-कुसुमच्चिय-क्कमस्स॥11॥

जस्स वर-धम्मचक्कं, दिणयर-बिंबं व भासुरच्छायं।
तेएण पज्जलंतं, गच्छइ पुरओ जिणिंदस्स॥12॥

आयासं पायालं, सयलं महिमंडल पयासंतं।
मिच्छत्त-मोह-तिमिरं, हरेइ त्ति इहं पि लोयाणं॥13॥

नमस्कार करने के लिए झुके हुए सुरासुरेश्वरों के मुकुटों से गिरते हुए पुष्पों-द्वारा पूजित चरणवाले अर्हन्त महावीर वर्धमान के आगे सूर्य-बिम्ब के समान देदीप्यमान और तेज से उद्‌भासित धर्मचक्र चलता है। यह धर्मचक्र आकाश, पाताल और समस्त पृथ्वीमण्डल को प्रकाशित करता हुआ यहाँ के प्राणियों के मिथ्यात्वरूपी अन्धकार का हरण करे॥11-13॥

सयलंमि वि जियलोए, चिंतियमित्तो करेइ सत्ताणं।
रक्खं रक्खस-डाइणि-पियास-गह-जक्ख-भूयाणं॥14॥

यह णमोकार मन्त्र चिन्तनमात्र से समस्त जीवलोक में राक्षस, डाकिनी, पिशाच, ग्रह, यक्ष और भूत-प्रेतों से प्राणियों की रक्षा करता है॥14॥

लहइ विवाए वाए, ववहारे भावओ सरंतो य।
जूए रणे व रायंगणे य विजयं विसुद्धप्पा॥15॥

भावपूर्वक इसका स्मरण करते हुए शुद्धात्मा वाद-विवाद, व्यवहार, जुआ, युद्ध एवं राजदरबार में विजय प्राप्त करता है॥15॥

पच्चूस-पओसेसुं, सययं भव्वो जणो सुह-ज्झाणो।
एयं झाएमाणे, मुक्खं पइ साहगो होइ॥16॥

शुभ ध्यान से युक्त भव्य जीव इस णमोकार मन्त्र का प्रातः तथा सायंकाल निरन्तर ध्यान करने से मोक्ष साधक बनता है॥16॥

वेयाल-रुद्द-दाणव-नरिंद-कोहडि-रेवईणं च।
सव्वेसिं सत्ताणं, पुरिसो अपराजिओ होइ॥17॥

इस मन्त्र का स्मरण करनेवाला पुरुष वेताल, रुद्र, राक्षस, राजा, कूष्माण्डी, रेवती तथा सम्पूर्ण प्राणियों से अपराजित होता है॥17॥

विज्जुव्व पज्जलंती, सव्वेसु व अक्खरेसु मत्ताओ।
पंच-नमुक्कार-पए, इक्किक्के उवरिमा जाव॥18॥

ससि-धवल-सलिल-निम्मल-आयारसहं च वण्णियं बिंदु।
जोयण-सय-प्पमाणं, जाला-सयसहस्स-दिप्पंतं॥19॥

णमोकार मन्त्र के पदों में स्थित समस्त अक्षरों में मात्राएँ बिजली की तरह प्रकाशमान हैं और इन मात्राओं में प्रत्येक मात्रा पर चन्द्र के समान धवल, जल के सदृश निर्मल, आकारसहित एक सौ योजन प्रमाणवाली, लाखों ज्वालाओं से युक्त बिन्दु वर्णित हैं॥18-19॥

सोलससु अक्खरेसुं, इक्किक्कं अक्खरं जगुज्जोयं।
भव-सयसहस्स-महणो, जंमि ठिओ पंच नवकारो॥20॥

लाखों जन्म-मरणों को दूर करनेवाले णमोकार मन्त्र की शक्ति जिनमें स्थित है, उन सोलह अक्षरों में-से प्रत्येक अक्षर जगत् का उद्योत करनेवाला है॥20॥

जो थुणइ हु इक्कमणो, भविओ भावेण पंच-नवकारं।
सो गच्छइ सिवलोयं उज्जोयंतो दस-दिसाओ॥21॥

जो भव्य जीव भावपूर्वक एकाग्र चित्त होकर इस पंचनमस्कार की दृढ़तापूर्वक स्तुति करता है, वह दसों दिशाओं को प्रकाशित करता हुआ मोक्ष प्राप्त करता है॥21॥

तव-नियम-संजम-रहो, पंच-नमुक्कार-सारहि-निउत्तो।
नाण-तुरंगम-जुत्तो, नेइ पुरं परम-निव्वाणं॥22॥

तप-नियम-संयमरूपी रथ पंचनमस्कार रूपी सारथी तथा ज्ञानरूपी घोड़ों से युक्त हुआ स्पष्ट ही परम निर्वाणपुर में ले जाता है॥22॥

सुद्धप्पा सुद्धमणा, पंचसु समिईसु संजुय-तिगुत्तो।
जेत्तंमि रहे लग्गो सिग्घं गच्छइ (स) सिवलोयं॥23॥

पंच समिति और तीन गुप्तियों से युक्त जो शुद्ध मनवाला शुद्धात्मा इस विजयशाली रथ में बैठता है, वह शीघ्र मोक्ष को प्राप्त करता है॥23॥

थंभेइ जलं जलणं, चिंतियमित्तो वि पंच-नवकारो।
अरि-मारि-चोर-राउल-घोरुवसग्गं पणासेइ॥24॥

इस णमोकार मन्त्र के चिन्तनमात्र से जल और अग्नि स्तम्भित हो जाते हैं तथा शत्रु, महामारी, चोर और राजकुल द्वारा होनेवाले घोर उपद्रव नष्ट हो जाते हैं॥24॥

अट्ठेव य अट्ठसयं, अट्ठसहस्सं च अट्ठकोडीओ।
रक्खंतु मे सरीरं, देवासुर-पणमिया सिद्धा॥25॥

देवता और असुरों द्वारा नमस्कार किये गये आठ, आठ सौ, आठ हज़ार या आठ करोड़ सिद्ध मेरे शरीर की रक्षा करें॥25॥

नमो अरहंताणं तिलोय-पुज्जो य संथुओ भयवं।
अमर-नरराय-महिओ, अणाइ-निहणो सिवं दिसउ॥26॥

उन अर्हन्तों को नमस्कार हो, जो त्रिलोक द्वारा पूज्य और अच्छी तरह स्तुत्य हैं तथा इन्द्र और राजाओं द्वारा वन्दित हैं, और जो जन्म-मरण से रहित हैं, वे हमें मोक्ष प्रदान करें॥26॥

निट्ठविय-अट्ठकम्मो, सुइ-भूय निरंजणो सिवो सिद्धो।
अमर-नरराय-महिओ, अणाइ-निहणो सिवं दिसउ॥27॥

आठों कर्मों को नष्ट कर देनेवाले, शुचिभूत, निरंजन, कल्याणमय तथा सुरेन्द्रों और नरेन्द्रों से पूजित अनादि अनन्त सिद्ध परमेष्ठी मुझे मुक्ति प्रदान करें॥27॥

सव्वे पओस-मच्छर-आहिय-हियया पणासमुवज्जंति।
दुगुणीकय-धणुसइं, सोउं पि महाधणुं सहसा॥28॥

"ॐ धणु-धणु महाधणु स्वाहा" इस मन्त्र रूपी विद्या को सुनकर सब ईर्ष्या, द्वेष और मात्सर्य से भरे हृदयवाले शीघ्र ही नष्ट होते हैं॥28॥

इय तिहुयण-प्पमाणं, सोलस-पत्तं जलंत-दित्त-सरं।
अट्ठार-अट्ठवलयं, पंच-नमुक्कार-चक्कमिणं॥29॥

सोलह पत्रवाला, ज्वलन्त और दीप्त स्वरवाला तथा आठ आरे और आठ

वलय से युक्त छह 'पंच नमस्कार चक्र' त्रिभुवन में प्रमाणभूत है॥29॥

सयलुज्जोइय-भुवणं, विद्दाविय-सेस-सत्तु-संघायं।
नासिय-मिच्छत्त-तमं, वियलिय-मोहं हय-तमोइं॥30॥

यह पंचनमस्कार चक्र समस्त भुवनों को प्रकाशित करनेवाला, सम्पूर्ण शत्रुओं को दूर भगानेवाला, मिथ्यात्वरूपी अन्धकार का नाश करनेवाला, मोह को दूर करनेवाला और अज्ञान के समूह का हनन करनेवाला है॥30॥

एवं सय मज्झत्थो, सम्मादिट्ठी विसुद्ध-चारित्तो।
नाणी पचयण-भत्तो, गुरुजण-सुस्सूसणा परमो॥31॥

जो पंच नमुक्कारं, परमो पुरिसो पराइ भत्तीए।
परिय-त्तेइ पइदिणं, पयओ सुद्धक्कओ अप्पा॥32॥

अट्ठेव य अट्ठसयं, अट्ठसहस्सं च उभयकालं पि।
अट्ठेव य कोडीओ, सो तइय-भेव लहइ सिद्धिं॥33॥

जो उत्तम पुरुष सदा मध्यस्थ, सम्यग्दृष्टि, विशुद्ध चरित्रवान्, ज्ञानी प्रवचन भक्त और गुरुजनों की शुश्रूषा में तत्पर है तथा प्रणिधान से आत्मा को शुद्ध करके प्रतिदिन दोनों सन्ध्याओं के समय उत्कृष्ट भक्तिपूर्वक आठ, आठ सौ, आठ हज़ार, आठ करोड़ मन्त्र का जाप करता है, वह तीसरे भव में सिद्धि प्राप्त करता है॥31-33॥

एसो परमो मंतो, परम-रहस्सं परंपरं तत्तं।
नाणं परमं नेयं, सुद्धं झाणं परं झेयं॥34॥

यह णमोकार मन्त्र ही परम मन्त्र है, परम रहस्य है, सबसे बड़ा तत्त्व है, उत्कृष्ट ज्ञान है और है शुद्ध तथा ध्यान करने योग्य उत्तम ध्यान॥34॥

एयं कवयमभेयं, खाइ य सत्थं परा भवणरक्खा।
जोई सुन्नं बिन्दु, नाओ तारा लवो मत्ता॥35॥

यह णमोकार मन्त्र अमोघ कवच है, परकोटे की रक्षा के लिए खाई है, अमोघ शस्त्र है, उच्चकोटि का भवन-रक्षक है, ज्योति है, बिन्दु है, नाद है, तारा है, लव है, यही मात्रा भी है॥35॥

सोलस-परमक्खर-वीय-बिन्दु-गब्भो जगुत्तमो जोइ (जोउ)।
सुय-बारसंग-सायर-(बाहिर)-महत्थ-पुव्वस्स-परमत्थो॥36॥

इस पंच नमस्कार चक्र में आये हुए सोलह परमाक्षर—अरिहन्त, सिद्ध, आइरिय, उवज्झाय, साहू बीज एवं बिन्दु से गर्भित हैं, जगत् में उत्तम हैं, ज्योतिस्वरूप हैं, द्वादशांगरूप श्रुतसागर के महान् अर्थ को धारण करनेवाले पूर्वों का परम रहस्य है॥36॥

नासेइ चोर-सावय-विसहर-जल-जलण-बंधण-सयाइं।
चिंतिज्जंतो रक्खस - रण-राय - भयाइं भावेण॥37॥

भावपूर्वक स्मरण किया गया यह मन्त्र चोर, हिंसक प्राणी, विषधर—सर्प, जल, अग्नि, बन्धन, राक्षस, युद्ध और राज्य के भय का नाश करता है॥37॥

□□□